How Legendary Traders Made Millions

传奇交易者如何赚得亿万

[美] 约翰·波伊克 John Boik 著

从史上最伟大股票交易者的投资策略中获利

Profiting from the Investment Strategies of the Greatest Traders of All Time

中国青年出版社

图书在版编目（CIP）数据

传奇交易者如何赚得亿万：从史上最伟大股票交易者的投资策略中获利 /（美）约翰·波伊克著；史雷译. —北京：中国青年出版社，2023.11

书名原文：How Legendary Traders Made Millions: Profiting From the Investment Strategies of the Greatest Traders of All Time

ISBN 978-7-5153-7049-1

Ⅰ. ①传… Ⅱ. ①约… ②史… Ⅲ. ①股票交易—研究 Ⅳ. ①F830.91

中国国家版本馆CIP数据核字（2023）第184613号

John Boik

How Legendary Traders Made Millions: Profiting From the Investment Strategies of the Greatest Traders of All Time

北京市版权局著作权合同登记号：01-2022-5328

传奇交易者如何赚得亿万：
从史上最伟大股票交易者的投资策略中获利

作　　者：[美] 约翰·波伊克
译　　者：史　雷
责任编辑：肖　佳
文字编辑：步欣旻
美术编辑：张　艳
出　　版：中国青年出版社
发　　行：北京中青文文化传媒有限公司
电　　话：010-65511272 / 65516873
公司网址：www.cyb.com.cn
购书网址：zqwts.tmall.com
印　　刷：大厂回族自治县益利印刷有限公司
版　　次：2023年11月第1版
印　　次：2023年11月第1次印刷
开　　本：880mm × 1230mm　1/32
字　　数：253千字
印　　张：10
京权图字：01-2022-5328
书　　号：ISBN 978-7-5153-7049-1
定　　价：69.00元

目　录

致　谢　005

作者按语　007

前言：传奇交易者如何赚得亿万　009

第一章　工业股票造就亿万富翁（1897—1909）　017
伯纳德·巴鲁克在制订交易计划时充分考虑了市场走势

第二章　避开股市的地雷（1910—1919）　039
杰西·利弗莫尔跟踪市场的大趋势实现良好表现

第三章　精明的交易者赚得并守住亿万（1920—1929）　055
理查德·D. 威科夫从判断市场的走势中获得经验

第四章　耐心和灵活性带来利润（1930—1939）　079
杰拉尔德·勒布的灵活性使他能够在困难时期获利

第五章　“二战”的胜利为传奇交易者创造了更多机会（1940—1949）　095
杰拉尔德·勒布进入市场的时候，趋势似乎已经足够明朗

第六章 创新类股票创造巨大的利润（1950—1959） 107
尼古拉斯·达瓦斯看到并充分利用了趋势

第七章 “超级”牛市为研究历史的人带来利润（1960—1969） 135
杰克·德雷福斯跟踪股价历史走势图收获巨大利润

第八章 除了最优质的股票，大部分股票都起起落落（1970—1979） 165
威廉·J. 欧奈尔坚信灵活性是获得成功的关键之一

第九章 伟大的交易者会跑在牛市之前，并避开崩盘（1980—1989） 191
威廉·J. 欧奈尔跟踪市场走势，并适时采取行动

第十章 新技术带来前所未有的机遇（1990—1999） 219
威廉·J. 欧奈尔通过研究过去表现最优秀的股票，发现未来的优质股票

第十一章 避开熊市轨迹，锁定前期获得的利润（2000—2004） 261
吉姆·罗佩尔知道健康的市场才是最重要的

第十二章 从历史和最伟大的交易者的经验教训中学习 297

关于作者 319

致 谢

谨以本书献给我的妻子吉娜——我一生的挚爱——再次感谢你的支持和理解。

献给我的女儿丹妮娜——你是上帝赐予我的最珍贵的礼物，我有点想念你晚上问我的问题了——“爸爸，还有多少页？”

献给我重要的老朋友戴夫 · 沙普德莱纳（Dave Chapdelaine）——你的礼物——《巴伦周刊》（*Barron's*）的颁奖纪念匾——确实激励了我，让我在父母的鼓励下继续写这本书。

对于本书所参考的所有著作的作者——感谢你们的优秀作品——股票市场中的所有学员都应当阅读这些优秀的著作。

感谢斯蒂芬 · 艾萨克斯（Stephen Isaacs）和麦格劳 · 希尔的全体员工——很荣幸和这样优秀的团队再次合作。

献给威廉 · J. 欧奈尔（William J. O'Neil）先生和《投资者商业日报》（*IBD*）的全体员工，特别是凯西 · 谢尔曼（Kathy Sherman）——非常感谢你们的帮助，欧奈尔先生的努力和成就再一次证明了自己。

特别感谢吉姆 · 罗佩尔（Jim Roppel）——感谢你分享自己的故事——你的激情和毅力值得所有人钦佩，你真的是一个鼓舞人心的人。

作者按语

为了帮助自己和他人更好地理解股票市场的实际运作方式，我加强了对市场及其历史的研究。这本书可能是第一本将历史、市场分析和成功的策略结合在一起的书，涵盖了一个多世纪的市场活动。虽然试图在股票市场中赚钱远不是成功、充实和以服务为导向的生活的首要任务，但我决定更加深入地研究这个话题，以帮助那些试图增强财物安全性的人，尤其是像我这样正在学习如何避免在市场上亏掉血汗钱的人。我相信股市是一个更加复杂且被广泛误解的话题，所以我决定写这本书，这样其他人就可以更好地了解股票市场。正如本书将要说明的那样，很少有人能够在市场上长期保持最高水平的成功。我相信这与以下原因相关：很多人对市场的真正运作方式存在误解，而且他们没有意识到这个事实，因为他们使用的信息具有误导性，缺乏可靠的历史分析和真实数据。威廉·J. 欧奈尔在他的著作《笑傲股市之股票买卖原则》（*The Successful Investor*）中给出了我心目中对股市最好的定义，同时也是更多的人需要意识到和理解的定义：

> 股票市场并不关心我们是谁、我们在想什么或我们的感觉如何。这是一只与众不同的野兽：它对人类的欲望漠不关心，对人们的普遍看法视而不见，令人恼火地与你作对，似乎一心想在每一个转折点迷惑大多数人。股票市场遵循的唯一法则就是供需关系法则。作为一名投资者，你必须正视这个现实，学会顺应这个市场而不是与之对抗，否则你最多只能取得平庸的成果。

正如你将要看到的，大多数人在股票市场上遵循或提及的个人观点或他人观点，并没有什么意义，反而会让他们在市场中陷入麻烦。缺乏自律性、耐心和可靠性的交易法则也是失败的原因。本书介绍的那些成功交易者，当他们偏离了基本的原则和技能、不再自律、开始忽视在股市中久经考验的交易法则时，就会亏损。我希望这篇对现实世界的历史分析可以帮助其他人了解这些人是如何在股票市场中战斗并在一个其他人都在失败的地方取得成功的。

前　言

传奇交易者如何赚得亿万

股市中的大部分亏损都可以归结为普通投机者对过去教训的一贯漠视……

——杰西 · 利弗莫尔（Jesse Livermore，1923）

……1998—2002年的市场周期与之前的所有周期非常相似。虽然遭受的损失可能是异乎寻常的，但导致错误发生的原因并非如此。这是投资者在每一个市场周期中都会犯的错误。

——威廉 · J. 欧奈尔（2003）

重复的形态之所以会反复出现，是因为股市是由人驱动的，而人性是永远不会改变的。

——杰西 · 利弗莫尔（1940）

学习挑选股市中的赢家股的第一步是研究过去的赢家股，从而了解最成功的股票的所有特征。

——威廉 · J. 欧奈尔（1988）

正如在过去的100多年历史中最成功的两位股票市场大作手所暗示的那样，投资者所犯的错误和股票市场的形态只会不断重演。1923年的杰西 · 利弗莫尔，以及80年后（2003年）的威廉 · J. 欧奈尔提醒我们，人们在一个接一个的周期中所犯的相同的错误会给一代又一代的股票市场参与者带来损失。此后，他们每个人都会通过丰富的经验提醒我们——就像利弗莫尔和欧奈尔分别在1940年和1988年所做的那样，最成功的股票会遵循特定的形态，而股票市场的周期也会在整个历史中不断重复。

许多人经历的损失本不该一次又一次地出现。如果你研究并熟悉股市周期在过去是如何运行的，并了解成功的股票市场大作手和投资者是如何在过去的周期中盈利的，那么你就会对未来的市场周期做出更加充分的准备。随着时间的推移，伟大的股票市场参与者已经理解了之前的市场周期所带来的知识的力量，以及市场周期的运行规则。他们创造了与当前的市场周期同步的法则，并倾听和关注着市场提供的蛛丝马迹，从而确保他们在市场中始终盈利，而不用考虑市场是上涨（在上升趋势的市场中做多龙头股）还是下跌（在下行趋势的市场中做空之前的龙头股，或者只是远离这个糟糕的市场）。尽管很多人可能认为市场在其过往的时间里保持了稳定的收益率（道琼斯指数在1900—2004年的105年时间里的收益率是7.3%，纳斯达克指数在1971—2004年间的收益率是12.5%），但正如表I-1和表I-2所示的那样，其过程并不会一帆风顺。在过去的一个世纪里，很多积极的年份提供了稳健的回报，但随后往往是一些艰难的时期。实际上，你会从中发现，当市场处于明显的上升趋势时，很多龙头股的收益率会大大超过指数。这正是那些传奇交易者所集中（关注）的地方，使得他们中的很多人都获得了超高的收益率，并积累了巨额的财富。然而，你还要注意的是，许多在自身上涨的同时推动市场屡创新高的龙头股，同样在大量抛售导致市场下跌的过程中起到了推波助澜的作用。在很多情况下，那些之前表现亮眼的龙头股可能会大幅下跌，而且它们的跌幅也要比市场的平均下跌水平大得多。难怪杰拉尔德·勒布（Gerald Loeb）将市场描述为一场“战斗”。但是，如果你了解伟大的交易者是如何利用历史知识，并从错误中汲取教训、及时止损、与市场周期的节奏保持同步，从而在波涛汹涌的市场中乘风破浪的，那么你将提高自己未来的收益。

表I-1 简明年收益率——道琼斯工业平均指数（1900—2004年）

道琼斯工业平均指数——简明年收益率						
	收益率为正的年数	平均收益率	收益率为负的年数	平均收益率	收益率为0的年数	平均收益率合计
1900—1909年	5	29.8%	4	−18.3%	1	7.6%
1910—1919年	4	32.8%	5	−17.0%	1	4.6%
1920—1929年	6	28%	3	−17.7%	1	11.5%
1930—1939年	5	32.6%	5	−29.2%	0	1.7%
1940—1949年	6	12.7%	4	−9.5%	0	3.8%
1950—1959年	8	19.6%	2	−8.5%	0	14.0%
1960—1969年	6	13.5%	4	−13.5%	0	2.7%
1970—1979年	6	14.3%	4	−16.3%	0	2.1%
1980—1989年	8	18.4%	2	−6.5%	0	13.4%
1990—1999年	9	18.1%	1	−4.0%	0	15.9%
2000—2004年	2	14.0%	3	−10.0%	0	−0.4%
平均值	65	22.3%	37	−14.3%	3	7.3%

表I-2 简明年收益率——纳斯达克综合平均指数（1971—2004年）

纳斯达克综合平均指数——简明年收益率						
	收益率为正的年数	平均收益率	收益率为负的年数	平均收益率	收益率为0的年数	平均收益率合计
1971—1979年	7	21.2%	2	−33.1%	0	9.1%
1981—1989年	7	20.9%	3	−6.6%	0	12.6%
1990—1999年	8	37.1%	2	−10.5%	0	27.5%
2000—2004年	2	29.3%	3	−30.6%	0	−6.7%
平均值	24	31.9%	10	−23.8%	0	12.5%

例如，1962年，尚处于职业生涯早期的欧奈尔，正在研究埃德温·勒菲弗（Edwin Lefevre）首次出版于1923年的经典著作《股票大作手回忆录》（*Reminiscences of a Stock Operator*）。在这本详细描述杰西·利弗莫尔的交易生涯的书中，欧奈尔发现，1906年年末，市场出现了顶部，因为许多引领市场先前处于强劲上涨趋势的龙头股不再创出新高。于是，利弗莫尔在1907年年初开始做空（从证券经纪商那里借入股票卖出，希望之后以更低的价格买回这些股票并归还，从而通过价差获利）股票市场，由于市场在这一年的大部分时间里出现了急剧的下跌趋势，利弗莫尔在1907年秋天果断平仓，最终赚了数百万美元。1962年年初，欧奈尔发现他当前所处的市场环境与上述情况类似。许多曾经在1961年引领市场强劲上涨的强势龙头股的股价开始见顶。当市场开始下跌时，欧奈尔

开始做空瑟登帝和科尔维特。随着市场的暴跌，欧奈尔在将空头头寸平仓之后获得了可观的收益，就像半个多世纪以前利弗莫尔所做的那样。这是欧奈尔早期获得成功的案例之一，也是他职业生涯中获得的众多成就之一，欧奈尔也因此成为历史上在纽约证券交易所购买交易席位的最年轻的人之一。欧奈尔利用了与历史上的市场周期行为和最早获得成功的股票市场大作手相关的先例知识，将这些知识运用到他当时所处市场的市场行为中，从而成功获利。在接下来的章节中，我们还将看到许多其他的真实案例，这些案例来自那些真正拿自己的钱冒险的交易者，而不是基于学术，或其他人关于股票市场应该做什么的口头观点。

《传奇交易者如何赚得亿万》还将呈现自1897年以来的100多年时间里股票市场的表现。为什么要分析市场行为？我们以市场分析为开端是很重要的，因为大多数股票都是跟随整个市场的行为和趋势的。你很快就会发现，跟随市场当前的行为，而不是试图预测它的未来走势，是一个让那些传奇交易者赚得亿万的关键交易法则。现在，我们都听说过股票市场历史上一些更加令人难忘的时刻和事件。例如，1929年的股票市场大崩盘、1987年10月19日的“黑色星期一”股灾、1973—1974年的残酷熊市、20世纪90年代的超级大牛市、2020年3月纳斯达克市场发生的科技和互联网泡沫达到极致并开始破裂等。然而，针对部分此类事件，人们往往会忽视在这些事件发生之前，市场是如何表现的、市场是如何提供重要线索的，以及最好的交易者和投资者如何在这些事件中采取行动，进而获得回报或者避免他们的投资组合发生潜在损失。实际上，无论这些事件最终显示出是一次重要的调整，还是进入熊市的标志，抑或是能带来牛市的强劲回升的开始，都无关紧要。重要的是，当市场开始反转时，无论是走向牛市还是熊市，对于精明的投资者来说，重要的市场细节当中通常都有大量的信号。本书将阐述伟大的交易者是如何运用市场知识和观察技巧来获得丰厚收益的。几十年来，市场一直以周期性的方式运行，随着时间的推移，可供我们学习的实例将会越来越多。

在历史上著名的周期性事件中，通常不会出现的另一个重要信息是哪些股票和行业引领了每一个上行周期，又有哪些盈利机会存在于下行周期中。股票市场就像一面巨大的镜子，在一定程度上反映着经济情况，同时，它也是最可靠的预测工具之一。当我们穿越时空，回顾100多年的股票市场历史，以及最优秀的交易者如何利用市场提供的机会时，你就会看到这一点。对于当前和未来的经济前景，没有比股市走势更好的历史指引了，因为股市反映了数百万投资者对未来盈利潜力的看法。此外，我们还要对经济状况有敏锐的感知，并了解每个时代的经济形势都有哪些需求。理解经济、股票市场周期知识，以及伟大的交易者如何在过去的市场周期中取得成功——这样的组合是一个强大的工具包，可以帮助人们在未来的股市周期中获利。

我们之所以要理解之前的市场周期，是因为它每天都会展示出当周数百万投资者的情绪预期，更重要的是，掌控市场大部分实际交易的主要资金经理的情绪并没有太大改变。股票市场已经以这种方式运行了100多年，而且还将继续以这种方式运行下去。最近的一个例子是纳斯达克市场在20世纪90年代疯狂上涨，然后在2000年春季开始急剧下跌，这一时期的市场环境与20世纪20年代和30年代初的市场环境惊人地相似，当时的市场也是以疯狂上涨之后的急剧下跌结束。当然，股票市场大作手和公司的名称会随着时代的变迁而变化，但市场总是经历着起起落落的时期，而人们在这些时期中的行为是造成市场发生周期性重复的原因。在股市历史上的诸多历史性时刻中，我们看到了极端的股市大崩盘，以及大牛市带来的长期繁荣。市场持续地以这种方式运行，其走势形态通常会重复出现，就像个股的走势形态会重复出现一样。我们要谨记杰西·利弗莫尔在20世纪初的著名观察："华尔街的一切都不曾改变——名字变了，口袋变了，但市场永远不会改变，因为人性永远不会改变。"

对很多人（大多数人既不理解也不会花时间研究历史事实）来说，股票市场的涨跌周期代表着无法解释的随机性和偶然性行为。他们会说，这是“非理性行为”；所以，“他们要么不去尝试解释这一现象，只是长期持有，要么不关注市场，完全远离这个市场”。本书将说明这样的想法是多么的“不理性”，同时，还将通过历史知识——特别是在像股票市场这样不断重复的环境中——来证明，获得丰厚收益的机会和对未来可能会出现的毁灭性损失的防范，将变得越来越清晰。

本书将带我们回顾从1987年到本书撰写之时的每一个十年的股市走势。鉴于已经有很多优秀的著作详细描述了华尔街的这类历史，本书不打算按时间顺序记录华尔街的历史以及每个时代诸多有影响力的人物。相反，本书将更多地关注过去100多年来市场自身的行为细节。不过请不要担心，本书将会总结大部分分析，以免读者对枯燥的“旧”历史感到厌烦。另外，有一点很关键，那就是我们需要理解为什么研究市场行为和历史以获得先见之明如此重要。由于整个市场的走势会影响到大多数其他股票，我们必须首先从最合乎逻辑的地方，也就是市场本身开始分析。你将从中看到市场和构成整体市场的龙头股是如何共存的。正如本前言开头部分引用的过去一个世纪以来最成功、最具影响力的两位股票市场交易者所说的4句话那样，如果你不相信股票市场的历史知识和过去的经验教训可以给你带来未来的成功，那么在股票市场中争夺未来的利润时，你将处于巨大的劣势。你还会注意到，这本书中没有提到学术“专家”对股票市场的看法。这是因为它只讲述了少数几个交易者的真实情况及其取得的结果，他们拿着自己的钱去股市中冒险，在亏损之后凭借自己的努力，发现了股票市场真正的运行方式，这样他们就可以始终在市场中盈利，并赚取数百万美元的利润。

本书还将介绍各个时期的龙头股和代表强劲牛市且令人激动的龙头行业、每个时代的龙头股是如何成为真正的龙头股的，以及你如何利用过去的信息发现即将到来的市场中的龙头股。这些内容将会说明市场为何具有前瞻性，以及聪明的投资者是如何发现市场在长期下跌之后开始回升，并出现令人难以置信的获利机会的。此外，本书还将着眼于一些市场在大跌之前的见顶过程，以及最优秀的交易者如何与市场的走势保持一致，并采取相关的行动，从而锁定之前的利润，避免未来的损失。最重要的是，本书将分析历史上多位最伟大的股票交易者【在我的第一本书《向最伟大的股票作手学习》（*Lessons from the Greatest Stock Traders of All Time*）中包括杰西·利弗莫尔、伯纳德·巴鲁克（Bernard Baruch）、杰拉尔德·勒布、威廉·J. 欧奈尔和其他著名的交易者，后来还新加入了一位交易者】是如何根据他们当时的市场环境采取行动、识别龙头股并从中获利，进而避免大幅亏损的。毫无疑问，他们都经历了亏损，但是他们的自律和交易法则限制了他们的损失，从而避免了他们的投资组合遭受重大的亏损。他们对市场行为的理解足以证明，市场历史知识可以带来利润丰厚的投资结果。此外，本书还将举例说明市场在整个历史中有多少次在见顶或见底之前发出了信号，并且给了那些敏锐的和善于观察的投资者足够的时间，使他们能够在多空两端创造有利可图的机会。

《传奇交易者如何赚得亿万》将向你展示很多你在分析和理解历史的过程中可以学到的经验教训，以便你做出更好的准备，从当前和未来的市场周期中获利。正如市场反复证明的那样，由于受到人类情绪的影响，可重复的形态反复出现。如果你有历史的蓝图，好好地学习和了解它，同时了解最优秀的市场参与者是如何获得最好的回报的，那么这些知识将有利于你在未来成功地获得丰厚收益。尽管很多人可能会说，以事后诸葛亮的方式进行合理的分析很容易，但《传奇交易者如何赚得亿万》这本书会表明，过去的经验和知识不会降低你在未来获得成功的可能性，而且还绝对可以帮助你追求未来的股市利润。

第一章

工业股票造就亿万富翁

（1897—1909）

伯纳德·巴鲁克在制订交易计划时
充分考虑了市场走势

查尔斯 · 道（Charles Dow）是记者出身。他曾经以财经作家的身份，为《快报》（*Express*）和《纽约邮报》（*New York Mail*）撰写有关金融统计的文章。后来，他和同事爱德华 · 琼斯（Edward Jones）决定合作自主创业。他们成立了一家名为“道琼斯”的公司，并于1889年7月8日正式推出一项新产品：第一版《华尔街日报》（*Wall Street Journal*）。查尔斯 · 道以主编和创始人的身份出现在世人面前。

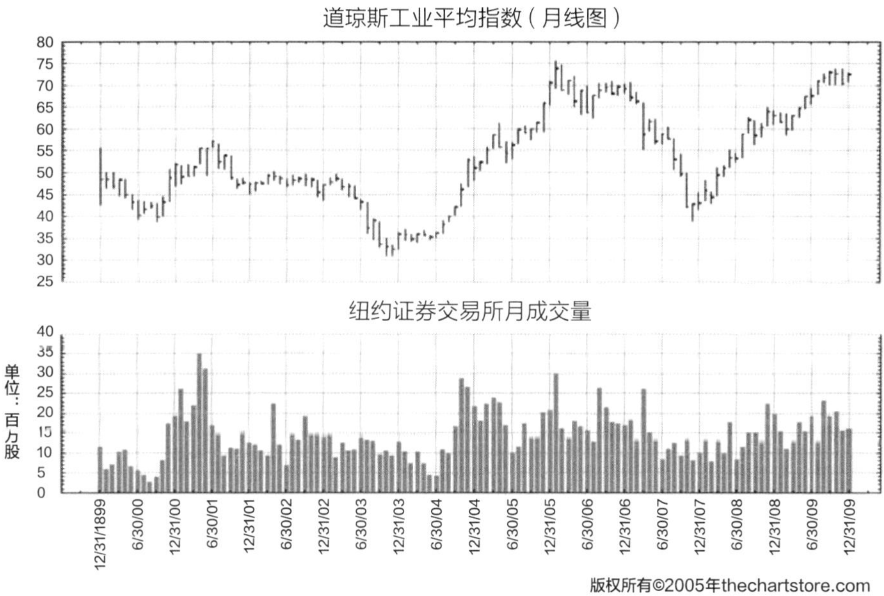

图1-1道琼斯工业平均指数（1900—1909年）

来源：www.thechartstore.com.

后来，查尔斯 · 道创建了道琼斯平均指数，旨在帮助缓解当人们对股市的兴趣开始高涨时，市场每天出现的众多大幅波动所带来的困惑。

他想创建一个指数，该指数能够以一种经过汇总的统计数据反映市场实际的整体走势。这个平均指数，或者说是统计数据，将为很多跟随市场的人提供一扇窗口，让他们可以了解整个市场的活动，而不仅仅是看着每只股票涨涨跌跌，并试图了解市场的总体走势。创建于1884年的道琼斯平均指数最初包括11只成分股，其中大部分来自那个时代占据主导地位的铁路行业。1896年，查尔斯·道推出了道琼斯工业平均指数。同年10月，他在1884年最初创建的平均指数被认为是20家铁路公司股票平均指数。

由12只龙头股组成的新道琼斯工业平均指数现在为公众提供了一个可靠的统计数据，可以反映整个市场的总体活动。该指数最初包括的成分股是：

美国棉油公司	芝加哥天然气公司	蒸馏与牲畜饲料公司
美国炼糖公司	拉克列德煤气公司	国家铅业公司
通用电气	美国橡胶公司	北美公司
田纳西矿业和制铁公司	美国皮革公司	美国烟草公司

这些公司代表了即将到来的20世纪工业时代。在接下来的几十年里，道琼斯工业平均指数的成分股扩大到30只，并且随着时间的推移，新时代的新龙头股逐渐取代了老龙头股。时至今日，通用电气成为唯一一只没有被剔除出道琼斯工业平均指数的股票。首次记录的道琼斯工业平均指数为40.94点。在撰写本书时，道琼斯工业平均指数的成分股包括了代表许多不同行业的股票。

巴鲁克功成名就

随着采用新的道琼斯工业平均指数来衡量整体市场的表现，股票市场大作手们可以更好地判断市场的走势。在我的第一本书《向最伟大的股票作手学习》中特别提到的伯纳德·巴鲁克就是早期的股票市场大作手之一。巴鲁克在其职业生涯的早期，同样犯过市场上很多其他投资者都犯过的大部分错误。他没有做自己的研究，缺乏经验和知识，并且总是听信别人的所谓意见。他在投身市场的前6年里，经历了很多次的亏损。然而，他并没有放弃，而是不断地研究自己的错误以及市场的实际运行方式，最终获得了回报。

市场在1897年1—5月期间基本上处于横盘走势；经济正从前几年的衰退期中逐步恢复，因此仍处于调整和改善阶段。1897年6月，市场开始了为期4个月的大幅上涨。正如前文所述，随着经济从1896年年初的萧条中走了出来，商业环境变得更加积极乐观。在那个年代，由于“恐慌”而出现的严重衰退或类似萧条的时期是很常见的，然而，此后很快就会出现强劲的逆转上涨行情。到1897年年初，银行业、商业、铁路和重工业都在快速复苏。人们对整个国家前景的判断正在稳步改善，很多商界领袖也越来越有信心。在那个投机盛行的时代，市场并没有像今天这样受到诸多规则的监管。很多参与市场的人都很富有，他们能够获得普通大众掌握不到的信息，但市场的吸引力仍在大幅提高。随着美国和欧洲之间开始激烈的竞争，美国被视为下一个经济强国。美国在铁路、农业和工业方面的实力使得大众对其有着热烈和积极的态度。当时的两个基准数据，即钢铁和黄金，价格正不断上涨。在那些日子里，银行家们发挥了重要的作用，其中最有影响力的银行家当属J. P. 摩根（J. P. Morgan）。由于公司可以通过业务合并建立“信托”，并购活动在当时非常活跃。从1895年到1904年，共有超过3000起并购业务。仅在1899年，就有1208起并购业务发生。当时，由于工业公司合并而形成的一些比较著名的公司有阿利斯-钱伯斯公司、混合铜业公司、美国甜菜糖公司、美利坚汽车与铸造公司、联合水果公司以及共和钢铁公司。并购业务的增加为很多股票市场参与者创造了机会。这对于迈向20世纪的美国来说无疑是美好的时代。

随着巴鲁克对市场活动的观察开始出现改善，他根据自己有限的经验注意到，在他所处的时代，市场会经历多次的下行周期，然后再伴随着强劲的逆转上涨行情反弹回来。他还注意到，最好的盈利机会往往出现在这些逆转上涨行情开始的时候。在他看来，如果他能够在市场开始反转时择机买入基本面非常强劲的新龙头股，就能够获得非常不错的收益。

他对市场的持续观察和研究使他注意到1897年春季开始出现的趋势变化，他买入了100股美国炼糖公司的股票，这只股票是当时的一只龙头股，也是当时不久前创建的道琼斯工业平均指数中颇具代表性的几只股票之一。由于当时的市场行情非常好，这只股票强势上涨了6个月。此外，他还使用金字塔策略，在美国炼糖公司的股价持续上涨的时候买入了更多的股票。巴鲁克在这只强势股持续上涨期间运用杠杆，只会赚取更多的利润。最终，巴鲁克在这只股票上获利6万美元。这笔利润足够他在美国证券交易所购买一个席位。正是这次与股票交易有关的操作成为巴鲁克人生的转折点。他对市场始终敏锐的观察力、对所买入股票的强劲基本面的研究、对经济繁荣的理解，以及对企业竞争优势和未来盈利时间点的感知，为他创造了他心目中可靠的投机机会。

巴鲁克是有史以来最成功的股票交易者之一，这桩交易再次表明，他最喜欢的买入股票的时机是在大盘走出谷底，并开始强劲上涨的时候。自1891年以来，他从观察和参与市场中获得的经验和技巧让他有信心在市场展现出强劲机会时利用这些机会。正如前文所述，在过去的6年中，当他刚开始研究市场是如何运行的时候，他犯了很多其他市场参与者所犯的大部分错误。然而，巴鲁克从他的错误中汲取了教训，下定决心永不放弃，并坚持学习。他酷爱阅读，在进行任何一笔交易之前，他都会对公司的基本面进行全面的研究。此外，他还学会了如何等待市场确认其新趋势，然后顺着趋势进行交易。这是他从上一次出现在1891—1897年的市场周期中学到的。他的耐心在1897年获得了回报。当他持有的股票价格持续上涨时，他采用金字塔策略买入了更多的股份，然后密切关注着这只大赢家的走势，确保他不会把辛辛苦苦挣来的钱回吐给市场。他还学会了如何在一只好股票的股价不断上涨时（找准时机）卖出它。请记住，他总是会从之前的错误中汲取教训，从而更好地把握买入和卖出持仓股票的时机。

市场趋于稳定，随后实际上在1897年秋季开始下跌。此时的巴鲁克确信他不会把来之不易的利润回吐给市场——市场和股票的走势正在向他发出警告的信号，他知道是时候开始行动了。因此，他在股票大幅下跌之前选择了套现。他的目的是获得丰厚的回报，而不是宣告自己是个长线或者短线交易者。他只是跟踪股票和市场的走势，然后在进场时机和盈利方面做出正确的决策。

巴鲁克新创建的交易法则让他获得了更多的利润

市场从1897年9月开始下跌，于1898年4月初触底。5年半之后的1903年，由于“富人的恐慌”（人们都这样称呼），市场才再次触及这一水平。从1898年4月到1899年4月，市场处于强劲的上涨趋势，唯一的调整发生在1898年8月和9月。在此次短暂的调整后，市场从1898年9月的将近50点，上涨到了1899年4月的接近75点，涨幅接近50%。我们需要理解的一个重要问题是，市场是如何预示即将到来的衰退的呢？市场于1899年6月见顶，然后开始下跌。理解这一问题有助于我们确认市场在未来几十年将继续表现出来的预示能力。在真正的衰退开始之前，市场似乎会多次下跌并/或处于横盘状态。在衰退结束之前，市场通常会在衰退期间就开始上涨，并预示着美国企业的好日子即将来临。

巴鲁克通过他的研究发现，市场实际上反映的是当前的经济状况，而不是造成这些经济状况的原因。他指出，市场就像温度计，而经济更像是一个发热的病人，理解它们之间的差别很重要。由于投资者对当下和未来市场盈利能力的预期，由供求关系引起的所有经济活动和影响该活动的因素（包括利率、通货膨胀、生产力和盈利能力）都将反映在股票市场中。由于市场不断地将未来反映到当下的行情中，它成为一种可靠的预测工具。这种情况在19世纪末和20世纪初的时候十分常见，而我们将会在今后的每一个十年中看到类似的情况。

1899年早春，就在市场表现得依旧非常强劲的时候，巴鲁克买入了布鲁克林快速捷运公司（以下简称“B.R.T.”）的股票。就在几个月前，新总裁获得了这家公司的控制权，而公司的业绩也开始有了起色。当时，B.R.T.是市场的龙头股；它的收入快速增长，股价也反映了强势向上的市场环境、它的领导地位以及强劲的基本面。到了4月，B.R.T.的股价触及137美元，随后便开始回落。后来，随着新总裁的意外去世，公司的股票受到了恐慌的市场情绪的冲击，股价也跌至100美元左右。然而，J.P.摩根和其他公司开始做多B.R.T.，股价也回升到115美元左右。虽然巴鲁克在这段不确定的时间里坚持了下来，但他也确实注意到，几个月后，市场开始趋于平稳，与此同时，B.R.T. 的股价也开始企稳。在观察了这只股票顶部的量价关系后，巴鲁克决定卖出手中的股票，将利润落袋为安。此次抛售让他获得了大约6万美元的利润。到1899年年底，随着市场的暴跌，B.R.T.的股价已经下跌到每股60美元，并再也没有回到当年早期触及的高点。当市场正在向上攀升的时候，我们再次看到巴鲁克抓住了当时的龙头股。此外，巴鲁克总是买入基本面强劲、产品前景和未来利润预期良好的股票。为了实现利润，他还喜欢在股票上涨，或者在本案例中，股价开始见顶以及横盘的时候卖出股票。需要再次强调的是，巴鲁克并不关心持股的时间长短——市场和股票的走势才是提醒他应该采取什么行动的关键。

理查德 · D. 威科夫——耐心的交易者

20世纪初另外一位具有影响力且成功的股票市场大作手是理查德 · D. 威科夫（Richard D. Wyckoff），尽管我并没有将他收录在我的《向最伟大的股票作手学习》这本书中。理查德 · D. 威科夫生于1873年

11月2日，他的交易生涯似乎结合了杰西·利弗莫尔和巴鲁克的早期经历。此外，他还和几十年后出现的杰拉尔德·勒布和尼古拉斯·达瓦斯（Nicolas Darvas）有着一些共同点和相似的早期经历。

和利弗莫尔一样，威科夫15岁就开始了他的华尔街职业生涯。他也像利弗莫尔和巴鲁克那样对股票市场非常着迷，并且尽可能多地学习有关市场交易和投机的知识。他开始自己阅读和研究。他像巴鲁克那样开始阅读《金融纪事报》（*Financial Chronicle*），然后研究很多公司和不同行业的财务统计数据。此外，威科夫还开始研究在当时经营的投机商行。正如我在我的第一本书中所提到的，投机商行更像是赌场，人们在那里押注股票价格接下来的波动情况。尽管杰西·利弗莫尔在投机商行那里快进快出的操作已经炉火纯青，并且借助这些经验日后在纽约证券交易所进行交易，但威科夫将投机商行视为一种研究机制，借此观察交易者是如何行动并参与市场的。他虽然不像利弗莫尔那样活跃于投机商行之中，但学到了交易者的心理是如何对交易者产生有利或不利的影响的。例如，威科夫发现大部分投机商行中的投机者都是亏损的，因为他们往往在赚取蝇头微利的时候就选择快速离场，而抱住亏损不松手，以期望能够在不远的将来收复失地。观察交易者如何对市场里的股票走势做出反应——这成为威科夫一个重要的学习特质。他的自律和耐心，以及观察市场的技巧，为他接下来的交易生涯赢得了丰厚的回报。

随着威科夫持续地学习并钻研市场，他在当时任职的那家公司获得了升迁，他早期的职业生涯看起来前途无量。然而，1893年恐慌的余波波及了他的公司，公司解散了。在接下来的3年里，威科夫一直以打零工为生，因为他很难在华尔街的其他公司谋得一份稳定的工作。他在21岁那年几乎破产，但是他从来没有放弃重返股票市场并在其中发展事业的希望。当他终于在普赖斯·麦考密克公司（一家经纪商）谋得一份工作时，他迎来了人生的转折点。他开始比以前更加努力地学习，而且还阅读了银行、铁路和会计方面的书。我们从所有伟大的交易者——利弗莫尔、巴鲁克、勒布、达瓦斯和欧奈尔身上看到了永不放弃、持续学习的动力——无论他们是在哪个时期参与市场的。

威科夫继续努力工作，在公司里不断进步。随着1897年年初麦金莱当选美国总统，市场开始上涨。直到此时，威科夫才第一次在实盘中买入股票。请注意他多年来是如何参与并对市场感兴趣的。然而，他知道自己没有多少经验，通过对其他人的学习和观察，他明白自己即将面对的市场是多么的困难和具有挑战性。这与许多其他交易者开始他们交易生涯的方式形成了鲜明的对比。威科夫在耐心方面展现出的技巧和纪律是市场中很多人都无法比拟的。这就是他从来没有经历过在市场交易中多次输光所有钱而陷入低谷的主要原因之一。他的这种耐心和避免赌博的天性是他和杰西·利弗莫尔之间比较显著的区别之一，尽管他们在很多市场观察和交易法则方面都是一致的。威科夫在第一次交易中十分谨慎——他只以4美元的价格买入了圣路易斯-旧金山铁路公司的1股普通股。他买入这只股票纯粹是出于公司的基本面。不过他后来才知道，如果一个人想在市场中正确地买卖股票并实现盈利，这并不是唯一需要考虑的事情。

在研究市场的最初几年里，威科夫得出了一个重要的结论：市场是以周期的方式运行的，并且经常会自我重复。他还注意到，当市场从最低点回升时，通常会上涨2年左右。这个结论和巴鲁克在同一时期观察市场后得出的结论完全一样。正如威科夫发现的那样，市场将在本轮上涨之后一年左右的时间里出现下跌，并且跌回到最初的低点。他发现，市场中的恐慌因素是卖出股票的典型原因。投资者和交易者早期经历的恐惧主要是由混乱的银行体系、过度扩张的铁路建设，以及未整合的工业组织造成的。很多因素导致了不稳定性，而不稳定性又导致了不确定性，进而导致恐慌或者恐慌性抛售。我们将在后面的章节看到，其他未来产业的过度扩张“建设”是如何导致市场出现一些其他重大崩溃的，比如20世纪20年代末的汽车行业汇集了166家汽车公司；20世纪90年代末的互联网时代，几乎所有人都在成立名字中带有“.com”字样的公司。

虽然市场在1898年和1899年年初强势上涨，但是威科夫仍然只进行1股的交易，他显然不是一个利用积极的市场环境的大交易商。他仍然保持谨慎，使自己处于学习的状态，并专注于自己的事业。1900年，威科夫决定自己成立公司，交易未上市的股票和债券。他找了一个合伙人，于同年10月创建了哈里森和威科夫公司。他的公司为其他经纪商提供清算交易服务，并从中赚取佣金。此外，他还以经纪人的身份开始招揽客户，为客户提供股票投资的建议。

1900年秋，在经历了大半年的下跌后，市场开始上涨。如果你观察图1-1，你会注意到在1900年12月经济衰退正式结束之前，市场是如何开始转涨的。1901年2月，J. P. 摩根以惊人的5亿美元从安德鲁·卡内基（Andrew Carnegie）手中收购了卡内基钢铁公司，美国钢铁公司成立，这在当时是史上最大的一笔收购。在此期间，其他新合并的公司包括博登乳业公司、国际玉米制品公司、伊士曼柯达公司和美国国家酿酒公司。1901年年初，随着并购热潮的全面爆发，许多龙头股的股价涨幅都超过了正常水平。实际上，纽约证券交易所在1901年的总交易量达到了创纪录的2.65亿股。如前所述，很多股票都在上涨，进而推动整个市场走高，但真正的龙头股是美国钢铁公司、联合太平洋公司和北太平洋公司。由干钢铁及金属工业和铁路工业正在分享那个时代的经济红利，这些股票才是当时真正的龙头股。

利弗莫尔的第一笔大交易

杰西·利弗莫尔在我的第一本书《向最伟大的股票作手学习》中同样被特别提到。他和巴鲁克等人一样，在职业生涯早期犯了很多错误之后，开始在1901年年初买入北太平洋公司的股票，并且从这只龙头股身上赚到了5万美元的利润。利弗莫尔做了和巴鲁克之前做过的一模一样的事情——他跟随市场的上升趋势进行交易，买入了领涨板块（铁路板块）

中一只基本面强劲的龙头股。这被证明是利弗莫尔的一个里程碑，同时也是他最早获得成功的案例之一。虽然他不知道周围正在发生的事情，但是他只交易强势股，然后卖出以获得利润。事实证明，当有几家集团试图获得该公司的控制权时，它的股票遭到了突袭。1901年5月1日，北太平洋公司的股价是每股115美元。到了5月7日，随着试图获得该公司控制权的各个集团囤积了大量的股票，公司的股价达到143.5美元，次日便达到了160美元。对于北太平洋公司来说，5月9日是一个真正引人注目的日子，公司受到了来自试图控制它的各个集团和卖空者的双重打击，卖空者认为公司的股价估值太高，是一个有利可图的机会。当天，北太平洋公司的股价曾触及1000美元的高点，但最终收于325美元。由于市场上可供应的股票寥寥无几，很多卖空者无法通过买回股票来弥补他们的亏损。第二天，也就是5月10日，北太平洋公司的股价跌回150美元。由于很多卖空者需要筹集资金来弥补他们在北太平洋公司上亏损的头寸，他们不得不卖出手中持有的其他股票，所以这些股票当中有许多都出现了大幅下跌。这真的是一个疯狂的交易日，它证明了当时的市场是多么残酷。

威科夫和巴鲁克看到了市场已经见顶

正如前文所提到的，1901年春天，北太平洋公司带领着铁路股彻底爆发，利弗莫尔从这只杰出的龙头股中获得了可观的利润。在股票市场上涨的过程中，理查德·D. 威科夫作为一个非常优秀的股票经纪人，为其客户选中了当时的大牛股，从而收获了成功的声誉。他在这波上涨的行情中为客户带来了不菲的收益。在此期间，威科夫仍没有用自己的账户做太多的交易，但是他的客户确实依靠着他选中龙头股的能力获得了可观的收益。当他观察很多股票的走势时，除了前面描述的北太平洋公司的股票，很多领涨的铁路股都在5月8日开始遭到严重的抛售。由于威科夫总是在强势上涨和下跌之后寻找市场方向的变化，他开始对整个市场感到不安。他建议客户卖出持有的股票，持有现金等待机会。这一切正好发生在市场即将见顶的时候。由于他的很多客户卖出了手中的头寸，从而保住了他们的利润，威科夫作为一个可靠经纪人的声誉提高了。他对市场、市场周期如何形成和重复，以及在成交量很大的情况下，龙头股如何见顶和下跌方面一向具有的敏锐观察力，都为他得出应该在市场中采取哪些行动的结论提供了线索。

同样是在1901年春天，另外一只龙头股混合铜业公司的股价超过了每股100美元。伯纳德·巴鲁克开始研究这家公司的基本面。他在研究之后得出的结论是，目前的高铜价正在减少全球对铜的使用。此外，铜的出口量也开始下降，巴鲁克因此认为自己的结论是正确的。到了7月和8月，随着市场开始下跌，混合铜业公司的股价也开始下跌。1901年9月6日，麦金莱总统在一次暗杀行动中中枪。考虑到美国的未来充满了不确定性，股票开始下跌，而市场也处于下跌趋势中，巴鲁克开始做空混合铜业公司的股票。不幸的是，麦金莱总统在中枪一周后去世。此时的巴鲁克继续增加他的头寸，并且在该股随着市场进一步下跌的时候，运用金字塔式的交易手法大举增加他的空头头寸。巴鲁克坚定持有这些有利可图的头寸，到了当年的12月，当混合铜业公司的股价已下跌到接近60美元时，他将全部的空头头寸平仓，净赚近70万美元。这是他到当时为止所做的最大一笔交易，同时也奠定了他作为重要的股票市场大作手的地位。

在1902年的大部分时间里，市场都在一个非常狭窄和平坦的交易区间中运行，随后在和年初基本持平的位置结束了这一年的行情，既没有盈利也没有亏损。此前的并购热潮开始明显放缓。由于之前的一些并购交易存在不确定性，并购业务也开始放缓。过度杠杆化的并购交易开始出现各种问题。新的衰退开始于1902年9月，并持续到1904年8月，共历时2年。1902年，理查德·D. 威科夫开始撰写有关市场走势和状况的市场简报。与利弗莫尔和巴鲁克一样，威科夫也会进行交易，并建议他的客户做多和做空并行。这份简报最终为威科夫成为那个时代真正的市场领军人物铺平了道路。同年，由于市场还在盘整，巴鲁克卖出了他持有的大部分股票，因为他发现在一个横盘趋势下的市场中是很难赚到钱的。因此，当随之而来的恐慌即将在1903年到来时，他基本上已经套现离场。在这里，我们看到了许多伟大交易者拥有的另一个强大的优点和纪律——在最佳时机明智地远离市场的能力。

1903年前几个月的微弱反弹并没有持续太久。到了3月，市场开始下跌。1903年初春，一场“富人的恐慌”席卷了整个市场（部分原因是人们对创造了美国钢铁公司的大规模并购——以及有多少富有的股市参与者受到了调整的影响——进行了疯狂的猜测）。在此期间，很多之前的龙头股出现了暴跌，同年10月，道琼斯工业平均指数创出了自1898年年初以来的新低。这是这个新开发的指数第一次出现真正意义上的大幅下跌（但绝对谈不上是华尔街出现的第一次大幅下跌），它以全年下跌24%收官。与此同时，20家铁路公司股票指数在1902年创出192点的高点后，在1903年暴跌了近54%，收于89点。

然而，一些伟大的股票交易者基本上没有受到“富人的恐慌”的影响。正如前文提到的，伯纳德·巴鲁克在1902年市场盘整期间卖出了他持有的大部分股票。1903年夏末，巴鲁克在经历了一段远离市场的漫长假期之后，决定离开他效力多年的公司，开始自己创业。此时的巴鲁克已经是一位名副其实的百万富翁了，他决定独自交易，继续自己在华尔街的职业生涯。理查德·D. 威科夫同样做出了改变职业现状的决定。他决定停止经营现在的公司，和另外一名合伙人创建一家名为“马利特和威科夫”的公司，以满足现有客户的需求。他还继续撰写有关市场的文章。在这里，我们看到两位成功且经验丰富的股票市场大作手基本上远离了糟糕的市场环境——他们实际上做出了提前规划，为进一步取得未来的成功而积极地改变了生活现状。当其他人被恐慌彻底击垮的时候，上面的两个案例说明了成功的、自律的和有耐心的市场大作手是如何通过跟随市场趋势并观察其供需变化而领先于市场的。

就在很多人打算放弃市场且大多数人认为它永远都不会好转的时候，市场开始复苏了。我们将在后面的章节中多次看到这种情况。伟大的交易者始终相信市场改变自身运行方向的能力，因而他们将个人观点放在一边，始终与市场保持一致，从中寻找似乎能够获得最佳回报的转折点。股市在1903年秋季触底之后，在当年的最后两个月里略有上涨。就像在深陷泥潭的时候预测未来会更美好一样，市场在衰退正式结束前的整整7—8个月里趋于平稳。这再次体现了市场的预测能力。对于那些在最近的一次下跌中逃离市场的人来说，他们肯定会错过即将到来的上涨，而这也将是迄今为止最大的一次牛市行情。

威科夫看到了趋势的变化

通过对市场走势进行持续的敏锐观察，威科夫注意到市场的抛售几近枯竭。他还从过去对市场周期的研究中发现，一场必然会发生的上涨可能就在眼前。他开始更积极地用自己的账户交易，更多地参与到市场中来。1904年年初，他在抛压趋于平息的情况下以每股8.625美元的价格买入了美国钢铁公司的股票，这个价格恰好与该股的历史低点仅相差0.25个百分点。威科夫在观察期间发现，当市场在长期下跌后开始趋于平稳时，通常会因此出现上涨趋势。由于抛售几近枯竭，下跌已经自行结束了。鉴于市场受到最近纽约市发行债券的冲击，威科夫改变了在过去几年里的看空态度。此次的债券发行出现了大规模超额认购的情况，这种情况在市场下跌的过程中是从来没有出现过的。此外，他还注意到，很多股票已经触底，尤其是那些在他看来仍然是当时的龙头股的股票。经济的回暖也让他对自己的新发现更加乐观。随着小麦产量的增加，工业生产和农业成为主导产业，而且其他国家的市场也开始上涨。

1904年上半年，当市场继续呈横盘走势（尽管它更像一个轻微波动和动荡的市场）时，威科夫在6月给他的客户发出了一份市场简报。这份简报的最后一句话是："牛市来了。"这个时机堪称完美，因为道琼斯指数随后创下了自其设立以来的最大涨幅，全年上涨42%。在简报中，他还向客户推荐了一些在他看来正在被大交易商大量囤积的股票。这些股票包括：雷丁公司、联合太平洋公司（普通股）、阿奇森公司、密苏里-堪萨斯-得克萨斯铁路公司（优先股）和美国钢铁公司。

威科夫当时30岁，他的公司正在壮大，其声誉也在增长（尽管他的客户仍然相对较少，而且大多数都不是大交易商），他正好处于市场最戏剧性上涨的初始阶段，亲眼见证了道琼斯指数在不到两年的时间里翻了一倍多。1904年年底，威科夫解散了自己的公司，加入了阿什维尔公司。他这样做的目的是减轻经营自己公司的责任，不过他也将现有的客户资源带了过去，这样他就可以把更多的时间放在研究股票市场上。对市场的深入研究是他真正的激情所在，他下定决心要找到一种方法，使他能够在进行市场操作时持续盈利。

当市场在1904年年初开始攀升时，巴鲁克也在继续着他的市场研究工作。他开始对苏线铁路公司产生了兴趣，因为他听说由于小麦运输量将增加，苏线铁路公司计划向西扩建铁路线。随着当前的衰退逐渐结束，经济开始复苏，巴鲁克注意到农业是一个主导产业，正成为市场的新龙头。他非常认真地研究了苏线铁路公司和小麦经济的前景。随后，他开始在每股60—65美元的位置买入苏线铁路公司的股票。不出所料，小麦大丰收让苏线铁路公司的营业收入增长了50%。公司的股价也持续上涨，达到每股110美元。巴鲁克喜欢在股价上涨的过程中卖掉手中盈利的股票，根据他对该公司和小麦经济学的进一步研究，他得出了结论：这种需求不会持续下去。因此，他在苏线铁路公司的股票见顶并暴跌之前清仓，获得了可观的利润。这笔交易证明了巴鲁克是如何做到与支撑股价上涨的市场走势和基本条件保持一致的。此外，巴鲁克还让我们看到了他是如何根据任何他注意到的变化迅速做出调整，以及在股票上涨的过程中明智地锁定利润的。如前文所述，市场在摆脱1903年的恐慌之后，在1904年结束的时候收于70点附近，涨幅达到42%。

1905年年初，市场的上涨走势延续到了3月。然而，4月和5月的大幅回调并没有持续太久，市场继续再创新高，到年底的时候收于接近100点的位置，这为道琼斯指数在当年的又一次强劲上涨创造了条件——上涨了38%。威科夫在1905年为他的客户赚了不少钱，尽管这些账户仍然被认为是小账户。正是在这段时间里，威科夫真正开始对市场中大交易商的操作以及一个人如何才能获得在市场中不断成功所需的技能和知识产生了兴趣。这个时候的威科夫已经在市场中摸爬滚打了将近17年，但他意识到，理解市场的运行方式是一个不断学习的过程。威科夫在这个过程中和其他人一样经历了得与失的洗礼。他在自己交易时仍然保持很小的仓位，通常只交易500股或者1000股。这与巴鲁克和利弗莫尔当时为自己赢得声望的所作所为相去甚远。威科夫还从阿什维尔公司跳槽去了另外一家名为“沃瑟曼兄弟”的公司。虽然他的业绩有所改善，但是他仍不满足于现状，渴望尽可能多地学习有关成功交易的知识。当他开始研究伟大的交易者时，他发现他学到的最好一课就是把亏损控制在小范围内。就像我在我的第一本书中提到的其他所有伟大的交易者那样，威科夫意识到，这显然就是交易的黄金法则。此外，和其他伟大的交易者一样，他还发现消除所有情绪是交易者面临的最大挑战。他想寻求一种不掺杂恐惧和希望，以平和的心态进行交易的方法。也就是说，他要把专业的判断力和来自实战的经验结合在一起。

1906年，威科夫决定离开沃瑟曼兄弟公司。他认为自己已经积累了足够的经验，并且准备独自经营自己的威科夫公司。他准备交易债券和未上市的证券，同时，他也不想为了吸引投资客户而扩张。他还详细描述了一个成功交易者的特点，这是他通过自己的经验从其他人那里学习和观察到的。以下内容是他对这段经历的总结，选自他的《华尔街40年投机和冒险》（*Wall Street Ventures & Adventures through Forty Years*）一书：

你要变得聪明、机警，不仅要做到行动迅速，而且还要在感知到风险的时候转变你的立场。你不能表现出希望和恐惧，不能在交易的时候显现出精神过度紧张的迹象，要以同样的平静心态看待盈利和亏损，以及培养自己拥有第六感的直觉。这些特质是在长年累月的无数次失败当中逐渐形成的。这种训练只能通过长期的大量交易来完成，它会让交易者的人格趋于完善，能够使交易者毫不气馁地度过困难时期，直到他（她）的专业水平和自信心堪比一位做过很多场手术的外科医生。虽然他会失去一些病人，但他从未失去勇气。拥有这样性格和经验的人，会在市场中取得成功。

利弗莫尔崭露头角

从1906年开始，道琼斯平均指数持续两年的强势上涨暂时告一段落，市场开始进入横盘阶段。市场在1906年1—6月期间从略高于100点的位置回落到85点左右。虽然股市在7月大幅反弹，但随后的走势似乎趋于平稳，到年底，大盘以全年下跌2%收官。杰西·利弗莫尔在他对市场行情的持续观察中，开始注意到市场是如何无法进一步上涨，以及市场中的龙头股是如何在持续上涨的过程中因为遇到阻力而开始见顶的。在接近1906年秋天的时候，利弗莫尔开始试探性地做空市场（以很小的仓位测试市场的走势）。

1907年年初，随着工业生产刚刚达到历史的最高水平，这一盛景似乎还将持续下去。然而，股票市场却预示着经济的放缓。就像我们之前提到的那样，市场实际上在1907年1月就已经见顶，然后开始回落，并且在当年的大部分时间里处于横盘状态。我们再次看到市场提前反映了对未来的预期。3月，道琼斯指数接近75点，到了4月，另一场衰退开始了，当时的市场已经处于明显的下行趋势。利弗莫尔的试探性交易初见成效，他开始采用金字塔式交易做空市场，获利颇丰。此时，信贷紧缩愈演愈烈，矿业股沦为重灾区。利弗莫尔看到市场的下行趋势已经非常明显，于是继续利用龙头股下跌的机会加码做空。他继续采用金字塔式交易在雷丁公司、联合太平洋公司和铜冶炼厂公司3只股票上建立头寸。到1907年夏天，市场开始短暂企稳，铁路股仍然是市场上的龙头股，但这些公司开始披露收益下降的消息。随着资本的萎缩和枯竭，以及环境的恶化，铁路公司的收益放缓，而且融资困难，市场注定要下跌。

从7月至11月中旬，市场几乎直线下跌，从60点附近下跌到略低于40点。我们会再次看到当龙头股下跌的时候，市场是如何崩溃的。我们以联合太平洋公司的走势为例。在1904—1905年间的强劲上涨趋势中，联合太平洋公司是一只龙头股。1906年9月，联合太平洋公司的股价是195美元。10月，其股价小幅回落至170美元。在1907年2月初，也就是市场出现重大崩溃之前，联合太平洋公司的股价就已经发出了警告——它跌到了接近120美元。利弗莫尔持有的空头头寸中就包含这只股票。到了10月底，随着恐慌的蔓延，银行发生了挤兑。杰西·利弗莫尔察觉到这就是市场的底部，于是在1907年10月24日将所有的空头头寸平仓，获利近300万美元。他的具体做法是，在行情不错的情况下持有盈利的空头头寸，然后在股票持续下跌的时候继续加大仓位。这一笔迄今为止最大的盈利奠定了他作为一名真正的股票市场人作手的地位。

J. P. 摩根最终不得不通过注入所需的资金来拯救华尔街，他甚至还在10月底亲自致信利弗莫尔，请求他停止做空市场。鉴于市场在前几年刚刚经历了一段最好的时期，1907年的下跌被证明是那个时代最严重的一次暴跌，道琼斯指数下跌了38%。与此同时，伯纳德·巴鲁克也在此次暴跌中向市场注入了200万美元的个人资金。我们可以看到，巴鲁克基本上没有受到股市崩盘的影响，这可能和他严格自律的交易方法以及对市场走势的关注有关。在此期间，威科夫还注意到债券市场的资金也几近枯竭，这为市场未来可能出现的行情提供了一丝线索。他还想出版一份关于交易和投资的杂志，这样他就可以让公众了解华尔街的起起落落，从而更好地为未来的周期做准备。他将这份杂志称为《报价器》（*Ticker*）。他的第一期《报价器》（于1907年10月1日发行）收到了300美元的广告费，他印刷了1.5万份，并将它们寄给可能对它感兴趣的人。

1907年11月，在获得J. P. 摩根的担保以及所需的资金后，市场见底了（市场全年下跌38%）。正是J. P. 摩根的出手相救才让证券交易所能够在这次严重的恐慌中幸存下来，继续运作。利弗莫尔和巴鲁克都从这次下跌中获利，是因为他们再一次与市场保持联系，不以任何方式获得带有偏见的观点，只跟随市场的行情趋势来行动。

1908年，市场在1月和2月的小幅下跌中开始了新的一年，随后又强势反弹。这一次，似乎是出于对未来更乐观的预期，市场从3月开始攀升，此时离此次衰退正式结束（1908年6月）还有3个月。从那时起，道琼斯指数呈上升趋势，在克服了秋季的一段波动期之后，于年底在接近85点的位置收官。这波上涨不仅收复了1907年大恐慌期间的全部跌幅，而且还使市场涨幅达到了47%。

1909年年初，市场在经历了短暂的下跌之后一直上涨到8月。虽然道琼斯指数在这一年剩下的时间里大幅波动，但在年底收官时为100点左右（全年上涨15%），接近这十年的峰值（1906年年初达到的）。威科夫在这一年中除了继续研究市场，还撰写文章。他不断尝试有效的市场策略，同时淘汰掉那些不可行的市场策略。此外，他还撰写了一系列名为“盘口分析研究”的文章（这些资料后来得到出版，至今仍可阅读）。威科夫最开始在1908年11月—1909年10月期间在他的杂志上刊登这些文章，旨在让公众了解他发现的积极的市场规则和技巧。这是他第一次向公众展示此类研究发现。他讨论的市场策略包括：

- 确定市场趋势
- （了解）在市场中，供求关系意味着一切
- （了解）市场和股票的成交量是至关重要的
- （了解）把损失控制在较小范围内是第一原则

威科夫决定在接下来的十年里从市场的角度为大众提供帮助。正如过去十年所显示的那样，市场经历了很多波动和周期。我们对前期的市场走势做了如下总结：从1897年到1909年，道琼斯平均指数从40点上涨到将近100点。1897年年初，该指数在接近40点的位置见底，并于1906年1月达到略高于100点的峰值。市场在这段时期总共经历了3次长期衰退，这些衰退分别持续了19个月、24个月和14个月。总的来说，在此期间的156个月里，总共有57个月处于衰退期，占全部时间的36.5%。有趣的是，我们发现在每个衰退期到来之前，市场都会呈现下跌或者横盘走势，而在每一个衰退期正式结束之前，市场都会急剧上涨。

第二章

避开股市的地雷

（1910—1919）

杰西·利弗莫尔跟踪市场的大趋势
实现良好表现

似乎预感到新的衰退即将到来，市场开始大幅波动，随后在1909年的最后5个月里继续横盘。随着开始于1910年1月的新一轮衰退打开了下一个十年的大门，市场在7个月的时间里下跌到75点以下，跌幅接近25%。这次持续了25个月的漫长衰退直到1912年1月才结束。同时，市场自1907年恐慌以来持续2年的上涨趋势也开始减弱。投资者仍然没有忘记市场下跌的速度以及暴跌趋势带来的严重后果，所以在恐慌过后，市场仍然有很多担忧。即使是在1908年和1909年的上涨趋势中，投资者的参与意愿也有所下降。实际上，从1909—1914年，纽约证券交易所的股票

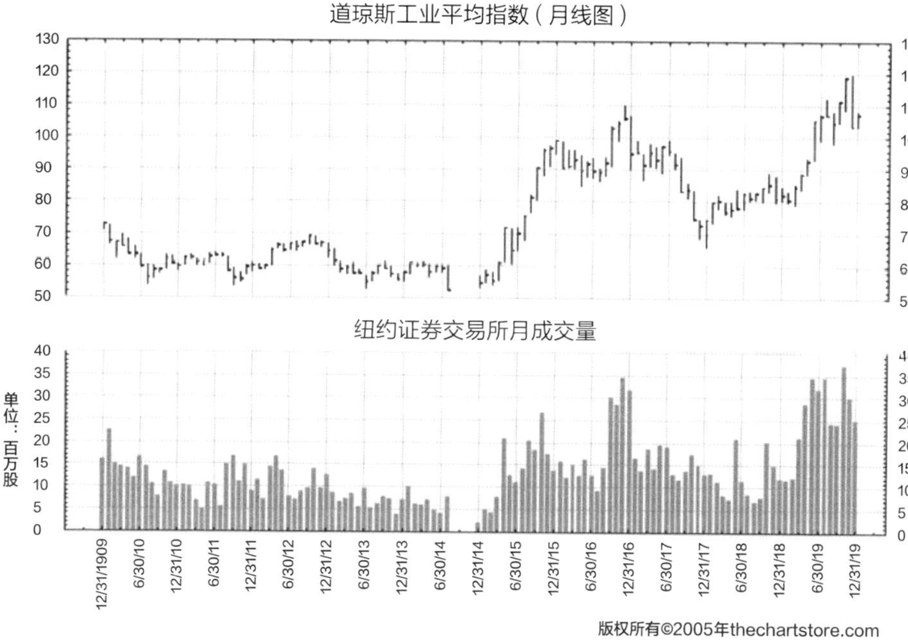

图2-1 道琼斯工业平均指数（1910—1919年）

来源：www.thechartstore.com.

换手率和日均交易量每年都在下降，这正是1907年的恐慌造成的挥之不去的影响带来的后果。

在市场持续低迷的这段时间里，威科夫的《报价器》杂志并没有给他带来多少收入。然而，他对研究市场的浓厚兴趣和试图帮助公众了解市场运转真相的愿望，成为他继续前进的动力。虽然他自己的交易也没有取得较大进展，但毅力通常可以打败短期的失败。后来，他决定在一家名为"汤普森陶瓦鲁"的公司任职，因为这样一来，他就可以用稳定的收入来弥补杂志的亏损。他的主要职责就是通过他出版的杂志为公司招揽客户。后来，威科夫在《报价器》杂志中为另外一个系列"股票投机研究"撰写文章。这样的话，他也可以在每个交易日有更多的时间去观察和研究市场。通过研究，威科夫预测市场走势的能力得到了提升。这就是他一直想要做的事情，他对市场的判断开始表明，他持续的好奇心和努力的学习正在产生回报。

大约在同一时间，政府也开始更多地介入市场。在1907年的金融恐慌之后，很多人希望政府加强审查，以保护投资者。1911年，塔夫脱政府开始对在前十年的合并狂潮中成立的许多托拉斯（垄断组织的高级形式之一。由许多生产同类商品的企业或产品有密切关系的企业合并组成）施以重拳。杜邦和美国钢铁公司在这次反托拉斯行动中受到打击，但受打击最严重的两家公司分别是标准石油公司和美国烟草公司。这两家公司都因为其垄断结构而解体。这对美国企业的竞争行为来说是一个沉重的打击（也是一个嘹亮的声音），与此同时，威科夫开始为他的杂志增刊。1911年10月，威科夫创办了《趋势快报》（*Trend Letter*），这份周刊就买卖哪些股票以及何时买卖股票提供独立的建议。该周刊最初的反馈超出了他的预期，主要是因为他的许多预测后来被证明是正确的。随着他的人气开始飙升，以及他依靠《趋势快报》增加了收入来源，威科夫离开了汤普森陶瓦鲁公司。至于市场环境，在1910年10月上涨至85点附近之后，直到1911年7月，基本上处于横盘整理的走势，可谓毫无亮点，一潭死水。此后，市场开始下跌，并在本轮衰退结束前4个月见底，然后开始小幅上涨，最终在年底收于略低于1911年年初的水平。

1912年2月，长达两年的衰退彻底结束了。应该指出的是，当时很多活跃的交易者在这段市场不景气的时间里都备受煎熬。当然，利弗莫尔就是其中之一。正如我在第一本书中提到的，杰西·利弗莫尔从当时的棉花大王珀西·托马斯（Percy Thomas）那里获得消息并进军大宗商品市场后，将他在1907年恐慌期间做空市场赚到的数百万美元利润悉数回吐。虽然托马斯受到了连续失败的打击，亏损了很多钱，但利弗莫尔仍然听信他的话，最终在交易棉花这条路上输掉了全部身家。在任何市场中，通过他人获取消息都是一种危险的赚钱方式。由于急于收回自己的资本，他在一个观望情绪严重且危险的市场环境中不断地交易。这验证了一个来自伟大交易者的重要教训，即在不提供盈利机会的市场环境中频繁交易并不是明智之举。我们看到巴鲁克遵循了这一建议，他早在1902年市场横盘期间就远离了市场。由此可见，交易者必须追随市场的趋势进行交易，而不是不断地试图在一个沉闷的市场中火中取栗。

利弗莫尔负债累累，开始变得沮丧。当然，他在这段时间里的表现并不好，他后来提到他是如何避开未来那些沉闷且毫无运行方向的市场周期的，因为它们没有提供好的盈利机会。在此期间，正如前文所提到的，伯纳德·巴鲁克根据自己的知识和经验，并没有过多地出现在公众的视线里。巴鲁克同样会尽量远离那些无论是上涨还是下跌都无法提供稳定盈利机会的市场。巴鲁克是一个比利弗莫尔还要严格遵守交易纪律的人，所以在这个沉闷且萎靡的市场中没有听到太多关于他的消息也就不足为奇了。当战争爆发时，巴鲁克手握从华尔街赚到的利润，通过他在华尔街的许多生意关系，直接投入到为国家的服务中去——他将暂时远离交易。值得重申的是，伟大的交易者都拥有的一个重要特点，是当赚钱的机会最小化的时候，他们会做出明智的选择，时不时地远离市场——记住这点是非常重要的。这种交易纪律可以让股票交易者远离自己的最大敌人之一——过度交易。他们可以利用这段时间做更多的分析，复盘过去所犯的错误，远离每天频繁交易的困扰，厘清思路。

与此同时，威科夫的耐心和努力得到了回报。他的声望还在继续提高，很多公司都向他抛出了橄榄枝。他发现，他在市场上投入的时间和思考越多，他对市场走势的判断就越准确。他在这个时候决定将杂志的名字从《报价器》改为《华尔街周刊》（*Magazine of Wall Street*）。反观市场，已经从1912年2—3月的经济衰退中复苏。然而，这只是一次短暂的反弹，市场在4月再次陷入盘整，之后一路小幅上涨，直到10月见顶。此后，和以前很多次的情况一样，虽然道琼斯指数全年的涨幅达到8%，但市场似乎预感到随着衰退期的临近，另一次经济放缓即将到来，于是在这一年剩下的时间里一路下行。

1913年1月，另一次经济衰退确实开始了，并也持续了两年的时间，直到第一次世界大战爆发才结束。在这一年的大部分时间里，市场再次呈现出小幅下跌的走势，这对股市来说又是一个低迷的年份，道琼斯指数全年下跌了10%。就在这一年，威科夫以特殊合伙人的身份入股了一家名为阿尔弗雷德梅斯特的证券交易所。他继续对市场进行深入分析，寻找最快的赚钱机会。他开始分析主导产业以及这些产业中的龙头股，并向公司的客户提出建议。在市场低迷的这段时期，威科夫发现的几个主导产业包括以S. S. 克雷斯吉公司为代表的连锁商店产业，以及以西尔斯和罗巴克公司为代表的邮购公司产业。

1914年对于已经萎靡不振长达十年之久的股市来说将是历史性的时刻。随着美国再次陷入衰退，股市从1—7月初继续保持横盘至小幅下跌的趋势。7月底，随着欧洲的不确定性开始增强，战争迫在眉睫，市场在7月30日迎来了自1907年恐慌以来最糟糕的一天。当天，市场中的龙头股全线暴跌，其中，通用汽车公司的股价下跌了19.875美元，国际收割机公司的股价下跌了13美元。次日，也就是1914年7月31日星期五，伦敦证券交易所历史上第一次关闭。由于担心投资者抛售股票，纽约证券交易所也决定关闭一段时间，但没有透露具体时间。这是纽约证券交易所在美国历史上第二次关闭。当市场于12月11日恢复交易时（仅针对非国际性质的股票），股价开始上涨了。市场的焦虑得到了缓解，交易所于3天后的12月14日全面恢复交易。随着年底的临近，股市小幅上涨，虽然消除了一些不确定性和担忧情绪，但道琼斯指数在这一年中下跌了31%，纽约证券交易所的平均交易量也将创下20世纪以来的最低纪录。1914年也是杰西·利弗莫尔在1907年失去所有市场利润后申请个人破产的一年。此外，由于市场在交投清淡的情况下缓慢下行，威科夫并没有赚到太多的利润，对市场兴趣的减弱也导致他削减了期刊发行费用，同时取消了所有的扩张计划。当交易所在12月重新开放交易时，正如我们前面提到的，股价上涨了，市场再次对威科夫的产品产生了需求，《华尔街周刊》和《趋势快报》的订阅量都再次增加。

随着持续两年的经济衰退于1915年1月结束，欧洲的战争已经爆发了。当一些不确定性因素被消除后，市场开始上涨。我们在图2-1中可以清楚地看到，市场在经历了1月和2月的盘整之后，在3月快速拉升，除了5月出现的一次大幅调整以外，市场全年都在持续强劲上涨。鉴于大量恶名昭著的、关于灾难的预测都没有成真，很多人将美国视为这场战争的避风港。美国的出口需求也开始增加。随着经济逐步走出衰退，以及盟国开始向美国购买货物，以扩大他们在战争时期的力量，很多美国公司的预期盈利开始增加。预期中的积极盈利前景成为股市上涨的催化剂。随着美国开始成为战争的武器和食品供应国，很多龙头股已经做好了获得丰厚回报的准备。这些受益的公司包括：美国冶炼公司、伯利恒钢铁公司、通用电气、通用汽车公司、美国钢铁公司、鲍德温机车公司、联合太平洋公司和雷丁公司。由于前一年的交易量是历史上最低的，市场的交易量也再次放大，人们再次坚信市场终于反转了。

利弗莫尔东山再起

尽管利弗莫尔仍然处于破产状态，但由于申请了破产，他现在至少可以保持清醒的头脑，专注于市场，并准备捞回他的本金。一家与他进行交易的经纪公司给了他500股股票。利弗莫尔注意到，市场的整体趋势已经进入上升通道，于是他开始观察市场的走势以及哪些股票将会成为新一轮上涨趋势的龙头股。他在6周的时间里什么也没做，只是观察市场的走势和领涨股。他注意到当股票接近某些标准价位的时候会有一些动作。在证券经纪商中进行交易时，他观察到，标准价位是指股价接近100美元或者200美元这样的整数关。当股价接近然后超过这个水平时，就会达到一定的心理阈值，随后会自由地继续上涨。虽然这并不是百分之百的准确，但是通过对股票交易的市场观察——特别是在一个强势上涨的市场中，他确信股票上涨的机会要比正常情况下大得多。他开始关注伯利恒钢铁公司——一家从战时经济中获益颇丰的强势龙头股。利弗莫尔在伯利恒钢铁公司的股价强势上涨至98美元时买入。实际上，伯利恒钢铁公司在前一年（1913）年底收官时的股价是46.125美元，所以你可以看到这只股票上涨的势头有多猛烈。随着股价上涨到114美元，利弗莫尔又买入了500股。次日，股价涨到145美元，利弗莫尔随后卖出了所有的股票，迅速获利5万美元。事实证明，他实际上违反了一个重要的交易法则：不要轻易卖出赢家股。伯利恒钢铁公司之所以会成为一只强势的股票，是因为它得益于战时经济——盟国使用其产品，从而使该公司保持了高订单量。伯利恒钢铁公司的利润从1914年的550万美元上涨到1915年的1700万美元，而后在1916年飙升至4300万美元。伯利恒钢铁公司的股价在1915年年底的时候是459.5美元，上涨了将近900%，并在1916年达到了700美元的高点。然而，利弗莫尔此时更看重的是保持稳定的收益，重新赢回本金和信心。在获得了一些交易资金和信心后，他准备东山再起。利弗莫尔的账户在年底的时候有15万美元，显然他搭上了股市上涨的顺风车，并在健康且可盈利的市场环境下做出交易和投资决策。

随着对外贸易的持续增长，出口增加，黄金进口激增。铁路公司的收入也开始大幅增长，1915年的收入水平较1914年增长了203%。与此同时，这个产业出现了诸如雷丁公司、联合太平洋公司和鲍德温机车公司等多只重新兴起的龙头股。1915年年底，鲍德温机车公司的股价是117.875美元，较1914年年底收盘时上涨了192%。市场在这一年以82%的涨幅强势收官。这显然是股市的黄金机会。就像在大多数牛市中会发生的那样，一些最好的龙头股涨幅相当大。比如说前面提到的伯利恒钢铁公司上涨了900%、美国冶炼公司上涨了93%，以及通用汽车公司暴涨了517%。

威科夫跟随趋势交易

在经历了像1915年那样的强劲上涨之后，市场在接下来的7个月中回撤并巩固了之前的行情。到了8月，市场开始反弹，一直上涨到11月。欧洲的战争仍然需要美国提供的产品，因而美国的公司继续保持强劲的业绩，工业企业和农业尤其如此。当时让市场受益的另外一个因素是公众对股票重新产生了兴趣。第一次世界大战爆发后，股票市场始终处于上涨趋势中，唯一一次真正的调整是由战争即将结束的谣言引起的。正面消息带来的负面影响反映了市场对公司利润的预期，以及在没有海外战争市场强劲需求的情况下，公司的利润将会如何回落到更加正常的水平。与此同时，随着订阅用户的数量越来越多，威科夫的《趋势快报》大受欢迎，他对市场趋势的敏锐眼光让他的推荐更加准确。值得注意的是，他在《趋势快报》中总是建议投资者设置3个点的止损，从而以最快的速度减少损失。请记住，伟大的交易者遵循的第一条法则就是限制损失。威科夫当年也不例外，这也是他在交易生涯中从未遭受重大损失的原因。单就这条法则来说，他是一个严格的纪律执行者。

1916年9月初，威科夫在股市经历了两个月的强势上涨后，建议投资者卖出持有的龙头股，获利了结。（值得注意的是，威科夫在提出建议的时候，自己也会执行。）他和巴鲁克一样，都喜欢在股票上涨的时候卖出。威科夫持有当时强势板块中的全部龙头股，并且从以下股票中实现了快速获利：美国钢铁公司（+17.875%）、鲍德温机车公司（+12.5%）、美国冶炼公司（+9.785%）、联合太平洋公司（+7.125%）和压钢汽车公司（+6.625%）。10月，威科夫在市场似乎陷入停滞时离场（如前所述，他是严格的纪律执行者），之后，在11月市场开始快速下跌时，他建议做空之前的龙头股。威科夫的操作让我们看到了一个经验丰富的股票市场大作手的灵活性，他不会单一偏向上涨或者下跌的市场，而是随着市场本身的运行而变化。

不论是在近100年前，还是未来，市场总是具有前瞻性。市场急剧下跌的主要原因是关于战争的不确定性增加了。股票市场在11月中旬见顶，然后开始下跌。很多龙头股在强劲上涨了相当长一段时间后开始回落，结束了它们令人难以置信的上涨趋势。通用汽车公司在1916年触及接近850美元的峰值，比1914年年底收盘时的价格上涨了950%以上。股票不会永远上涨，这一点我们在接下来的章节中还会多次看到。伯利恒钢铁公司的股价最高将近700美元，较1914年年底的收盘价上涨了逾1400%。当上一轮大牛市中的龙头股见顶并开始下跌时，最伟大的交易者通过研究过去的市场周期，可以明白这意味着什么。巴鲁克和利弗莫尔默默地注视着市场和当时的龙头股开始下跌。巴鲁克随后开始做空股价逐渐走弱的龙头股。

利弗莫尔也开始试探市场是否真的见顶。他注意到，在当时的龙头股调整了几个点（正常的市场走势）后，它们中的许多并没有像前几年市场还可以正常反应时那样涨回来。这也是多个月以来，处于回调状态的龙头股首次没有反弹——如果它们反弹了，则是市场强劲的标志。龙头股的走弱给他发出了市场即将见顶的第一个信号。他汲取了这一教训，并在1907年的市场中获利丰厚，因为他注意到了完全相同的市场走势类型——龙头股在见顶之后的下跌过程中并没有出现反弹。在接下来的几十年里，当市场达到其他峰值后，龙头股的这种见顶走势将会重复上演。当利弗莫尔的尝试得到确认后，他大举做空市场。首先，他选中了几只先前的龙头股，总共做空了5000股作为探查。初战告捷之后，他开始运用金字塔策略处理他的仓位。他把之前的龙头股加入到他的空头头寸中，并且增加了头寸的规模，进而加大收益。当每个头寸获利4个点时，他就会按照金字塔策略处理这些空头头寸。这样一来，他就能够以每个头寸5000股的规模做空12个不同的龙头股（例如通用汽车公司和鲍德温机车公司等）。由于利弗莫尔做空了6万股股价暴跌的龙头股，并且11月和12月市场出现了大幅下跌，他最终在市场上又迎来了一个令人难以置信的丰收年。1916年，他在从夏末至秋季的上涨趋势中净赚了近300万美元，随后又在这一年的后几个月里做空市场的龙头股。当他早期持有的龙头股开始见顶并下跌时，他迅速调整操作，与市场的趋势保持一致。他的空头头寸实现了盈利。利弗莫尔再次证明紧跟市场的走势可以让伟大的交易者获得巨大的收益。所有这些操作都发生在下文即将提到的著名的“泄露”事件7周前。事实上，当消息泄露出来的时候，市场甚至进一步崩溃，但这也是利弗莫尔补进（做空者将其抛出的空额再次买回）空头头寸并兑现利润的时候。

1916年年底，威尔逊总统即将向德国提出和平计划的消息泄露，很多龙头股开始走弱，因为这意味着战时经济即将结束，很多交易者因此担心股票会被抛售。据说巴鲁克利用这次著名的消息泄露事件大赚了300万美元。美国国会还专门成立了一个委员会来调查这次消息泄露事件以及那些有可能从中获利的人。巴鲁克和利弗莫尔都被要求到场作证。巴鲁克否认他赚了300万美元，并声称他从来没有听说过这个消息。然而，他确实承认在市场下跌的过程中，他的空头头寸获利约47万美元。不过，他提出这笔钱来自他交易市场的能力，与泄露的消息无关。

威科夫此时也在观察着市场，正如前面提到的那样，他在11月下旬提出的建议是做空之前的龙头股。虽然他的名气和交易规模都不及巴鲁克和利弗莫尔，但是他和利弗莫尔一样在11月做空股票，然后又在12月中旬补进了空头头寸，他的战绩和利弗莫尔颇为相似：美国钢铁公司（+13%）、美国冶炼公司（+12.25%）、鲍德温机车公司（+14%）、压钢汽车公司（+7%）和中央皮革公司（+6.625%）。请注意在市场上涨期间被他买入并借此获利的股票中，有多少是在市场见顶并开始下跌时同样被他反手做空的。我们又一次看到了杰出的交易者受益于灵活性和不断变化的交易技巧。

进入1917年，关于美国将要参战的传言甚嚣尘上，不确定性也越来越强。在那年年初的大部分时间里，市场波动都非常剧烈。此外，早期战争对很多企业带来的积极影响也开始趋于平稳。市场总是围绕着预期运行，这一次它又预测了未来将会发生什么。4月6日，美国宣布参战。鉴于美国卷入这样一场重大战争的不确定性，市场在5月底和6月初持续下跌。这种几乎直线下跌的走势一直持续到了年底，此时的道琼斯指数已经下跌了25%。不出意外，那些前期上涨最多的龙头股的下跌幅度也是最大的。正所谓站得越高，摔得越狠。美国冶炼公司的股价在1917年下跌到了66.25美元的低点，较去年的高点700美元下跌了90%。通用汽车公司的股价从峰值850美元下跌到74.5美元，跌幅高达90%。鲍德温机车公司的股价从前一年的高点118.625美元下跌到43美元的低点，跌幅63%。为了保证利润，历史上最优秀的交易者都是在股票开始暴跌时就卖出它们从而获利了结的，而不是看着它们一路下跌。

威科夫是以超短线思维看待1917年的市场的，他有时会利用快速转换的多空机会频繁地交易。例如，市场在当年5月的震荡行情中快速拉升。由于这波反弹是短暂的，威科夫在5月14日建立了4个多头头寸，然后在5月31日快速平仓。结果，他在美国钢铁公司、伯利恒钢铁公司和拉克万纳钢铁公司3只股票上分别盈利14.125%、12%和10%，在斯蒂贝克公司上亏损3.25%。请注意，他之所以能够将在斯蒂贝克公司上的亏损控制在很小的范围内，是因为他严格遵循了亏损3个点即止损的法则。8月初，市场再次下跌，威科夫随即建立了空头头寸，由于市场仍然处于震荡起伏的走势，他在9月全部平仓。他在这次交易中的盈利情况如下：美国钢铁公司（+15.125%）、鲍德温机车公司（+14.25%）、坩埚钢公司（+15%）、共和钢铁公司（11.625%）、美国冶炼公司（11%）、拉克万纳钢铁公司（13.25%）、甜菜糖公司（13.25%）和中央皮革公司（13.125%）。

请注意他是如何在任何时候都只关注少数几只股票的——这是所有优秀交易员的另一个关键特征。他们将注意力集中在市场上涨和下跌趋势中表现非常活跃的龙头股身上。威科夫的《趋势快报》为其订阅者带来了可观的利润，而且他推荐股票的消息也不胫而走。很快，威科夫就成为众多经纪公司谈论的焦点，他的《趋势快报》副本也摆上了这些公司的办公桌。10月下旬，威科夫注意到市场开始出现严重疲软，他再次建议做空即将下跌的龙头股（他自己也这么做了）。这一次，他做空了美国钢铁公司、鲍德温机车公司、伯利恒钢铁公司和其他7家公司的股票。随着市场走弱，成交量飙升，他紧紧跟随大型交易商的动作。此外，当每一只股票下跌1个点的时候，他都会采用金字塔策略。你会看到，该策略是所有杰出的交易者获得最大收益的一个关键策略。只要威科夫的头寸下跌1个点，他就会加仓，但是他也对每一只股票都保留了亏损3个点就止损的保护策略。在他持有美国钢铁公司头寸的第一天，该股放量下跌7.5个点。他继续持有这些（空头）头寸，并且在补仓的时候获得了更多的利润。随着威科夫的声望越来越高，他的杂志已经得到一些非常重要的商界人士的订阅。他继续将《华尔街周刊》作为一份旨在提供交易和投资技巧，而非提供一夜暴富计划的出版物，并且视其为一门与法律或医学等其他职业一样复杂的专门业务。这与利弗莫尔、巴鲁克和杰拉尔德·勒布（见第三章）得出的结论完全相同。

市场在1917年年末见底，并在1918年的前两个月持续上涨。随后，市场又开始在震荡区间内反复，并将这一趋势持续到了夏季。在这种动荡的环境下，威科夫基本上远离了市场。他现在想要做的就是保住1917年获得的巨额利润。根据当时取得的成功，威科夫还开始改进他的策略。他成功的秘诀与《向最伟大的股票作手学习》一书中提到的5位交易者几乎相同：

- 只在趋势明确的市场中交易。
- 远离横盘或者没有方向的市场。
- 运用金字塔策略扩大自己的利润。
- 严格遵循止损法则。威科夫采用的是相对于买入价亏损3个点即止损的法则。
- 每次只关注少数几只股票——通常是10只或者更少。
- 只交易龙头行业中的真正龙头股。

在过去的7年半时间里，威科夫已经赚到了足够的钱，完全实现了财务自由。正如其他伟大的交易者发现的那样，这需要很多年的尝试和努力。为了在这个行业站稳脚跟，他会不断地跳槽（前面提到过）。他的坚持与我们在20世纪50年代看到的尼古拉斯·达瓦斯和80年代末及以后看到的吉姆·罗佩尔（Jim Roppel）相似。尽管威科夫从未像他那个时代的其他人那样成为交易大户，但他获得的利润算得上是中等水平，他有时候会交易8000—10000股股票，这在当时完全可以称得上是大手笔了。对威科夫而言，他热销的商业出版物《趋势快报》和《华尔街周刊》以及其他的商业投资，加上他的交易利润，让他完全没有了财务上的后顾之忧，可以完全专注于他的市场研究工作。他的目标是继续向公众传授关于股票市场实际上是如何运作的知识。他还发现，当他保持专注和自律时，他的判断能力就会提高。他认为自己的长处是为其他人出谋划策，而且他发现，他在为其他人提供建议的时候往往要比交易自己的账户时谨慎得多——很多人都同意这一点。有一件事他永远也不会改变，那就是他始终认为在市场上取得长期成功是最具挑战性和不确定性的一项尝试。

到了1919年，《华尔街周刊》成为当时排名第一的金融出版物，其发行量超过了其他所有金融出版物发行量的总和。1919年5月，由于有太多的经纪商在没有付费的情况下获得了《趋势快报》，并利用它投资股票，威科夫认为这对他的付费用户是不利的，所以他实际上已经停止了《趋势快报》的出版。他希望所有人都能够获得公平的信息，因此他甚至在这本刊物最受欢迎且很多人等待订阅的时候停止了撰写工作。

1918年夏天，随着德国在战场上节节败退，股市开始上涨。然而，这波上涨只是短暂的反弹，另外一场衰退即将在8月拉开序幕，随后在11月正式爆发。与之前20年发生的许多其他衰退相比，这次以第一次世界大战结束为导火索的衰退持续的时间要短得多。市场此后略有上涨，并以1918年全年11%的涨幅收官。随着和平取代了不确定性，一个更光明的未来似乎就在前方。

1919年1月，股市开始下跌，但随后又开始反转并攀升。1917—1919年，由于在战时向盟国提供信贷，美国的国债从13亿美元上升到270亿美元。然而，当时刚成立的美联储在处理这个问题上做得非常好。尽管很多行业将会受到战争物资需求减少的冲击，但是战后的前景依然看起来很乐观。第一次世界大战让美国成为世界上最大的经济体，纽约取代伦敦成为世界的中心市场。基于此，股票市场在1919年年初继续攀升。经济也正在走出衰退，而美联储继续实施战争期间的扩张型货币政策——保持低利率为战争融资，同时向银行系统注入资金。战争的结束导致了新一轮的行业轮转。1914—1918年期间的巨额出口在1919年年初开始萎缩。引领这一周期的行业（包括钢铁、化工和其他工业制造商）开始被其他和平时期和战后重建的行业取代。伟大的股票交易者具备的另外一个技能是，随着新兴产业的形成以及老产业的成熟，他们总是能够了解到全世界和经济都在发生着什么。1919年，包括农产品和铁路设备（用于帮助重建欧洲被破坏的系统）在内的新兴产业占据了主导地位。其他的主要行业包括服装、食品加工和机械制造。纽约证券交易所的交易量也在增加，1919年的股票交易量创下了3.18亿股的新高。

1919年11月，就在形势看起来一片大好的时候，美联储开始了其成立后不久的第一次加息。其目的是为在战后仍然存在的宽松货币环境踩下刹车。此外，就像前文提到的那样，很多行业轮转需要时间来完成。很多人还认为，从经济学的角度来看，让战争期间发生的过度扩张逐步结束是不容忽视的。我们再次看到股票市场的前瞻性；11月初，股市见顶，随后急剧下跌，一直持续到年底。随着即将进入新的十年，这种走势再次预示着新一轮的经济放缓即将到来。

由于战争和衰退（占整个十年的47.5%）将占据主导地位，这注定是一个充满挑战的十年，但少数伟大的股票交易者仍获得了成功。理查德 · D. 威科夫在经过了多年的研究，并从错误中汲取经验教训之后，开始真正在这个市场中盈利。他对市场进行了细致入微的观察和研究，跟随市场的趋势进行交易，即使是在一些非常具有挑战性的时期也是如此。他证明了如何利用周期并成功获利。此外，我们还看到利弗莫尔从他之前犯过的一些错误中东山再起并获利丰厚。他的传奇交易技巧再次证明，即使是在充满挑战的市场环境中，最优秀的人也可以获利。

第三章

精明的交易者赚得并守住亿万

（1920—1929）

理查德·D. 威科夫从判断
市场的走势中获得经验

随着1919年走向尾声，市场在下跌中进入了20世纪20年代。始于1920年1月的经济衰退共持续了19个月。1920年，随着前期的波动被稳步的下跌所取代，道琼斯指数从略高于100点的位置下跌到了75点。然而，这个时期将是一些令人兴奋的新技术发展的开始：无线电将会成为新的通信媒介。1920年的经济也在放缓，经济衰退开始显现，当时对美国经济格局至关重要的建筑和农作物的价格正在下降。由于市场反映了经济放缓的前景，很多龙头股会在市场遭受更大的抛售压力而非购买力时，跟随市场回调并下跌。例如美国毛织品公司的股价从1919年的高点165美

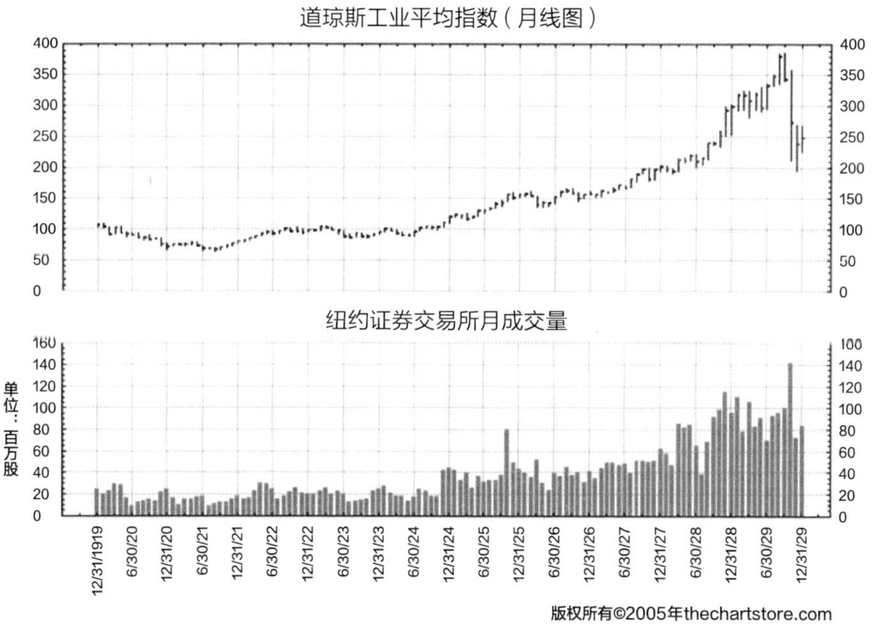

图3-1　道琼斯工业平均指数（1920—1929年）

来源：www.thechartstore.com.

元下跌到1920年的60.5美元，鲍德温机车公司的股价也从1919年的高点118.5美元下跌到1920年的86美元，坩锅钢公司的股价从4月的高点278美元下跌到年底的75美元，跌幅达到73%。坩锅钢公司的下跌表明这家前期的钢铁龙头股是如何陷入刚刚开始的行业轮转的。1920年年初，美国很多主要城市频繁爆发种族骚乱。对那个即将见证股市历史高点和低点的十年来说，这是一个动荡的开始。

威科夫扩大了他的研究范围

1920年，理查德 · D. 威科夫在对市场的持续研究中指出，市场正在发生变化。他注意到，有更多的行业在战后竞争市场中的龙头地位。这与十年前只有少数几个行业引领大多数市场上涨周期的情况形成了鲜明的对比。随着多元化的增强，有更多的股票可以被投资者选择。就像我们将看到的那样，他的想法是正确的，除了现有的工业产业，更多与消费相关的产业开始涌现。威科夫通过观察得出结论，要想发掘出未来真正杰出的龙头股，（关注）纯粹的市场行为是远远不够的。由于经济似乎处于扩张的早期阶段，并且当时成立了一些可以行使权力的组织结构（如美联储），威科夫认为需要将众多的经济因素也加入到他的研究中。他认为，应该考虑货币和信贷问题对整个经济产生的影响，以及它们如何直接影响企业的盈利运营环境。考虑到这一新的扩展研究，威科夫开始着手成立他作为唯一所有人的理查德 · D. 威科夫分析师有限公司。这是一家咨询公司，不接待个人客户，也不处理他们的投资业务。

为了研究，威科夫最初将他的公司分为两个不同的部门。第一个部门负责趋势交易服务（类似于他早期的出版物《趋势快报》），专注于投机。第二个部门被称为分析人员服务，该部门更多地关注市场内部的波动。后来，他又增加了一个叫作“投资者咨询委员会”的部门，主要服务于收益型投资者。从咨询的角度来看，这3个部门涵盖了大多数交易员和投资者的需求。随着威科夫的研究日趋完善，他给自己的发现取名为

“10个重要特征”，并开始将其作为新的选股标准。这10个特征又被分为3组或者3类：公司相关（基于基本面趋势）、行业相关（基于商业总体趋势），以及技术相关（基于市场的技术性波动）。每一组下都有特定的重要因素，这些因素将构成上文提到的10个相互联系的重要特征。

我们早在这个时代就已经看到了一个经验丰富的股票市场大作手在面对很多影响股价的相互关联的事件时，根据市场和经济的变化调整他的交易策略。我们关注的重点是将基本面分析（公司趋势）与市场和个股价格走势的一些技术特征（技术趋势）结合起来。此外，我们还发现人们对总体经济状况以及它们如何影响市场和股价的兴趣越来越大。威科夫持续地研究市场及其走势，研究世界和经济的发展现状，以及工业如何不断地尝试创新，以适应人和事务不断变化的需求。他渴望了解市场是如何提前反映出事件的发生的，以及当众多市场参与者做出预测性投资决策时，市场是如何做出反应的。

从1921年年初至4月底，市场几乎保持着横盘走势，随后在5—6月大幅下跌。从经济的角度来看，当年上半年出现了更多的负面消息，很多企业相继倒闭。由于经济放缓和大量企业倒闭，失业人数上升到500多万人（这在20世纪20年代初可不是个小数目）。钢铁价格也在1921年年初下跌了50%以上，有意思的是，在1920年崩盘的早期上市的股票中，有一家正是坩锅钢公司。该行业在过去的十年里从第一次世界大战中获得了强劲的回报，而坩锅钢公司是当时这个行业里的龙头股。随着钢铁行业开始没落，这只曾经牛气冲天的龙头股在1921年整个行业开始疲软之前（1920年）就崩溃了。在这里，我们再次看到股票是如何提前几个月见顶的——随着市场的前瞻能力不断重复，某些强势板块实际上开始走弱，尤其是这些板块中的龙头股会率先下跌。我们会看到这一幕反复出现。这正是1907年联合太平洋公司所发生的事情，当时第一章中提到的恐慌还没有真正发生。

即使市场在1921年年初继续下跌，且经济衰退迟迟不见好转，我们仍然可以看到一些希望。首先，哈丁总统开始了他的任期，人们认为他的共和党身份比他的前任威尔逊总统对商业更加有利。其次，美联储也开始降低利率。就在我们再次看到很多人可能在市场长期下跌后准备放弃的时候，市场实际上正在开始脱离底部，并且酝酿着有史以来最大的一波牛市行情。市场在6月开始趋于平稳，到了7月，经济衰退正式结束。这种例子在过去的几十年里可以说屡见不鲜——市场在长期下跌和经济衰退结束之后会趋于平稳。到了夏末，真正的复苏开始出现。再加上放松的利率环境，经济在工业方面开始实现增长，消费环境得以改善，市场正在迎来更好的时代。1921年注定是经济的关键时期，因为它开始在宽松的政策下得到加强。实际上，美联储在年底将利率下调至4.5%，这与当年早些时候的7%相比确实降幅明显。

与此同时，杰拉尔德·勒布也在1921年开启了自己的市场生涯。我在《向最伟大的股票作手学习》中提到了他。勒布从旧金山一家经纪公司的债券部门开始了他的职业生涯，并于当年的晚些时候发表了一些关于金融统计数据和债券的简报。自从理查德·D. 威科夫和杰西·利弗莫尔于1917年相识后，他们之间会进行更加详细的讨论。随着他们更加了解彼此，利弗莫尔会接受威科夫的采访，谈谈他的市场策略。在那些年里，利弗莫尔会说，是他的经验培养了他选择好股票的判断力，而他的直觉在决定何时离场方面发挥了重要的作用。另外，利弗莫尔还指出股票市场是如何提前反映出某些信息和事件的。因此，为了在市场中获得成功，投资者必须预测6个月至一年的经济环境，从而理解市场是如何真正评估股票的。威科夫将利用采访利弗莫尔获得的信息，从一个成功的市场大作手那里获得更广阔的视角。他的发现后来以一本小册子的形式向公众公开。如今，这本小册子由温莎图书出版，名为《利弗莫尔的股票交易方法》（*Jesse Livermore's Methods of Trading in Stocks*）。至于股票市场，它在当年秋天到年底的这段时间里稳步上涨，收盘时略高于75点，全年涨幅高达13%。

1922年伊始，股市继续稳步攀升。在这一年中，许多行业处于升势，商业环境继续回暖。威科夫也继续对利弗莫尔进行采访，并开始在《华尔街周刊》中发表利弗莫尔的一些评论。1922年夏天，《华尔街周刊》声称利弗莫尔提出投资者需要适应正在改善的战后时代，并且经济环境正在好转。利弗莫尔表示他看多现在的市场，一些有吸引力的龙头股包括德拉华和哈德逊铁路公司、大北方Pfd公司等。此外，利弗莫尔还指出，适应新兴的、更加强势的行业是多么的重要。他认为以前引领市场的铁路股现在已经走下神坛，而且还将继续衰落下去。正是利弗莫尔丰富的市场观察经验引导他关注正在形成未来经济格局的新行业。我们看到最受人尊敬和最具传奇色彩的股票市场大作手之一——利弗莫尔，在股票市场有史以来的最大一轮牛市即将启动的时候，与影响市场的一切保持一致，并根据市场的变化和其他相关因素进行调整。股市在稳步攀升后于9月趋于平稳，随后基本处于横盘走势，直到年底收于100点附近，全年累计上涨22%。

1923年开年的行情不错，股市于1月和2月上涨，但在3月略高于100点的时候就达到了峰值。从4月持续到5月的稳步下跌，似乎再次预示着衰退和经济放缓即将到来。果不其然，从6月开始，一场持续14个月的新衰退开始了（请注意，后来出现的一些衰退要比之前20年的衰退持续的时间要短）。股市在那年年中的大部分时间里止步不前，然后在11月和12月大幅上涨，在年底收官时略低于年初的水平，跌幅为3%。有意思的是，就像图3-1所示的那样，市场在1923—1924年的衰退期间几乎没有大跌，这与此前市场在衰退期间疲软的表现形成了鲜明的对比。随着更加稳定的金融体系的建立，以及工业部门轮转并不再局限于少数几个主要行业，敏锐的市场观察者会注意到这一点。在这次经济放缓期间，龙头股并没有出现多次大幅下跌。而且更重要的是，在1923年期间，股票交易所的日均交易量在不断增加（平均每天8.6亿股），而且在这一年里，市场总是在交易量增加的日子里不断走高，在交易量下降的日子里不断下跌。这种量价的相互作用是决定市场和个股活动的主要因素之一。这是我在我的第一本书中提到的所有伟大的交易者——不论他们身处哪个时代——都会采取的主要交易策略之一。毫无疑问，这个时代伟大的交易者都注意到了这个特征并以此作为行动的准则。

勒布汲取了教训

也正是在这段时间里，杰拉尔德·勒布凭借着从他父亲那里继承的13 000美元正式开始了他的交易生涯。尽管他在前一年靠着一只成功发行的债券迅速地将他的账户金额增加到了2.5万美元，但他很快就会发现这个市场实际上具有多么大的挑战性。毫无疑问，经验不足和沉闷的横盘行情会为有进取心的年轻交易者提供宝贵的教训。不出所料，1923年，勒布听信别人的“小道消息”，全仓买入由沃尔特·克莱斯勒（Walter Chrysler）经营的马克斯威尔查默斯汽车公司的股票。勒布通过保证金买入了5000股该公司价值40美元的股票。他已经持有了价值20万美元的股票，而他自己实际上只需要投入2万美元（当时的保证金要求是10%）。就在他买入股票之后不久，随着市场见顶以及随之而来的小幅调整，该股开始下跌。当该股持续下跌时，勒布拒绝卖出。当股价下跌到每股20美元时，勒布紧绷的情绪失控了，他最终卖掉了股票。这次重大的亏损让他明白，当市场的趋势对你不利时，将资金撤出市场是很重要的。他还发现，自己在市场没有出现可靠的买入机会时就选择进场，是完全错误的。不过，虽然他从这次亏损中发现了一些有价值的市场教训，但对于一个有着坚定的信念，却缺乏经验和耐心的交易者来说，还需要更多的时间来磨炼自己。为了帮儿子尽快东山再起，他的母亲卖掉了一些珠宝，为年轻的勒布提供了1万美元的资金。然而，我们看到的是更多的新手错误。首先，勒布的交易是基于东山再起的决心，而不是等待市场出现买入的机会。其次，他的交易仍然与新的市场趋势（正处于调整阶段）背道而驰，这一次他根据另外一个“小道消息”买入了一只石油股。就在他以每股将近20美元的价格买入后不久，该股开始下跌。最终，该股下跌到了2美元，尽管他在股价暴跌之前就已经离场了，但还是再次遭受了重大损失。第二次失败带给了他在市场中取得成功的最宝贵的教训之一——必须自己做研究。随着时间的推移，研究和经验会让人做出更好的判断。勒布后来提到，对他来说，最初的两次亏损是他在1929年股市崩盘中逃过一劫的关键。众所周知，只有在股市中遭受亏损才会成就未来伟大的交易者。谈到股市，毅力是最好的品质之一，从错误中学习则是最好的老师之一。

市场在1924年1月开始上涨，但从2—5月又开启了下跌模式。1924年年初，利弗莫尔开始更加看好市场的长期前景。这可能是由于上文提到的下跌抛售几近枯竭，不会再出现之前那样严重的回撤。在经历了几个月的波动之后，随着市场在衰退结束前两个月走高，情况在6月和7月开始好转。请记住，当市场从调整中回升，特别是当经济走出衰退时，巴鲁克开始看到最好的机会。他开始积极买入接近市场底部的龙头股的股票，而市场即将开启一个令人印象深刻的上升趋势。他建立的一些头寸包括：3000股联合天然气公司的股票（后来随着股价的上涨，又增持了3000股）、8100股巴尔的摩和俄亥俄铁路公司的股票、7500股美国冶炼公司的股票、8000股美国钢铁公司的股票（后来又增持了7000股）、5000股国际镍业公司的股票、4900股斯洛斯谢菲尔德公司的股票和12 000股北方矿石公司的股票。

在这里，我们看到一位经验丰富的股票市场大作手在他所熟悉的环境中押下重注，因为他过去曾经多次亲身经历过这种类型的市场走势。当市场开始回升的时候，他重仓了好几只股票。巴鲁克的经验和判断力在他参与市场的时候发挥着重要作用，他对市场活动敏锐的洞察力将为他带来丰厚的收益。1924年的交易量与前一年一样有所增加，而纽约证券交易所的日均交易量也有史以来第一次超过了100万股。市场在那一年中同样在交易量增加的日子里上涨，在总交易量较低的日子里下跌。至于威科夫，他同样看到了市场开始进入上涨趋势，并在6月大举做多。但正如我们每次在他身上看到的那样，当市场在8月趋于平缓时，他很快就将利润落袋为安了。威科夫更像是一个短线交易者，他总是确保在获得利润时套现离场，而不是将利润回吐给市场。

8—10月的平缓走势导致了11月和12月的强势上涨，到年底时，指数以接近125点的历史高点收官，全年涨幅高达26%。同样是在1924年，杰拉尔德·勒布在辗转于几家公司几年之后，于纽约的E. F. 赫顿公司谋得了一份股票经纪人的职位，并在这里度过了他余下的职业生涯。他在8月完成了30笔交易，而他在早期亏损中产生的不安情绪仍然在他的市场操作中表现得淋漓尽致。不过他严格的止损策略让他在当月获得了2500美元的净利润，因为他的19笔盈利交易（带来的收入）胜过了11笔亏损交易（带来的损失）。他确实只交易活跃的龙头股，而且他自己做研究。他经常交易他所谓的投机股票"四骑士"，即美国制罐公司、斯蒂贝克公司、美国钢铁公司和鲍德温机车公司。他之所以频繁地交易美国制罐公司的股票，是因为这只股票活跃的股性和他对该公司广泛的了解和研究。同时，他还为E. F. 赫顿公司撰写每日市场快报，并将其发送给其他经纪公司和公司的客户。年轻的勒布（他当时24岁）学习勤奋，工作努力，他的市场洞察力再次为他赢得了声誉。他很快就晋升为公司统计部门的主管。与此同时，勒布还收获了更多的经纪客户。实际上，他拥有6个净资产超过100万美元的大账户。距离成功仅一步之遥的他决定开始更加努力地学习，更多地关注公司的基本面和背景。而且，他对待客户的资金也要比对待自己的资金保守得多（就像我们在威科夫身上看到的那样）。虽然年轻的勒布还处于学习阶段，但是他的渴望和决心成为帮助他日后获得成功的关键技能和优势，这一点我们在其他伟大的交易者身上也看到了。

股市进入1925年后表现平平，然后在接近3月底的时候略有下跌，之后开始回升，并稳步上涨。到年底的时候，股市收于150点之上。这个平均涨幅是相当可观和牢固的（上涨30%），而这一时期被称为“新时代”牛市的开始。经济也在复苏，因为之前的衰退已经结束，工人的生产率、电力和信贷水平都在上升，美国人对未来也变得更加乐观。在市场上涨的趋势中，本书到目前为止提到的所有伟大的股票交易者都做到了与市场同步，而他们持有的股票也随着市场的不断攀升而水涨船高。随着市场的上涨，我们再次看到交易量发挥了重要的作用。那一年的日均交易量稳固上升至170万股。显然，这种量价关系表明股票的购买力非常强劲。巴鲁克的交易记录显示，他在1925年获得了略高于100万美元的利润。他的盈利头寸总计140万美元，亏损头寸总计41.6万美元。在这里，我们又一次看到一个股票大作手和所有人一样犯了错误，但是与他近3.5∶1的盈利比率（按美元计算他的盈利和亏损比例）相比，他的亏损已经被控制在了最小的范围内。利弗莫尔和威科夫同样在市场上持有多头头寸，我们将在后面的内容讨论。另外，杰拉尔德·勒布也开始从他对市场的详尽研究和过往经验中学习。

1926年，市场继续走高，直到2月开始失去动力。在经历了近一年几乎不间断的上涨后，市场理应出现回调。如果你注意到每一章开头的图表，就会发现近乎持续的上涨很少超过一年的时间。从投资者的反应来看，市场在运行中出现盘整是正常现象，因为投资者倾向于在特定的时间获利了结，而股票也开始建立新的基础。鉴于之前的上涨导致获利盘兑现了利润，市场在3月和4月确实出现了明显的调整。威科夫就是那些在这波上涨中选择套现离场的人之一，他在1925年的股市上涨中赚得盆满钵满。1926年2月，由于他的早期经验总是告诉他要注意市场何时改变方向，他开始察觉到市场已经见顶。当市场在2月底陷入停滞后，他通过自己的分析团队发出了一条建议：“在市场中卖出。”到3月1日，他已经将自己持有的头寸全部变现，因为谁也不知道抛售会有多么惨烈。随着他的订阅用户不断增加，购买他服务的人也变得很多，威科夫指出，他一直面临的挑战是改进自己的策略，预测市场的转折点会发生在什么时候。

就在这个时候，威科夫开始计划他的退休生活（主要是因为健康问题）。他开始向他的分析团队强调这些挑战是进一步训练和关注的基础。请记住，威科夫的目的不是赚更多的钱，而是在他参与的市场中完善他的技能和效率，然后将他的研究成果传递给公众。他发布了一份通告，标题是“截止到1926年3月4日的10个月的投资业绩记录”。通告的内容显示，如果人们认可他的研究并采纳他的建议，交易100股股票，会取得什么样的结果。其结果显示，按照他的建议行事的人会获得31 650美元的净利润。其中盈利为36 450美元，亏损为4800美元。请再次注意，所有伟大的交易者在市场上都经历过亏损，但他们严格的止损策略能够让他们在强势上涨的市场环境中轻松战胜亏损，获得丰厚的利润（在这个例子中，威科夫的盈利比率超过7：1）。

勒布犯了错误，之后调整了策略

虽然威科夫从他的宝贵经验中受益颇丰，但杰拉尔德·勒布仍然在摸索着自己的学习方法。当他开始为别人管理更多的资金时，他开始减少短线交易的次数。他也变得更加谨慎，倾向于持有波动较小的股票。当市场在1926年年初剧烈调整时，勒布也深陷其中，但是他没有采取任何行动。结果，他在很短的时间里损失了一整年的利润。他发现，如果一个人不能专注于市场并及时出手，那么他将体会到市场究竟有多残酷。另外，他注意到他在上涨过程中采取保守策略（带来的成果）会被在下跌过程中采取投机策略（带来的损失）所抵消，这与他认为应当采取的方式正好相反。例如，如果只持有保守型的股票，可能会在相对较长的时间里净赚15%的利润，然后又在很短的时间里被回调吞噬所有的利润。此外，上涨速度更快、投机性更强的股票可能会在较长的时间里上涨200%，而在市场大幅下跌的时候回撤30%。虽然30%的回撤是保守型股票15%回撤的2倍，但是更强劲的上涨会让投资者在持有期间获得正收益。这次经历给他敲响了警钟，他随后决定转向更加活跃的股票投机交易。他还发现，真正重要的是整个市场的反应，他需要密切关注市场的走势。他还加大了对整个市场的观察和研究，并决定只跟随市场上少数活跃的强势龙头股。他的坚持获得了回报，市场在5月开始出现反转趋势。他在6周的时间里加大了交易力度，跟着市场一路上扬，最终收回了之前的所有损失。这一次他又从自己的经验和错误中学习，从而汲取了两条重要的教训。首先，他会加强学习和研究，只关注少数强势的龙头股。其次，也是更重要的一点，就是他发现在市场中保持灵活性是一个人可以拥有的最重要特质。他在利用灵活性跟随市场变化的同时，也对多个引领市场的行业有了深刻的理解。例如，他并没有将自己的成功局限于某一特定类型的行业。他对汽车、摄影、石油与能源、娱乐等行业都很了解，因为随着这些行业不断地发展，为消费者和企业创造新产品，它们中的很多股票将成为市场的龙头股。

我们在前面提到，市场在经历了5月的横盘之后，从6—8月开始强势反弹。然而，威科夫却在5月和他于19年前创办的《华尔街周刊》分道扬镳。从财务的角度看，《华尔街周刊》的流动资产已经远远超过了50万美元，完全实现了自给自足。6月，威科夫因为健康问题不得不卧床休息一段时间。

短暂的反弹稍纵即逝，一场新的衰退将在两个月后来袭。这场衰退又持续了14个月，直到1927年11月宣告结束。市场在1926年9月和10月遭到抛售，随后稍有反弹，到年底的时候基本上又回到了年初的水平。股市在过去的一年里反复震荡，尽管之前大涨过后的再次大跌以及又一次衰退的到来似乎并没有遏制住强烈的抛压。这将是我们在过去的几年里第二次看到市场保持良好的走势形态，尽管一些变量在早些时候导致了更大幅度的调整。1926年，巴鲁克在这个相当动荡的市场环境中最终获利45.7万美元，这主要得益于他的经验、判断力和灵活应对市场走势的能力。

1927年，处于经济衰退期的市场在经历1月的短暂下跌后迅速走高。此后，市场稳步上涨，市场的参与度进一步提高。同时，越来越多的投资者继续使用保证金（借来的钱）买入证券。这与战前的情况形成了鲜明对比，当时保证金主要被专业投机者使用。从20世纪20年代中期到后期的这段时间里，随着信贷在购买其他商品（主要是汽车）方面越来越普及，公众开始大量使用保证金。汽车类股票在这一时期毫无疑问是龙头股，因此购买汽车的热潮将许多汽车公司的股价推至新高。此外，广告商也在这件事情上起到了推动的作用，他们吹嘘公众有能力借钱买股票，如果一个人想要在股票市场中赚大钱，那么用保证金买股票就是一种“时髦”的做法。有意思的是，当经济陷入衰退时，市场再一次几乎没有下跌——实际上它在当时的经济放缓期的大部分时间里都是上涨的。由于工业生产指数正在下降，美国正感受着英国和加拿大式萧条环境带来的痛苦。然而，美联储宽松的货币政策向银行系统注入了大量的现金，银行转而将这些现金以抵押贷款的形式发放出去，而这些贷款也开始进入股票市场。证券贷款总额在1925—1927年期间增长了40%，而商业贷款只增长了12%。这种开始失衡的迹象在1927年就已经很明显了。正如发生的另外一件事所证明的那样，一个高度投机的时代已然来临。查尔斯·林德伯格（Charles Lindberg）飞往巴黎的航班将航空股推至新高。在“圣路易斯精神”号飞机成功飞行后仅19个月的时间里，其制造商莱特航空公司的股票价格就从近25美元飙升至245美元。而当时另一家航空公司海岸世界航空公司的股价也在这次历史性的飞行之后迅速飙升。

就在同一年，勒布开始真正注意到，人的心理和从众行为如何在市场中发挥重要的作用，而华尔街的某些估值方法却不那么重要。例如，他在1927年买入每一只股票都完全是基于基本面和一个他用来给股票估值的模型。当这些股票的价格涨至更高的水平时，他会卖出，因为他的模型告诉他，股票的价格已经被高估了。然而，他发现由于市场在当时的那段时间里强势上涨，那些被卖出的股票会继续上涨，这导致他又重新进入市场，把那些股票买了回来。这种对从众心理如何发挥作用的理解，正是利弗莫尔和巴鲁克在他们的职业生涯早期所获得的经验。

巴鲁克犯了错误

想要充分理解如何在股票市场上取得最佳成功，研究自己所犯的错误无疑是个不错的选择。因为所有最好的交易者都是这样随着时间的推移来完善他们的市场技巧的——他们不断地从错误中学习，这样他们就不会在未来的交易中重蹈覆辙。即使是最优秀的人也会在前进的过程中犯下大错。1927年的巴鲁克就是其中之一。他当时认为通用汽车公司的股价已经涨得太高了。请记住，市场并不会在意你是怎么想的，即使你是在前几年赚得盆满钵满，被誉为有史以来最成功的股票市场大作手之一的巴鲁克。正是他的“想法”让他陷入了通用汽车公司这只股票的泥潭。这一次，在市场显然处于持续买入阶段的时候，他没有跟随市场及其参与者的脚步，而是认为通用汽车公司的股价被高估了。由此可见，区分想法和判断是很重要的。从经验丰富的市场观察和对过去事件的了解中得出的判断会让人做出明智的决定。巴鲁克产生的类似想法可能会在不知不觉中潜入股票大作手的意识中，并取代合理的判断。当你开始认为自己在任何情况下都是正确的时候，你就会在市场中陷入大麻烦，最终以亏损收场。你可能会发现自己与许多市场参与者以及他们的决定完全相悖。如果你仅仅因为对某只股票的价值持有个人观点而与它的趋势作斗争，那么不论你的头寸有多大，最终等待你的只有亏损。

巴鲁克实际上是在1926年年底开始做空通用汽车公司的，当时他以每股150美元的价格建立了3000股的头寸。到1927年1月，他以每股155美元的价格增加了12 000股空头头寸。请注意，巴鲁克已经犯了压低平均成本的错误（在这个例子中，他做空了更多对他来说走势错误的股票）。需要指出的是，在本书提到的其他伟大交易者中，没有一个人运用了压低平均成本的方法。他们的做法完全相反——如果做多一只股票，他们会在股价上涨的时候运用金字塔策略建立最佳头寸。利弗莫尔和威科夫会在空头头寸持续下跌的时候增加空头头寸。随着市场不断走强，通用汽车公司的股价也随之上涨，巴鲁克以每股160.25美元的价格平仓了8000股。3月底，通用汽车公司的股价继续攀升，巴鲁克仍然坚持估值过高的观点，又以每股176美元的价格做空了26 000股。大家不要忘记，此时的市场仍然处于明显的上升趋势，而通用汽车公司又是这波上涨行情中最强势的龙头股之一。随着汽车对人们的吸引力越来越强，不仅是汽车股上涨，很多为支持汽车行业而诞生的其他行业的股票也在上涨。经过6月的短暂盘整后，股市从7—9月继续大幅拉升。7月，当通用汽车公司的股价上涨到每股213.5美元的时候，巴鲁克彻底认输了，他买入了该股以回补空头头寸。他最终在这次冒险中亏损了40.5万美元。我们看到，巴鲁克在这次做空的过程中并没有设置止损，而设置止损正是他平时最强大的交易纪律和法则之一。这也证明了纵使你拥有多年的成功经验，依靠个人的想法与市场背道而驰将会是多么危险和代价昂贵。

在经过10月的大幅盘整后，市场随即在11月反弹，并首次在年底接近200点（12月19日市场曾触及200点）。此外，经济衰退在当年11月正式结束。1927年，随着人们对美国发展前景的动力和乐观情绪持续增长，道琼斯指数全年稳固上涨了29%。

随着牛市的势头不断增强，1928年注定将成为股市大涨的一年。股市在当年的前两个月平稳开局，然后在3—5月维持了良好的上升势头。虽然股市在6—7月的部分时间里出现了小幅盘整回调，但是从7月中旬开始，股市进入暴涨模式。随着市场整体参与度的不断上升，越来越多的人继续在较低的保证金要求下买入股票。兴奋的情绪在投资者中蔓延，新兴产业也在蓬勃发展。无线电通信、汽车、飞机、电视和彩色电影都是相当新颖且令人兴奋的行业。在信贷的推动下，公众有了消费欲望，致使很多新产品出现。与此同时，美国企业的海外投资也在增加。为了尝试更好地衡量20世纪20年代末美国的变化，道琼斯工业平均指数在

1928年将成分股扩大到30只。新入选的股票是汽车制造行业的新领军企业。纳什汽车、克莱斯勒和麦克卡车代表着造车新势力加入了这份清单。1928年，美国无线电公司交出了每股收益15.98美元的成绩单，显示出公众对一些新产品的喜爱程度。这比3年前，也就是1925年公布的每股收益1.32美元上涨了1100%。美国无线电公司的股票是20世纪20年代末涨幅最高的股票之一。它从1926年的32美元涨到1927年的101美元，并最终在1929年涨到574美元。在一个新兴的主导产业中，龙头股发布创纪录的每股收益，从而从市场对其产品的需求中获利，而它的股票也会在强势上涨的市场中领涨，美国无线电公司就是一个经典的例子。

一些专家开始变得谨慎

市场从近7月底略高于200点的位置，飙升至11月接近300点（仅在9月稍作调整）的水平。然而，一些最优秀的股票市场大作手却努力在这波华尔街历史上从未见过的暴涨中保持头脑冷静。据说，利弗莫尔在1928年年底的时候就已经在寻找市场的顶部。利弗莫尔早在1903年和1907年就已经看到了市场是如何见顶的。他牢记那些经历，以及投资者的行为是如何没有真正改变的——这使他时刻保持着警惕。这是他在来年获利丰厚的一个重要原因。他还保持头脑冷静，没有过于兴奋。这是最优秀的交易者所采用的关键情绪控制方法的一部分。然而，伯纳德·巴鲁克似乎依旧沉浸在兴奋之中。他把办公室搬到了离华尔街更近的地方——这是他过于沉浸在行动中时所犯的一个错误。20世纪50年代末，在尼古拉斯·达瓦斯身上也发生了同样的事。尽管巴鲁克对美国未来的前景极为乐观，但他开始对股价的快速上涨感到不安，他好几次都提到股价似乎过高。此外，巴鲁克还是一个敏锐的群体心理学观察者，他对此领域颇有研究。虽然他认为“从众”的行为在一定程度上导致了市场的上涨，但他仍然对美国的经济前景充满了信心。由于巴鲁克喜欢在股价上涨的时候卖出手中的股票，他在股价快速上涨期间，确实抛售了自己的头寸。他经常被引用的一句话是："在操作市场时，我多次在一只股票还在上涨时就卖出它，这就是我一直拥有财富的原因之一。"然而，他在1928年每次卖出股票的时候，市场都在屡创新高。作为精明的股票市场大作手，他会立即回到强劲上涨的市场中来，买入更多的股票，并且从当前快速上涨的市场中获利。

市场随后在11月出现了一次大幅回调，但没有持续太久。进入12月后，市场再次反弹，到年底时以接近300点的位置收官，全年涨幅为48%。此外，美联储开始对快速上涨的市场感到担忧，并通过提高利率的方式帮助抑制一些更具投机性的买入行为。它将利率从3.5%提高到4%，然后提高到4.5%，年底的时候再次提高到5%。

1929年年初，随着市场在1月大幅拉升，又出现了一轮买入热潮。从那时起，由于多头将他们的利润落袋为安，市场主要以上下波动的行情为主，这种情况一直持续到5月才结束。然而，人们对股市的狂热仍然没有结束。与此同时，持续强劲的保证金需求将保证金利率提高到了12%。即使在如此之高的利率下，人们也认为市场正处于快速上涨的阶段，他们从股价上涨中获得的收益将会使他们所支付的高额保证金不值一提。由于美国国民生产总值（GDP）从1921年年初到1929年已经增长了50%，消费者的消费势头非常强劲。从经济的角度来看，这在很多方面确实是显著的增长，而且在此期间，工人的生产率提高了大约40%。为了刺激投资，政府还削减了税收。信贷购买、广告和消费都在增长。显然，20世纪20年代的繁荣还在继续，大多数人都在为持续的繁荣感到兴奋，无法自拔。

到1929年夏天，很多当时较为活跃和精明的交易者再次对股票价格的狂热上涨提出了质疑。利弗莫尔开始为他的空头头寸寻找顶部。正如前文提到的那样，他牢记1907年的成功经验，知道任何市场都不会永远直线上涨。至于巴鲁克，他在8月市场快速上涨的时候选择在某一天买进股票，然后在第二天卖出获利。随着市场不断上涨，他继续着这种快节奏的交易，尽管在此之前他已经卖出了手中的大部分头寸。在这段时间前后，巴鲁克和约瑟夫·肯尼迪（Joseph Kennedy，美国前总统约翰·F.肯尼迪的父亲，同时也是一位杰出的股票市场大作手）开始对市场产生警惕，因为就连乞丐和擦皮鞋的小孩子都开始推荐股票了。随着越来越多的人竞相进入市场，“羊群效应”的作用被发挥到了极致。很多人在白天的时候不去上班，而是跑到经纪公司或者股票交易所查看行情自动报价系统（这有点类似于20世纪90年代末纳斯达克指数一路狂飙时，很多人辞职做起了全职日内交易的情形）。

到1929年中期的时候，由于需求旺盛，保证金的经纪人贷款利率接近20%，较2年前3.5%的利率大幅提升。鉴于对资金的大量需求以及市场上颇具吸引力的保证金贷款利率，不少公司甚至开始借钱给消费者购买证券。克莱斯勒、安纳康达铜业和伯利恒钢铁公司等从贷款中获得了丰厚回报，实际上，这些贷款已经超过了它们的企业投资策略中的（贷款量）。因此，资金都流入了那些投机性股票，而从最终可能创造新的岗位和机会的生产性资本投资中流出。

市场在6月大幅上涨，随后在7月陷入短暂的停滞，从8月开始进入最后的疯狂。很多龙头股都在这个时候以戏剧性的方式上涨，这被称为“典型的高潮运行”（我们会在以后的多个市场周期中再次看到这种情况）。美国烟草公司、美国无线电公司、加州标准石油公司、联合碳化物公司、美国国家收银机公司等许多公司的股票价格都在迅速上涨。蒙哥马利-沃德公司也是一只大赢家股。实际上，它是勒布最早购买的和最大的一只赢家股，他仅在这只股票上就赚了几百万美元。他是如何做到的呢？他和这个强势的市场以及其中一只龙头股的走势保持一致。当时，由于消费者的需求旺盛，得益于收入和利润的增长，蒙哥马利-沃德公司成为市场中一只重要的龙头股。勒布采用金字塔策略，在股票上涨的过程中持续加仓，紧紧抓住了这只正在上升的龙头股。他一直密切关注着这只股票，并且注意到“让你的赢家股驰骋”才是获得巨大收益的关键法则之一。此外，即使是一只为他的账户带来了数百万美元收益的股票，他也会选择在正确的时机卖出，以保证自己没有对一只正在上涨的股票产生太大的依赖感。他总是喜欢在股票上涨时卖出，并且他绝对是那种聪明的交易者，因为他能正确地在股票非常强劲时（在它走弱并与市场中其他股票背道而驰之前）卖出。

证券交易所的成交量也在上升。从1926年秋天开始，一直到1931年夏天，市场的成交量从来没有低于100万股。在敏锐的观察者看来，尽管乐观情绪达到了历史最高水平，但经济状况却在放缓，两者之间出现了不寻常的背离。即将公布的汽车和建筑业数据都在下降。此外，欧洲股市已经开始下跌。8月，一场正式的衰退拉开了序幕。市场将第一次出现这种情况：在新一轮衰退之前（和开始时）持续地、真实地上涨。显然，所有的谨慎都被抛到了一边。

市场在9月3日以381.17点的最高值收盘。杰拉尔德·勒布注意到了这一点，并开始质疑这种几乎不间断的上涨。1928年6月，道琼斯指数接近200点，并在14个月多一点的时间里飙升至380点以上，涨幅高达90%。与1924年年底开始的历史性上涨相比，股市几乎翻了两番。通过以下一些有趣的细节，我们可以了解到市场是如何见顶，以及在真正开始下跌之前给出大量线索的。市场上一些聪明的投资者在9月开始抛售股票，并且史上最杰出的一些交易者要么平仓以守住利润，要么开始做空。请记住，最优秀的交易者所具备的一个关键特征就是他们拥有控制自己情绪的能力。既不陷入歇斯底里的情绪，又能遵循正确的判断，从以往的错误或者成功中汲取经验——这对投资者来说是很困难的，因此很少有人能够在市场中做到持续盈利。

市场在9月初见顶后，大量的抛盘开始涌现，而且实际上变得相当普遍。这是一个非常强烈的信号，表明聪明的投资者正在逐渐撤离市场。道琼斯平均指数在9月5日、12日、17日、20日和24日经历了5次放量下跌。市场在3周的时间里经受了明显的抛压。此外，市场在9月19日先扬后抑，在收盘时放量下跌。我们看到，如果市场在触及高点之后的许多天内开始遭受持续的抛售，那么它将进入重大的调整阶段。这种走势和模式在整个市场的历史中一次又一次重复上演。9月的所有抛售都发生在市场触底之前整整一个月。很明显，股票的价格走势，特别是龙头股的价格走势，以及当时的成交量正在引导着市场整体趋势的变化。实际上，到10月29日，道琼斯指数已经从最高点下跌了45%，大多数人都认为这是崩盘的开始。45%的调整幅度对趋势的改变是决定性的，也是一个相当显著和响亮的信号，表明市场在10月底时就已经崩溃了。

在经历了9月的下跌后，10月6日的大幅上涨平息了一些市场的紧张情绪。美国无线电公司、西屋电气公司、美国钢铁公司和美国制罐公司的股票在当日均大幅上涨。这代表着下跌只是暂时的，新的买入机会已经出现了吗？乐观情绪随着股市的反弹而重新出现。然而，对于那些成功且精明的做空者来说，一切还远没有结束。随着交易开始放缓，更多的经济报告表明经济仍处于持续的疲软当中。钢铁的产量惨不忍睹，建筑业的数据继续走低。此外，10月6日的反弹势头只是短暂的。在经历了像9月那样的暴跌之后，一天的上涨行情不足以扭转市场整体趋势的新方向。10月18日星期五，市场再次下跌，市场中的龙头股下跌尤为严重。美国钢铁公司、通用电气和西屋电气公司的股价都下跌了超过5%。人们随即加重了担忧，纷纷谈论起1907年发生的那次大恐慌。但很多人认为，由于银行结构在美联储的作用下具有更强的组织性，市场中也建立了更强的领导，再根据1907年的经验，那种恐慌性的行情几乎不可能再次发生。当然，利弗莫尔仍牢记1907年的教训，他的想法是，既然人类的情绪构成了市场的一部分，那么不管发生了什么，这样的事情都有可能再次发生。他关于那段时间里自己的行为和市场走势的记忆，极大地帮助了他对当下行情的判断。10月20日星期六（当时的市场在星期六的交易时段较短），市场再次放量下跌。这也是经纪公司接到大量追加保证金通知的第一天。与此同时，有传言说杰西·利弗莫尔试图打压市场，因而是此次抛售的罪魁祸首。实际上，由于利弗莫尔在几周前就看到了市场即将下行的趋势变化，此时的他已经建立了大量空头头寸。从那时起，恐慌性抛售开始了。接下来的几周情况是这样的：

- 1929年10月21日星期一：股价下跌，成交量飙升至600万股（创历史新高）。
- 1929年10月22日星期二：股价在早上处于涨势，但是在收盘时转跌。
- 1929年10月23日星期三：市场再次大幅下跌（美国电话电报公司、通用电气、西屋电气公司和好时公司的股价下跌均超过15个点）。
- 1929年10月24日星期四：也被称为“黑色星期四”。市场低开后，成交量在大约10点的时候放大，随即暴跌。市场全天成交接近1300万股，行情自动报价系统的报价滞后了4个小时。
- 1929年10月25日星期五：市场在当天小幅上涨。
- 1929年10月26日星期六：成交量再次放大，市场小幅下跌。
- 1929年10月28日星期一：市场放量下跌了12.8%。通用电气、西屋电气公司和美国电话公司的股价分别放量下跌了48个点、34个点和34个点。随着那些没有卖出股票的人损失越来越大，追加保证金的要求越来越多。
- 1929年10月29日星期二：道琼斯指数再次下跌11.7%（两天内下跌24.5%），成交量突破1600万股。所有的龙头股都遭到了重创。美国钢铁公司和美国制罐公司宣布额外分红，试图缓解市场的恐慌。
- 1929年10月30日星期三：为了阻止大量的抛售，市场中出现了许多积极的评论。因此，市场飙升12.3%，收复了前一天的损失。
- 1929年10月31日星期四：市场推迟了开盘时间，并宣布将关闭到下周一，以便工作人员能够弥补由于交易量巨大而造成的所有延迟。在周四短暂的交易时段里，市场以上涨收盘。
- 1929年11月4日星期一：市场低开，此后一整天都处于跌势。

- 1929年11月5日星期二：股市因选举日休市。
- 1929年11月6日星期三：市场又迎来了放量下跌。

从11月初到年底，市场平均每下跌3天，才上涨1天。如果投资者没有在正确的时机卖出股票的话，那么在短短的几个月的时间里，超过1年半的利润将会回吐给市场。11月底，一轮温和的反弹使股市从当年的低点回升，给市场注入了一些活力。美国钢铁公司从150美元涨至171美元，通用电气从168美元涨至243美元。这表明，市场通常不会直线上涨或直线下跌。但显然，市场的长期趋势已经改变。

在10月底之前，利弗莫尔、肯尼迪和勒布基本上都卖出了手中的多头头寸。他们的机敏和观察技巧，以及对自己情绪的控制，是我在我的第一本书中所描述的伟大交易者获得成功的几个关键特征。巴鲁克的情况我不是很确定，但他确实卖掉了很多持股。例如，由于他开始对很高的股价感到不安，再加上他习惯于在股价上涨的时候卖出，巴鲁克在硫行业崩盘之前卖出了12.1万股。当利弗莫尔最终将他的空头头寸平仓时，又净赚了数百万美元的利润——就像他在之前的市场顶部所做的那样。

杰拉尔德·勒布坚信股票已经涨到了前所未有的高度，并且处于被高估的水平。他的结论主要来源于几个现实。首先，龙头股的股价已经在见顶之后开始下跌。其次，他和巴鲁克都发现市场上充斥着小道消息，这种现象提醒他要更加谨慎。勒布知道，当那些消息灵通人士在谈论一只他关注了很长时间的股票时，他的交易原则正在被打破——由于其糟糕的价格走势和基本面，他曾发誓永远不会持有它。当他由于小道消息和情绪激动买入这只股票之后，很快就意识到自己做了什么，并很快地卖出了全部头寸。他知道自己现在已经失去了分寸感。对他来说，另外一个线索是一家投资信托公司发行了新的股票。在那个年代，新发行的股票都是市场上的抢手货，而且大多数股票在上市的第一天都会大幅上涨（这听起来和上世纪90年代末的情况很像）。尽管E. F. 赫顿公司难以获得任何股份，但其支持者一直在为此次发行提供支持订单，以支撑股价。对于勒布来说，这是一个明显的信号，说明市场已经饱和。与此同时，勒布在9月受到了E. F. 赫顿公司的合伙人邀请，30岁的他成为这家著名经纪公司有史以来最年轻的合伙人，而这一切正好发生在市场触底之前。勒布在对市场进行观察之后，于10月初卖出了他的全部头寸，以及当时他管理的近200个客户的所有头寸。至此，他在市场出现重大危机前的3周100%地持有了的现金。勒布在卖出全部头寸之后做了什么？他去欧洲度过了为期6周的假期，当市场即将遭受最严重的抛售冲击时，他甚至还没有回到美国。

当这十年在1929年结束时，经济仍处于衰退之中。成交量在1929年创出新高，创下全年11亿股的纪录。在过去几个月创纪录的交易日中，日均成交量增至420万股。对于股市来说，这是相当不可思议的十年。它的起点是近100点，峰值为386点，它在10年中的前7.5年基本稳步攀升，最终以接近250点的位置收官。尽管很多理论和图书都在讨论股灾及其产生的原因、多少人受到了影响，以及激增的自杀行为等，但研究确实表明，当时只有不到5%的公众在市场中活跃。至于股市崩盘是否导致了不久之后的大萧条，人们仍有争议，但它肯定不是导致大萧条的主要原因。关于股市崩盘的原因，很多人认为是分期付款购买、资本停滞、不正当的融资，以及过度贪婪。无论是什么原因，从市场价格和交易量的变化可以看出，它几乎肯定是由市场趋势的变化引起的（这可能是由所有上述原因和其他原因造成的）。随着研究的深入，我们将不断看到这些变化是如何可以通过观察价格和交易量动向来预测的。

第四章

耐心和灵活性带来利润

（1930—1939）

杰拉尔德·勒布的灵活性使他能够
在困难时期获利

勒布在股市回升期间的快速交易

进入20世纪30年代，股市从1月到4月中旬一路飙升，回升至300点附近。这表明市场是多么的难以捉摸和具有挑战性。杰拉尔德·勒布度假归来，他在市场中仍保持活跃，并与大盘的走势保持一致。在20世纪20年代末市场强劲上涨的情况下，他使自己的利润毫发无损，手中有充足的现金准备随时进场，因此他继续参与市场，但规模比较有限。此外，他发现自己并不适合做空交易。这是我们将从一些最伟大的交易者身上看到的另一个重要特征——他们会在市场中找到符合自己个性和优势的

图4-1　道琼斯工业平均指数（1930—1939年）

来源：www.thechartstore.com.

交易方法。勒布通过自己的经验发现，他从来没有在做空中赚到多少钱，他觉得这太难掌握了，即使在熊市环境中也是如此。在市场低迷期间，他宁愿完全远离市场，或者当市场处于确定的上升趋势时，以小得多的规模快速做多。1930年，他注意到市场快速反弹，因此马上参与到市场中来。然而，他要谨慎得多，因为在目睹了市场严重崩溃所能造成的破坏后，他的不安情绪增强了。勒布在他的职业生涯中多次提到，在追求股市利润的过程中，经验、知识和判断非常重要。他在1930年指出，“一个人能够从市场中盈利，依靠的是他从实际经验中获得的知识；如果缺少它，那么他注定会失败”。

勒布参与市场的资金规模较小，而且在操作股票时快进快出，总是能够快速止损，因此随着市场的反弹，他在2月实现了盈利。在这个月里，勒布通过交易12只不同的股票，净赚了大约8000美元。他从9只不同的股票（克莱斯勒、福克斯电影公司、阿勒格尼通用公司和印度炼油公司等）中获得了从43美元到2500美元不等的利润。他只在3只股票上经历了亏损（砂金公司、华纳兄弟和蒙哥马利–沃德公司），并且将亏损控制在了有限的范围内。我们看到，勒布在市场的这波短期上涨趋势中十分活跃，也将亏损控制在了很小的范围内。事实上，当市场在20世纪30年代初一路下跌时，他会以类似的方式结束交易。在股票市场历史中最严重的下跌时期，他依旧能够做到每年盈利——并且是以做多的方式，这是一项惊人的成就。那个时候的勒布还非常年轻，他在工作上的努力和对市场的关注正在为他带来回报。勒布在困难时期保持盈利的成就也增强了他的信心。正如我在我的第一本书中提到的，缺乏信心是对任何股票市场大作手的巨大打击。信心十足的勒布坚信，如果他能在艰难的熊市中获利，那么当形势再次好转时，他一定能像过去一样大获成功。

股市在4月之后开始大幅下跌，这将是20世纪50年代之前的最高点，或者说是到20多年以后的最高点（长期持有就到此为止了）。正如我们将要看到的那样，下跌之后的反弹是短暂的（很多时候被称为“吸盘上扬”，即股价在空头市场中突然上扬），只持续了几个月的时间，随后市场又迎来了更大幅度的下跌。我们将在近70年后的纳斯达克指数中看到类似的情况，当时该指数开始下跌（这让许多在市场危险下跌期间被告知要“逢低买入”的交易者陷入了困境）。市场在4月底经历了急剧下跌，然后在5月趋于稳定。6月又出现了另一次大幅下跌，7月和8月迎来了一波短暂的拉锯式反弹。1930年年底市场又经历了一次剧烈的抛售，在9—12月期间从接近240点的位置下跌到年底的接近170点（3个月下跌29%）。

1930年对股市来说是艰难的一年，道琼斯指数从接近250点跌至接近165点，跌幅达34%。这是道琼斯指数历史上第二糟糕的年度跌幅，仅次于1907年的跌幅（由于发生了恐慌，1907年的道琼斯指数下跌了38%）。对于新手投资者和专业人士来说，这种类型的市场环境可能是非常困难和令人沮丧的。如果人们对长期的趋势失去信心，就会吸引那些以欺骗的手法获利的人，市场在经过短暂的上涨之后又会进入暴跌模式，造成更大的伤害。请记住，市场在大多数时候是用来愚弄大多数人的，其中就包括那些所谓的专家。然而，这也正是勒布在这些时期如此成功的原因——他跟随市场的趋势以及过去的走势，不让自己在艰难的市场环境中陷入某种特定的偏见。我们不推荐勒布的做法，除非投资者非常自律（就像勒布严格执行自己的止损策略那样），用富有经验的眼光关注市场，最重要的是采取灵活的方法。正是这样的市场环境，让勒布在他即将出版的新书中使用了“战斗”这个词来描述。由于市场环境变化不大，他在多年后的写作中仍然使用“战斗”这个词。

正如第三章所描述的，巴鲁克的记录似乎没有明确说明他是如何受到1929年年末和20世纪30年代初大崩盘的影响的。巴鲁克在股市崩盘之前确实卖出了不少股票，并且从他的生活方式中可以看出，他基本上没有受到股市下跌的影响。他仍然持有数百万美元的现金，每年享受着随心所欲的假期，并继续慷慨地向许多慈善机构捐款。他的记录确实显示他的交易量急剧减少——这就是经验丰富的股票市场大作手具备的另外一个特征——远离危险的市场环境。显然，巴鲁克并没有像勒布那样全部套现，而是在市场此后的下跌趋势中获得了不菲的收益。人们发现，巴鲁克在1930年给自己写了一份备忘录，记录了很多为他带来最大成功的法则，并且定义了他对投机和投资股市的看法。备忘录中提到了一些关键特征和法则，旨在不断提醒人们以正确的方式参与市场。备忘录中包含的主要信息之一，是建议人们永远不要试图找到确切的底部并在那个位置买入股票，因为这实在太难了。他还提到，试图把握时机或者等待在明确的顶部卖出股票也同样困难。此外，备忘录中还有一部分是和心理学有关的，因为巴鲁克清楚地知道情绪在股票交易者的日常操作中所扮演的重要角色。在这里，我们看到备受尊敬且经验丰富的股票市场大作手之一巴鲁克——当时，60岁出头的他已经从业近40年，其个人财富翻了很多倍——仍然提醒自己不断完善重要的技能、纪律和交易法则，在最具挑战性的股票市场环境中保持专注和警惕。备忘录中关于心理学的部分提到，投资者需要时刻止损，让利润奔跑，在市场波动的时候迅速采取行动，与市场当前的走势保持一致，同时还要考虑到出现反转行情的可能性，时刻熟悉和了解历史，从过往的教训中汲取经验。

1931年年初的行情与前一年类似——1月和2月出现大幅上涨。这将是股市第3次试图从严重的下跌中反弹。不出所料，这次的反弹仍然是短暂的。在经历了3月的平淡行情后，市场再次掉头向下，在4月和5月继续大幅下跌。市场在6月试图反弹，但是持续的时间甚至更短，因为市场在7月和8月又出现了回落。9月开始的新一轮大幅抛售行情与前一年类似。尽管市场将在10月出现道琼斯指数单日涨幅最大的一天，但这个月的小幅反弹只不过是预热了11月和12月的另一轮抛售行情。10月6日，道琼斯指数上涨了12.86点，收于99.34点，涨幅达14.87%。然而，在这轮大幅上涨后，强劲的购买力再一次无法确定，市场趋势（通常需要很多天的时间形成）同样处于不确定之中。市场处于明显的下跌趋势，十分危险。除非一个人有杰拉尔德·勒布那样敏锐的眼光，或者在做空股票方面非常熟练，否则是没有理由在这样的市场中活跃的。

道琼斯指数在1931年年底收于75点左右，全年下跌53%，这是它到当时为止表现最差的一年。这也是历史上首次出现股市连续3年下跌的情况。经济陷入了严重的衰退，最终演变成了萧条。到1931年年底，这次萧条已经持续了29个月，是20世纪以来持续时间最长的一次。金融危机带来的负面心理和增长迟缓使得失业人数增加，经济状况不断恶化，整体的悲观情绪开始上升。银行倒闭正变得越来越普遍——很多是因为用于保证金交易的高额贷款余额无法收回。此外，经济持续疲软，企业不断倒闭，这意味着更多的银行贷款违约。信贷问题开始加剧，而银行又是其中的重灾区。一种螺旋式的负面影响似乎正在吞噬眼前的一切。

1932年1月和2月，市场在极度狭窄的空间内上下波动。从3月开始，市场迎来了惨烈的熊市行情的最后一跌，这波行情一直持续到了7月，并且在7月8日触及41.22点的低点。至此，道琼斯指数在34个月的时间里，从1929年9月的最高点381点下跌了89.5%。在7月8日见底后，市场在尝试新一轮反弹的第4个交易日放量大涨5.2%（我们在谈到20世纪60年代及其以后的时期时，会详细介绍这种类型的市场分析。届时我们将讨论威廉·J. 欧奈尔对历史上许多市场周期的顶部和底部形成的原因所做的细致研究）。在市场最终见底后，对趋势反转的确认将在我们前进的过程中反复出现，这明确表明市场上的严重抛压几近枯竭。从7月初的低点一直到整个8月，市场进行了一轮强势的上涨，道琼斯指数也因此在短短两个月的时间里翻了一番。在经历了这样的上涨（在过短的时间里过快上涨）之后，那些在两年多的时间里多次遭受短暂反弹煎熬的紧张投资者可能很快就会获利。市场在9月到年底的这段时间里出现了下跌，在年底时报收65点，全年下跌23%。这是道琼斯指数第一次出现连续4年下跌的情况，而且截至撰写本书时，它仍然保持着这一纪录。20世纪20年代是一个充满希望、乐观且生活奢靡的时代，而30年代初是一个失去信心、希望渺茫和节衣缩食的时代。很多曾经的龙头股会跟随严重下跌的市场暴跌（因为大多数股票会跟随整个市场的趋势），但7月和8月的反转趋势会引起最精明的交易者的注意。虽然新的趋势貌似刚刚开始，但是在市场出现暴跌的时候（股价已根据股票拆分和股息进行调整），曾经的高价股仍然会跌回到起点，例如安纳康达铜业（从1929年的高点175美元跌到1932年的低点3美元）、纽约中央铁路公司（从1929年的高点257美元跌到1932年的低点9美元）、美国无线电公司（从1929年的高点574美元跌到1932年的低点12美元），以及通用汽车公司（从1929年的高点1612美元跌到1932年的低点136美元）。

如前所述，杰拉尔德·勒布实际上在1929—1932年期间，每年都通过一种规模更小、盈利更快的方式获利。巴鲁克大幅减少了自己的交易，并且在大部分时间里远离了这个糟糕的市场。我们将在接下来的许多章节中看到，由于市场周期的循环，在充满挑战性的时期远离市场是明智的。最优秀的交易者通过他们多年甚至几十年的经验告诉我们，长期浸泡在市场中不是一个谨慎和有利可图的策略。只有少数出类拔萃的人才能够在多个市场周期中持续成功。

1932年，随着市场持续下跌至历史低点，经济状况继续恶化。到1932年中期，美国GDP比1929年下降了三分之一。银行并不是唯一感受到未偿还保证金贷款压力的机构。要知道，许多公司早在1929年就开始从事购买证券的对外贷款业务，因为当时的利率达到了20%，它们看到了获得可观回报的机会。由于股票下跌，大量追加保证金的要求无法收回，许多公司不得不进行冲销并停止发行新债，进而导致了扩张的放缓。此外，由于信贷环境的恶化，并购业务大幅减少。然而，正如我们在过去所看到的那样（且这种情况在未来还会出现很多次），市场总是在寻找和感知由通货膨胀、利率、生产力、盈利能力等引起的经济情况的变化。这是对市场预测能力的另一种审视，因为在那些艰难的时期，企业盈利能力的下降已经开始显现。其数据从1929年的96亿美元下滑到1931年的-8亿美元，再到1932年的-30亿美元。这种情况最终在1933年开始好转，企业的盈利上升到2亿美元。

这些细节表明，当形势乐观，似乎好时光永远也不会结束时，市场可能会反映未来并预见一些不同的情况。当股市在1929年年底下跌时，企业的利润却在飙升。但随之而来的将是经济的急剧下滑。随着商业的萎靡不振，很多企业减少了招聘和生产，进而导致更多的人失业。这是一个典型的经济事件，特别是如果它发生在一段对市场毫无谨慎之心的繁荣期之后（我们将在20世纪末再次看到这种情况）。当时，随着越来越多的企业收入下降，几乎所有的招聘陷入停滞，甚至更多的工作岗位也不复存在了。实际上，失业情况明显恶化，失业人数从1929年的150万人增加到1933年的1280万人（1932年的失业率达到25%）。由于20世纪20年代中后期消费主义盛行，人们的信贷余额居高不下，越来越多赊购的商品因为人们的失业而被收回。因逾期而被收回的商品导致了更多的悲观情绪，进而导致消费减少，企业利润进一步下降。然后，这样的周期不断重复着，直到许多经济变量出现螺旋式下降。实际上，工业生产在1929—1932年间下降了50%，而1932年更是只有12%的产能正常运转。美国钢铁公司是一只被多次提及的龙头股，但是在1929—1932年间，其收益下降了62%。由于人性有时会失控，在大多数经济统计数据中，股票通常会夸大公司业绩的增减率。在上涨的过程中，由于人们忽视了风险，股票有可能被高估，而在下跌的过程中，恐惧会激发快速的消极反应。以1929—1932年为例，股市从1929年9月初的峰值到1932年7月8日见底期间，下跌幅度超过了89%。由于心理因素的影响，这种情况会在今后的行情中反复出现，而这就是造成股市具有周期性的原因。

巴鲁克从1932年开始大量投资黄金，并在接下来的一年里继续加大投入。此外，他还开始参与更多的政治活动。1932年秋，巴鲁克为查尔斯·麦基（Charles Mackay）于将近100年前所著的19世纪畅销书《非同寻常的大众幻想与群众性癫狂》（*Extraordinary Popular Delusions and the Madness of Crowds*）的最新版本撰写了序言。巴鲁克称赞了这本畅销书，并指出它永远是有价值的，因为它描述了心理学现象——尤其是在经济运动期间——是如何不断重复出现的。巴鲁克写道："……很多人开始怀疑下跌是否永远不会停止；也许正确的表述应该是'他们总是这样'。"巴鲁克的话说得太恰到好处了。

1933年，随着道琼斯指数在1月和2月回落至50点附近，市场中继续出现少量的抛售。但希望终于在某些领域出现了。一位即将上台的新任领导者将为振兴美国带来希望和发展蓝图。而就在几年前，美国似乎注定要长期繁荣下去。在经历了长达3年的萧条型经济后，繁荣的20世纪20年代所拥有的愿景、创新理念和产品似乎早已被遗忘。富兰克林·罗斯福（Franklin Roosevelt）于1933年年初上台，而本轮萧条于当年3月正式宣告结束。市场的反应是积极的，1933年4月，由于成交量明显放大（见图4-1），道琼斯指数大幅上涨，到了7月，它再次走出了翻倍的行情。这是自股市崩盘以来持续时间最长的一次反弹，也是到当时为止股票市场涨幅最快的一次。7月，道琼斯指数自1931年11月以来首次突破100点大关。这轮强劲涨势相当于道琼斯指数在短短5个月内上涨了100%，这也是它在那一年中第二次出现短暂地上涨时行情翻倍的情况。从1933年7月到当年剩下的时间里，市场在见底后巩固了强劲的涨幅，并在一个相当狭窄的交易区间内波动。

由于罗斯福承诺解决这一顽疾，很多监管改革措施已经箭在弦上。为了保护经济，罗斯福的新政让美国脱离了金本位制。此外，他还希望政府更多地介入华尔街。值得关注的是，鉴于很多不当行为仍在发生，政府在谴责做空者的同时还在不断完善相关的政策。罗斯福希望经纪人和客户之间建立起更强的道德行为标准。到1936年，所有的商业银行都完全退出了证券和股票市场。此外，《1933年证券法》（*Securities Act of 1933*）的通过，使得所有新上市的企业都要注册其证券。所有这些措施的实施都是为了恢复人们对经济、银行体系、股票市场和美国的未来的信心。

由于华尔街需要一些时间来消化其对新实施的监管规定的疑虑，道琼斯指数在7—12月期间基本上处于横盘走势，在年底以接近100点的位置收官。这种疑虑主要体现在成交量上，当时的日均成交量只有250万股，与1929年的日均420万股相比大幅减少。与前几年不同的是，这里出现了一个积极的因素，即年初的反弹并没有导致另一次大规模抛售。相反，市场只经历了轻微的正常盘整，而长期上涨带来的收益并未受损。股市也终于打破了连续4年下跌的局面，全年实现了67%的强劲涨幅。

同样是在1933年，杰拉尔德·勒布收到了来自E. F. 赫顿公司客户的一封信。这位客户在信中说，他在1929年购买股票时听从了E. F. 赫顿公司加利福尼亚州办事处一位经纪人的建议，结果他损失了大部分资金。但是他仍然持有那些股票。他给勒布写信是想征求他的建议并询问接下来应该如何应对市场。这封信给勒布留下了深刻的印象，他给这位客户回信，问他是否只是需要建议，还是需要自己用一种激进的策略帮他挽回损失。客户同意让勒布放手一搏，因为他已经没有什么可以失去了。勒布在进行了仔细的研究之后，发现市场在年初快速上涨，于是他买入了一只名叫“标准封盖与封条”的股票。在对这家公司进行了研究并看好其发展前景的情况下，勒布以每股10美元的价格买入该股。这只股票随后加速上涨，当它触及每股45美元的时候，勒布卖出了全部的头寸，这波操作让他把那位客户几年前亏损的资金全部赚了回来。至于勒布本人，他在1933年市场开始飙升时，分别买入了1万股通用汽车公司和克莱斯勒的股票，然后在6个月内全部清仓，收获了可观的利润，而市场此后再次陷入沉寂。

1934年，罗斯福政府成立了美国证券交易委员会（SEC），旨在规范证券行业，并试图阻止证券操纵行为，从而使市场监管继续发生变化。SEC的成立源自《1934年证券交易法》（*Securities Exchange Act of 1934*），该法案旨在取缔内幕交易和通过证券交易池操纵股价等特定行为。其主要规定之一是建立卖空的“证券提价交易要求”。这意味着，除非卖空前的交易价格低于卖空交易被执行的价格，否则证券不能被卖空。这将有助于为下跌的股票维持一个更有序的市场。华尔街对于新颁布的监管规定反应相当平淡，而市场从上一年下半年开始的波动仍在继续，维持着整体平淡的走势。

1934年伊始，市场开始走高，并于2月触及111.90点的峰值。然而，市场在那之后便开始下跌，成交量骤减的行情一直持续到夏末。这似乎是一个典型的夏季交易淡季，市场上仍然对不久前通过的所有新规定感到担忧。市场从2—7月下跌了24%，回调的幅度可以说是相当大。但是在8月1日，道琼斯指数飙升2.9%，成交量比夏季多数日子的成交量都要强劲。这次重要的量价齐升发生在新一轮反弹行情的第4天，就像我们在1932年7月看到的那样——当时市场触及绝对的底部。因此这也意味着此时的市场已经见底，抛售已经枯竭，新的上行趋势开始了。从那时起的4个月内，市场一直在一个相当狭窄的区间内交易，直到11月才迎来大幅上涨。道琼斯指数随后收复了100点大关，并在年底收于105点。市场当年的表现虽然基本持平，但涨幅已经达到了4%。市场当年的高点和低点并没有登上媒体的头条，但7月底的关键触底和8月初的强劲上涨推动市场在1937年春季上涨了131%。

1934年的行情实际上是由1930—1932年大崩盘（包括许多糟糕时期）的余波带来的一种平静而可喜的变化。理查德·威科夫早年观察到，市场在经历强劲的下跌趋势之后普遍出现盘整行情，是在为一个即将到来的上涨行情打下良好的基础，因为这表明激烈的抛售几近枯竭。由于投资者仍然对监管改革保持警惕，1934年的市场依然处于交投清淡的时期，这一年的成交量只有3.24亿股，还不及前一年交易量的一半（日均交易量只有250万股），而且也远低于1929年日均400万股的平均水平。此外，新股发行也在1934年跌至谷底。就像我们过去看到的那样，当情况看起来最糟糕，市场似乎永远不会再次上涨时，市场通常会开始酝酿一轮新的趋势。

1935年1—2月初，美国股市延续了上年同期的盘整走势，但在3月小幅下跌。市场从3月中旬到11月似乎又回到了20世纪20年代，它在短短8个月的时间里从100点飙升至近150点，涨幅高达50%（并最终在1937年3月触及200点时再次翻倍）。1935年，很多事情开始出现转机。新股发行（对股市总是有利的）开始回暖，这一年的交易额达到了22亿美元，比前一年增加了340%。第二年，也就是1936年，交易额又翻了一番多，达到46亿美元。随着市场信心开始恢复，很多监管改革措施正在以积极的方式发挥作用。例如，由于监管者在调查事实方面投入了更多的精力，越来越多的人因为不当的行为遭到起诉。随着对那些名字被曝光的人进行更多的调查，欺诈、贪污和欺骗行为相继浮出水面（这与几十年后另一次局面失控的情况有点类似）。SEC向华尔街施加了更大的压力，要求其进行改革。最终，一个名为"全美证券交易商协会"（NASD）的交易组织成立。这个名字后来被用来指代交易未上市证券的场外证券市场。

随着经济的持续走强，市场迎来了自20世纪20年代末以来最强劲的一次反弹。当市场在1933年年底和1934年陷入停滞时，杰拉尔德·勒布开始活跃于一些国外市场——主要是加拿大和伦敦。他研究了当时表现强劲的加拿大矿业股，还投资了3只走势强劲的伦敦股票。勒布向我们展示了他对最佳回报永无止境的追求——无论这些回报在哪里。他在这些股票上成绩斐然，当1935年美国市场回升时，他卖掉了这些头寸，再次集中精力投资美国市场。此外，他还利用前几年的股市低谷期继续他的研究和写作。1935年，他出版了自己的第一本书——《投资生存之战》（*The Battle for Investment Survival*）。这本书成了经典畅销书，在接下来的几十年里多次再版，直到今天仍被认为是有史以来最好的投资经典著作之一。在接下来的几十年里，这本书也成了一些最优秀的交易者学习市场和交易的主要资源。关于当时的勒布，我们看到的是一位经验丰富（尽管他还很年轻，只有36岁）的股票市场大作手在有史以来最糟糕的时期之一依然在自己的职业生涯中保持领先的地位。他的决心、永不放弃和拒绝气馁的态度，与他的辛勤工作相辅相成，为他的整个职业生涯带来了丰厚的回报。1935年，随着市场的上涨，勒布的交易非常成功。

在经历了12月的小幅下跌后，市场在年底时接近145点，全年强势上涨39%。在新修正的上升趋势中，一些表现最好的龙头股是美国运通公司、空气减压公司、美国电话电报公司和通用汽车公司。进入1936年后，市场走势平淡，随后在2月至4月上旬期间开始加速上涨。然而，市场在4月剩下的时间里大幅回落至年初的水平。在经历了沉闷的5月行情之后，市场恢复了之前的涨势，并从6月一直上涨到11月。与此同时，很多强劲的1936年经济数据陆续公布，美国GDP稳步增长，达到820亿美元，较1933年的560亿美元增长了46%。企业利润（税前）也在这一年中猛增至57亿美元，较3年前的2亿美元有了非常强劲的增长。此时的勒布仍然在享受着这轮牛市带来的红利，但是在接近年底时，他的经验告诉他，当市场出现长时间几乎不受干扰的上涨时，不要被眼前的胜利冲昏了大脑，因此他开始变得更加谨慎。到了晚秋的时候，市场在短短两年的时间里翻了一番。虽然市场在12月出现了小幅回调，但在年底仍收于180点附近。这是市场的又一次强劲上涨（上涨25%），利润超过了上一个强势上涨的年份。

勒布再次预判了顶部

市场在1937年强势开盘，继续保持上涨势头。到3月初，市场已经涨到接近200点的水平。如前所述，市场在短短的两年里翻了一番——从1932年7月的底部开始，市场在超过4.5年的时间里上涨了385%。也正是在这个时候，市场开始下跌，两个月后，也就是5月，另外一场经济衰退即将到来。与大萧条相比，这次只持续了14个月的衰退被认为是短暂的。然而，就其本身而言，它依旧是严重的——随着失业率再次上升到接近20%的水平，很多人更加担心几年前那种糟糕的时期会再次出现。从3月中旬到7月，市场经历了自1932年年底（4年多前）以来首次长达几个月的回调。从3月的第二周开始，市场出现了严重的抛售行为。市场在两周多一点的时间里（3月8日—3月22日）遭遇了4次严重的抛售。4月2日和4月7日，市场再次放量下跌。正是在这个时候，杰拉尔德·勒布开始看到与1929年股市类似的情况——股市在经历了强势的上涨之后，开始出现大幅抛售。勒布注意到，很多龙头股正处于顶部，而市场也在前进中遇到了困难。当时，市场刚刚上演了令人难以置信的上涨，而整个美国正处于一场新形成的衰退的初期阶段。勒布的经验告诉他，在经历了多年几乎不间断的上涨之后，市场需要时间来消化强劲的涨幅。另外，他还遵从自己的直觉，并决定相信自己的判断。所以，他在市场大涨的时候套现离场，再次持有全部的现金。8月的反弹并没有持续多久，只是反弹到了接近市场当年顶部的位置——实际上变成了一场“吸盘上扬”。这些都是我们从这位伟大的传奇交易者身上学到的宝贵经验。勒布丰富的经验和训练有素的判断力让他控制住了自己的情绪。他还将自己过去的盈利模式运用在当下的行情中。观察市场和龙头股的细节情况，并据此采取行动——这迫使他以最谨慎的方式管理手中的头寸。

当时的经济也出现了许多其他问题。巨额的财政赤字开始引起政府的更多关注。为了平衡预算，政府需要大幅减少支出。在那段时期，政府支出是对经济的一种刺激，因此经济放缓总体上被视为负面影响。此外，越来越多的劳资纠纷和罢工不停地消耗和影响着企业。资本支出也受到了很大的影响。从8月中旬到11月，市场大幅下挫，从大约185点的位置下跌到130点，跌幅接近30%。此后，市场在12月略有回升，并以135点结束全年的行情。在经历了两年的强劲表现后，市场的回报率仍为-25%。包括美国电话电报公司、伯利恒钢铁公司、克莱斯勒、通用电气和通用汽车公司在内的多只龙头股在当年的下半年大幅下跌。

1938年，由于经济衰退仍在持续，市场在当年的前两个月内来回波动，然后在3月下跌，并触及100点大关，这是自1935年3月（也就是3年前）以来从未触及的水平。与此同时，更多的改革和监管措施持续向华尔街袭来。市场对此的反应是快速从低位反弹，随后横盘，最终在6月走向平稳。这轮长达14个月的衰退于6月结束，在此前的一个月，市场开始趋于平稳，然后在6月底飙升至140点附近。人们在这轮上涨中看到的只是平均成交量的增加，并没有看到市场持续大涨所需要的强大信心。因此，市场在接下来的3个月里再次陷入盘整和小幅下跌的行情，之后在10月初又跳涨到150点之上。市场随后开始横盘，到年底报收150点。事实证明，这仍是相当不错的一年，道琼斯指数上涨了11%，美国也走出了衰退。

从1939年年初到3月中旬，市场一直保持着平稳走势。随着关于战争的言论开始广泛传播，并由此引发了人们对过去事件的回忆，这注定又是一个相当不确定的时期。市场在3月底的急速下跌中回落至130点附近，交投活动也非常低迷，4月只交易了2000万股，较1930年4月的1.11亿股大幅减少。但是，市场从4—8月涨到了接近140点的位置。同年9月，第二次世界大战爆发，随着战争带来的订单开始提振经济，市场又跳涨到150点，这一幕与第一次世界大战早期的情形如出一辙。事实上，当战争打响时，道琼斯指数在接下来的3个交易日里上涨了20点。但是这一次，由于希特勒看似势不可当，再加上很多人对大萧条仍然记忆犹新，恐惧和不确定性似乎不同于以往。市场在从秋天到年底的这段时间里走势平淡，到年底时收于150点附近，全年下跌3%。同时，市场过去十年的走势也在这一刻宣告结束。由于如此多的谨慎情绪和不确定性挥之不去，市场当年走势平平，日均成交量不足100万股，为1923年以来的最低水平。

20世纪30年代是艰难的十年，人们经历了大萧条、干旱、残酷的熊市、监管改革，以及第二次世界大战的开端。总体而言，市场在20世纪30年代下跌了40%，但是正如勒布所证明的那样，当市场从1933年年初到1937年年初强劲上涨的时候，敏锐观察的投资者还是有一些机会的。此外，勒布在市场表现最糟糕的几年中保持盈利的事实，特别是在做多市场方面，确实证明了他利用灵活性这一优势的同时，坚决执行严格的止损法则，将亏损控制在最小范围内的能力。

第五章

“二战”的胜利为传奇交易者创造了更多机会

（1940—1949）

杰拉尔德·勒布进入市场的时候，
趋势似乎已经足够明朗

进入20世纪40年代，市场正笼罩在第二次世界大战的不确定性之中。整个4月，市场继续处于近乎完美的横盘走势。此后，当德国占领巴黎时，市场在5月从150点直接下跌到120点，跌幅将近20%。从形势上看，美国最终参战也是板上钉钉的了。为另外一场战争——特别是像第二次世界大战那样规模庞大的战争提供资金将是一项非常艰巨的任务。为了筹措战争资金，整个美国都陷入了债券发行的热潮。在经历了5月的暴跌之后，尽管成交量有所减少，日均成交量与1939年相比要少20多万股，市场仍缓慢走高，并将这一趋势延续到了11月。市场随后再次趋于平稳，1940年年底报收于135点，全年下跌13%。

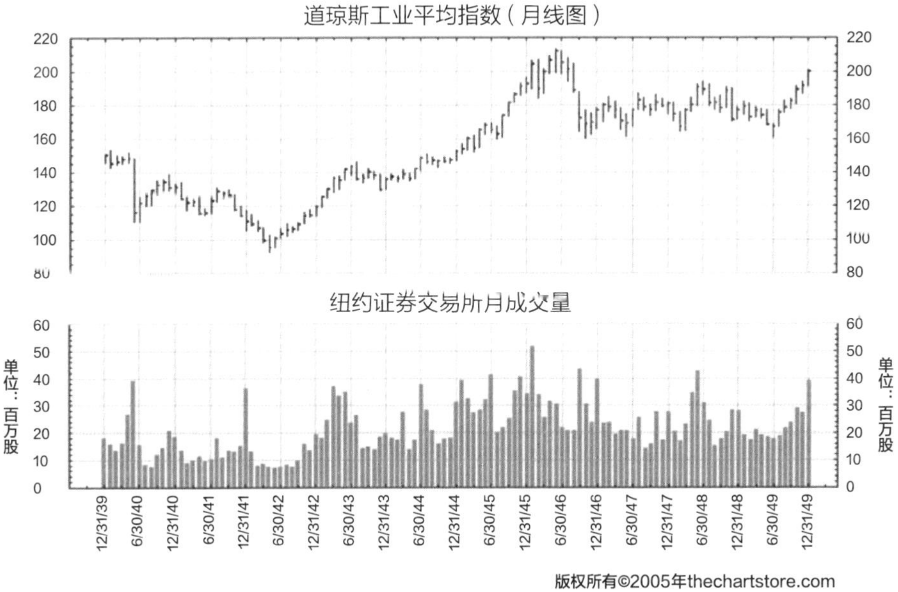

图5-1　道琼斯工业平均指数（1940—1949年）

来源：www.thechartstore.com.

谨慎的勒布和他的智慧箴言

1941年的市场以1月和2月的下跌开始。从那时起一直到5月，由于战争的不确定性继续笼罩着市场，市场基本上处于横盘状态。由于更多的目光仍然聚焦于迫在眉睫的国际事件，成交量再次萎缩。不过，和往常一样，市场上也出现了一些动作。很多铁路和钢铁行业公司的股票成为市场的新宠。勒布还发表了一些所有的股票市场作手都需要注意的重要言论。他通过自身的经验和对市场的关注，不断完善自己对市场究竟如何运作，以及市场如何对某些情况做出反应的看法。在之前的章节中，我们看到理查德·威科夫在他所处的那个时代对了解市场如何运作有着同样大的兴趣。勒布曾经说过，“任何一只股票都存在折现系数。股票的价格不能完全反映它当前的价值——永远不能。它所反映的是价值的预期，但是没有精确的方法来衡量达到这一预期所需要的时间。这不是简单的数学问题，而是关于人的事情”。他接着说，“这就是为什么投资不是一门精确的科学”。他总结这些评论后认为，这就是为什么在股票市场上，从来没有人永远正确。正因如此，他指出，“我认为那些比别人赚得多的人的最大的秘诀就是他们能够意识到自己的错误，然后快速离场”。在这里，我们看到了另一个证明，即那些在市场中赚了亿万美元的人所坚守的第一条黄金法则（这条法则通常不会在介绍股票市场的相关课程中出现），是止损。

1941年6月和7月，市场小幅上涨，然后进入盘整走势，并且在整个9月都处于小幅震荡的走势。到了10月，市场开始下跌（几乎预测到了将要发生的事情），并将这一走势延续到12月初。12月7日，日本偷袭珍珠港。第二天，股市只是小幅下挫，就好像它已经预测到了这种情况一样。但是到了12月9日，市场陷入了深度调整。次日，市场的小幅上涨似乎缓解了一些担忧，但随后在12月11日再次下跌。最终，市场在年底收于110点附近，全年下跌15%，这同时也是市场连续第3年下跌。1941年充满了不确定性，市场的很多担忧在12月初那个惨烈的交易日成为现实。整体来看，当年的市场表现中规中矩，交易所的日均成交量只有61.9万股，较上一年疲软的数据还下降了18%。

随着美国的全面参战，市场在1942年的前4个月里继续着稳步下跌的走势。由于人们都将注意力转向了战争，市场在2月的表现降至1915年以来的最低水平。到4月底，道琼斯指数近7年来首次跌破100点大关。然而，市场从那时起再也没有回到100点的位置。正如我们已经多次看到的那样，当情况看起来最糟糕，且大多数人放弃希望时，那些最聪明的交易者会坚持他们的研究和观察技巧。4月，一位来自加利福尼亚州的记者想了解一下当前的市场，杰拉尔德·勒布在接受采访时说，“……当前的市场与1932年的市场极为相似，尽管很明显的是，整体的下降趋势还没有改变”。在这里，我们看到一个经验丰富且学识渊博的股票市场大作手试图依靠他对过去市场周期的认知以及对市场如何运作的理解，来确认当前的市场环境。虽然他是在趋势还没有改变的情况下说出这句话的，但他至少提出了一个观点，即从市场历史走势的角度来看，当情况可能出现变化的时候，人们不应该把目光从市场上移开。勒布是在市场发生反转之前发表上述言论的，在接下来的两年里，市场上涨了超过130%。他还在采访中表示，“当好消息越来越多，形势越发明朗之时，一切就已经太晚了”。当然，在他发表上述评论后不久，市场的趋势就发生了变化。考虑到橡胶行业的光明前景，他大笔买入美国橡胶公司的股票，成功地抓住了这只早期的龙头股。他还在正确的时机买入——通常是大多数人充满恐惧并害怕建仓的时候。他的经验再次给了他信心，让他坚信时机是正确的。

市场从5月开始稳步攀升，并将这一趋势贯穿了全年，然而，这波行情的最大问题在于成交量没有放大。随着市场走高，人们仍然顾虑重重，这表现在市场缺乏强劲的买盘。全年的日均成交量只有45.5万股，甚至比1941年低迷时期的成交量还要低26%。尽管如此，市场似乎已经将抛压消耗殆尽，道琼斯指数在1942年年底收盘时接近120点，全年涨幅8%，结束了此前连续3年的颓势。对于整个市场来说，即使是在一场重要战争的中期，情况也可能发生变化——这实际上是一项十分了不起的成就和声明。然而，正如我们从勒布那里了解到的，观察并跟随市场走势，通常可以获得回报。请记住，市场总是具有前瞻性，所以它的上涨是一个明确的信号，预示着更美好的事情可能就在眼前。

从图5-1可以看出，1943年，市场在前一年的基础上持续攀升，成交量也不断放大。1—7月，市场稳步攀升至150点附近，其间只经历了几次小幅的调整。道琼斯指数自1942年年初跌破100点大关以来，已经在15个月的时间里上涨了50%。1943年4月，一年前采访过勒布的那位记者再次采访了他，以了解他对当时市场的看法。当时的道琼斯指数接近135点，已经在没有任何调整的情况下持续上涨了近一年。勒布说，“……那些预计我们明年将在欧洲、后年将在日本取得胜利的人，最好看看1937年，或者1939年第二次世界大战爆发时的155只股票的平均水平”。他的言论几乎全部得到了应验，因为市场将在夏季巩固其上涨的趋势。我们再次看到这位股票市场大作手将他过去的市场周期理论和经验与当下的时代联系在一起。

市场在8月经历了一次回调，然后在整个10月横盘整理。此后，市场在11月的下跌和12月的小幅反弹之后收于140点左右，全年上涨14%。尽管年初的成交量比较少，且与过去4年的趋势基本一样，但随着时间的推移，成交量确实有所增加，日均成交量达到100万股，为自1936年以来的最高水平。这种走势与前几年相比有了很大的改善，说明一些不安的情绪开始消退。大萧条和第二次世界大战的遥遥无期给市场带来了沉重的负担。此外，在20世纪40年代早期，更多的资金流入了储蓄和战争债券，而不是直接注入股票市场。人们从大萧条中得到的经验教训对成交量的低迷起到了推动的作用。人们仍然过着节衣缩食的生活，并偿还个人债务。然而在1943年，由于战事顺利，失业率下降，乐观的情绪开始显现。

同时，经济也开始回升，到1943年年底，经济已经连续6年没有经历衰退。这是自20世纪初以来持续时间最长的一次。

从1944年年初到4月，由于市场在这段时间里没有取得全面突破，它出现了剧烈波动。不过，前线战事的进展正在变得越发积极，4月，勒布被问及他对市场的评估——这已经是他连续第3年被问及这一问题。勒布表示他对市场的前景越来越乐观。他认为战后的盈利预期和前景会非常强劲，而且由于市场总是反映未来的，当前是对未来市场走势持积极态度的最佳时期。这一次他又抓住了时机，因为市场在此后的22个月里上涨了65%。他认为，就算以1935—1939年的最佳水平为基础，企业的利润（税后）也有望翻一番。他相信，如果按照税前利润计算，这个数值将会增加5—6倍。这项研究再次坚定了他的信念，即当前就是买入股票的最佳时机。至于哪些股票会引领股市的持续上升趋势，他认为很可能不是战争股。鉴于市场具有预测的能力，大多数战争股通常在战前上涨，而在战争进行时下跌。勒布知道和平时期的股票在第一次世界大战结束前会强劲上涨，所以他在1944年的时候开始关注和平时期的股票。勒布以历史为参照，认为同样的行情会再次上演。他当时看好的一个产业是航空制造业。此外，他发现华纳兄弟的盈利大幅飙升。在经过了深入的研究和了解之后，他大量买入了该公司的股票。美国制罐公司是勒布反复交易的另外一只股票。这家公司利润丰厚，当人们对它的兴趣大增从而推动其股价进入上涨趋势时，勒布就会买入股份，随后在市场或者该股出现盘整或走势平淡时卖出套现。勒布在采访中还提到了另外一件事，即他认为市场在战后不久的这段时间里可能很难维持强劲的上涨势头。我们稍后会看到他的假设又一次得到了验证。1944年5月和6月，股市上涨并触及150点。在诺曼底登陆日（发生在1944年夏天）之后的交易日里，成交量有所增加，但是市场并没有在盘面上有所表现，直到年底依然是在相对较小的波动区间中横盘。这一年是市场连续第3年上涨，道琼斯指数全年上涨了12%。

1945年的市场以道琼斯指数在1月的小幅下跌拉开序幕。进入2月，新的衰退开始了，这是自1938年以来美国经济第一次陷入衰退，相较于20世纪前几十年来说，这是相当长的一段时间。同样有意思的是，1944年年底的市场疲软与衰退前的许多其他时期有关，在那些时期，市场要么下跌，要么在一个平坦的区间内运行。当市场在2月飙升而在3月大幅回落时，有关战争前线的消息正在变得越来越积极。4月，市场回暖，随后又开始横盘。在经历了一个交易平淡的夏天后，日本在1945年夏末的投降触发了股市的反弹。现在终于迎来了和平时期，很多人都在庆祝这个好消息，股市也不例外。从8月到年底，道琼斯指数一路攀升，最终突破200点大关。全年27%的涨幅标志着道琼斯指数连续第4年上涨。股票交易所的成交量也有所增加，特别是在战争结束之后，市场受到了更多的关注，而战争造成的很多不确定因素也被消除了。与此同时，这次为期只有9个月的短暂衰退也在10月宣告结束。包括国际商业机器公司、通用汽车公司、美国电话电报公司、伯利恒钢铁公司和美国钢铁公司在内的一批老牌企业，仍然是引领市场走高的龙头股。

在前一年庆祝世界恢复和平之后，市场在1946年1月继续上涨。然而，很多其他的担忧在那个时候开始出现。由于美联储在战后依然采取激进的政策，增加货币供给，通货膨胀率开始上升。此外，由于战争结束，政府大幅削减了支出，从而导致经济开始放缓。需要注意的是，由于政府支出在当时的美国经济中所占比例很大，政府大幅减少支出所产生的影响要比今天大得多。冷战之前，美国与俄罗斯之间的关系有些紧张，而一些问题也随着美国国内劳工爆发动乱而浮出水面。

在经历了2月的大幅回调和3月的快速反弹后，市场在4—6月剧烈波动。实际上，市场在当年5月见顶，然后开始出现一些典型的顶部形态。进入6月和7月，市场在4周的时间里有3天出现了大规模的抛售。市场在这3天里都至少下跌了2.5%。这种典型的下跌走势与我们在之前的市场中所看到的情况类似，即市场在见顶后开始下跌（我们在今后的行情里将看到更多这样的例子）。随着夏末的到来，市场又出现了几个放量大跌的交易日。当市场真正开始加剧动荡，龙头股也停滞不前并转为下跌时，很多分析师推出了他们的“专家预测”。9月3日，一些道氏理论的坚定支持者纷纷表示，根据他们的分析，市场不会突破186.02点的阻力位。然而，就在同一天，市场大幅下跌，并且击穿了这个阻力位，市值蒸发超过30亿美元。

勒布犯了错误

当市场走弱并出现典型的顶部形态时，勒布开始抛售手中持有的股票，但他还是慢了一步。他后来承认自己犯了一个重大的错误，因为他认为市场会出现反弹。尽管他在1929年和1937年看到的相同行情提醒着他迅速抛售股票，转为100%持有现金，但他还是犹豫了。他最终在这波下跌趋势中亏损，但好在卖出及时，没有造成重大的损失。这一切表明市场是多么的具有挑战性，而且你自己的想法有时会成为你最大的敌人，正如我们之前提到的巴鲁克在做空通用汽车公司时所犯的错误那样。而勒布，这位最杰出的股票交易者之一，可以从过去的经验中得知自己应该做什么，却因为觉得自己的相反想法可能是正确的而犹豫不决。我们不妨重温一下欧奈尔在本书开篇时给出的定义：“股票市场并不关心我们是谁、我们在想什么或我们的感觉如何……股票市场遵循的唯一法则就是供需关系法则。”即使你是杰拉尔德·勒布，在市场中多次获得成功，从而使自己的职业生涯无限荣光，你认为应该会发生的事情也可能会被证明是错误的。如果事实证明你是错的，那么你就必须通过扭转立场来纠正自己的错误。另一个例子是之前提到的伯纳德·巴鲁克的例子，他在20世纪30年代，即自己60岁出头的时候写了一份备忘录，提醒自己注意人类心理所带来的危险，以及如果一个人过于偏向自己的想法，而忽视了市场走势，他的想法会带来怎样的破坏性。这些都是投资者每天在市场中持续面对的挑战。

就连勒布也在20世纪40年代末谈到，在书中谈论“止损”和“永远不要让情绪影响自己的投资原则”非常容易，但是在实践中做到这一点就很难了，因为我们都是人，而且是人都会犯错误。此外，勒布还犯了其他错误。有一次，他重仓持有纽约中央铁路公司的股票，而与此同时其他投资者也在买入这只股票，从而推高了该股的股价，勒布此时再次犹豫了。由于公司宣布高额派息，很多投资者认为公司难以维持如此之高的股息，于是开始抛售股票。大量的抛售清楚地表明该股的趋势已经发生了变化。勒布也知道自己应该抛售股票，但是他犹豫了，盼望着股票出现反弹。但事实并非如此，他最终选择了分批卖出手中的头寸，这导致他以遭受巨大的损失收尾。至于市场，在经历了9月的大幅下跌之后，它进入宽幅震荡的行情，并一直持续到年底。道琼斯指数全年下跌8%，连续4年上涨的行情戛然而止。

市场在1947年1月初有所下跌，但很快在2月大幅拉升。这波反弹并没有最终实现反转，随着市场在3—5月的大部分时间里以大幅震荡的方式下跌，这波反弹很快就结束了。随着成交量再次萎缩，市场中的做多动能（甚至兴趣）严重不足，而且明显缺少引领强劲的市场上涨所必需的龙头股。此外，新股发行市场也陷入沉寂。冷战开始的传言让人们紧张不安。美国政府也在此时频频出手。马歇尔计划的制订旨在将资金用于重建战后满目疮痍的欧洲。此后不久，《塔夫脱-哈特利法》（*The Taft Hartley Act*）出台，以帮助缓和当时许多存在分歧的劳资纠纷。5月28日，市场大幅走高，趋势看似确实要转为上行了。然而，尽管市场在7月再次触及200点大关，成交量依旧没有放大，这注定又是一次短暂的反弹。成交量显示了市场对股票的强劲需求，但是当时的成交量显然没有达到其他上涨趋势（远远超出小幅上涨）中呈现的高水平。这个明确的信号表明市场缺乏强劲的做多动能。从那时起，市场基本上在一个相当狭窄的区间内波动，直到年底收于180点附近。市场全年上涨2%，尽管其间的波动会让任何市场参与者感到不舒服。

到1947年年底，很多经济数据开始回升并进一步走强。美国的GDP也相较于前几年有所改善。1947年美国的GDP是2340亿美元，相比1944年的2110亿美元有了大幅增加。企业的利润虽然大为改观，但是市场仍然持续低迷，标准普尔指数的市盈率已经跌到10倍以下，接近历史低位。当时市场面对的最大问题是通货膨胀。通货膨胀对于任何一个市场的长期前景来说都是一种危险，而由于通货膨胀率仍在高位运行，市场是否能够在1947年年底走高还是个未知数。不过，在严峻的市场环境下也有一些积极的事情发生。因为许多人对大萧条仍然记忆犹新，所以在当时的经济环境中，消费者的储蓄水平正在增加。这种强制性的、自律的储蓄行为实际上为满足未来的市场需求打下了坚实的基础。与此同时，一些新的技术被引进，其中最著名的要数晶体管的发明，而且，电视机的批量生产也在如火如荼地进行着。

市场从1948年1月开始下跌。在经历了2月的横盘走势之后，市场在6月之前上涨了19%，并再次突破200点大关。此后，就像1947年年初那样，这波反弹快速消退，市场再次下跌。当出现这些令人匪夷所思的反弹时，从那些滞后的成交量数据中可以看到，市场做多的意愿明显不足。从那时起，市场基本上处于下跌通道，直到10月才再次开始飙升，但随后在11月再次大幅回落。始于11月的新一轮经济衰退持续了11个月。另外，美国GDP的增速放缓，最终较前一年增长了不到9亿美元。我们再次看到，市场通过在那个夏天进入下跌趋势，几乎准确地预测到了这一点。由于市场已经连续两年没有起色，它在12月走势平淡，最终以2%的跌幅结束了这一年。不过在这期间，市场一直处于上下波动的行情中。这个时候的市场是非常令人沮丧的，很多伟大的交易者决定远离市场，等待更好的机会出现——它们总是会再次出现。我们将在20世纪70年代看到另一个以高通货膨胀率为特征的市场拉锯期。

1949年年初，随着美国陷入新一轮的经济衰退，杜鲁门再次入主白宫，市场再次陷入低迷。4月的平淡走势导致了5月的急剧下跌。与以往的情况一样，道琼斯指数在6月大幅反弹，并在6月20日大涨1.1%。不过，市场这次的成交量依然没有放大。在经历了乏善可陈的8月和9月之后，市场似乎在10月找到了一线生机。1949年，企业的税前利润从1948年的330亿美元下降到264亿美元，而且当年的美国国民生产总值也下降了0.9%。标准普尔500指数的市盈率为6.6倍，接近历史低位。但在1949年年底，企业的盈利状况开始好转，这轮经济衰退于10月正式宣告结束。在经济衰退结束前的几个月，股市再次大幅上涨，到年底上涨了13%，消费者也开始更多地消费。消费类的行业开始扩张，似乎长期以来的限量配给、物资短缺和储蓄为更多的支出铺平了道路。首先开始走强的是黄金（通常是熊市的标志）、软饮料和广播电视类行业的股票。正是这些消费驱动类的股票发出了方向转变的信号，例如，电视公司的发展势头迅猛，1948年只有3%的家庭拥有电视机，但是到了1949年年底，这一比例迅速增长到了10%。同时，一些科技类股票也开始活跃起来。随着商业环境的不断改善，消费者的支出也随之增加，市场在成交量放大的情况下走高。这一次是真正由巨大且不断增加的需求所推动的股票价格上涨。这一切似乎预示着即将到来的20世纪50年代不会让人失望。

第六章

创新类股票创造巨大的利润

（1950—1959）

尼古拉斯·达瓦斯看到并充分利用了趋势

随着新的十年的到来，很多经济领域都发生了改变。空气中弥漫着一种新的乐观情绪，尽管它还没有带来立竿见影的效果。市场将在20世纪50年代进入缓慢而平稳的上升趋势。1月到6月初，市场稳步上涨。通常情况下，当新的上升趋势形成时，新的龙头股也将随之出现。得益于新的电视机热潮，真力时加快了其引领市场的步伐。仅在1950年上半年，该股的股价就从31.5美元上涨到了70美元的高点。摩托罗拉是另外一只强势的龙头股。1950年年初，其股价在短短的几个月内翻了一番。当年，大量的订单让摩托罗拉的收入从上一年的1520万美元增长到3550万美元，

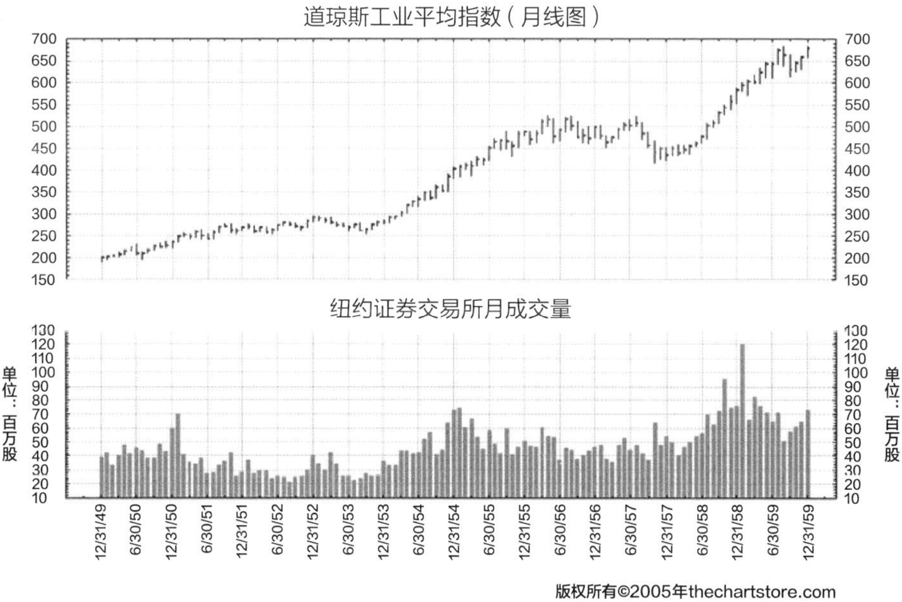

图6-1　道琼斯工业平均指数（1950—1959年）

来源：www.thechartstore.com.

增幅高达134%。净利润从每股1.14美元飙升至每股3.5美元，增幅达到207%。这显然是一只在上涨的市场中展现强劲基本面的新龙头股。事实上，当年的新股发行规模达到了78亿美元，创下了历史新高。在上市的新投资品种（包括债券和其他产品）中，30%是普通股，这在当时所占的比例是相当大的。

市场在6月底的时候因为朝鲜战争的爆发而急剧下跌，当朝鲜在6月24日袭击韩国时，似乎美国又要卷入战争了。市场只是小幅回撤，然后在8月底到年底继续稳步攀升。企业强劲的收益以及接踵而来的新战争订单似乎减弱了朝鲜战争爆发带来的负面影响。随着时间的推移，这场战争的规模显然不会像很多人最初担心的（有可能是第三次世界大战）那样大。经济也在回升。1950年，美国的GDP达到2850亿美元，比1949年的2540亿美元增长了10%。企业的税前利润同样实现了增长，从1949年的264亿美元增加到1950年的406亿美元。道琼斯指数在这一年上涨了18%，延续了自1949年以来经过修正的上涨趋势。随着1950年日均成交量接近200万股的水平，市场的活跃度也开始上升。

1951年1月，市场继续稳步攀升，随后在接下来的几个月里趋于平稳；市场在4月再次拉升，但在5月又回落下去。人们仍然对朝鲜战争感到担忧，厌战情绪也进一步上升。此外，政府还在企业当中引入了新的税率上调措施，将最高税率从47%提高到52%。最后，威廉·马丁（William Martin）被任命为新一任的美联储主席。他发誓要向通货膨胀宣战，并推行更加紧缩的货币政策。尽管在20世纪50年代的大部分时间里，通货膨胀仍然被控制在个位数的低水平，但它始终是一个令人担忧的问题（相反，在20世纪初，通货膨胀并不是一个影响美国经济的重要因素）。随着时间的推移，通货膨胀开始引起更多的关注。尽管如此，美国经济仍然保持增长，GDP从2850亿美元增加到了3290亿美元，企业的税前利润也达到了422亿美元。然而，市场在上半年表现得依旧不温不火。此后3个月的短暂上涨推动了市场走高，并将这波行情持续到9月。之后市场开始逐步下跌，并于12月处于横盘走势。最终，道琼斯指数全年上涨了14%。

1952年上半年，市场基本上继续在一个相当狭窄的区间内波动。成交量也随着市场的停滞不前而下降，这基本上就是市场见底的走势。市场完全没有受到任何长期和强烈的抛售压力——这是它从20世纪50年代初到当时表现出的一个特征。相反，它似乎从容地化解了更多的负面事件，并且稳步前进。这种更加平缓的波动行情一直持续到秋末。而在此之前，一些经济数据已经显示出了增长放缓的迹象。经济增长放缓的主要原因是美联储新实施了紧缩的货币政策和持续的高税率。1952年，企业的税前利润下降到367亿美元，而美国的GDP实际上却从前一年的3290亿美元增加到3470亿美元，这说明美国经济面临着十分复杂的局面。市场对艾森豪威尔当选美国总统反应积极，随后在当年的最后两个月里大幅上涨，全年录得8%的涨幅，实现了连续第4年的上涨。

达瓦斯开始了他的探索之路

在我的第一本书《向最伟大的股票作手学习》中，我介绍了尼古拉斯·达瓦斯。1952年11月，达瓦斯获得了一家加拿大小型矿业公司的股票——布里伦德公司6000股面值0.5美分的低价股票。作为交换，他将在多伦多进行一场舞蹈演出（他的专业）。当时，市场掀起了一波对加拿大低价股的投机热潮。当达瓦斯在1953年年初第一次看到股价时，他惊讶地发现，这只股票已经涨到了每股1.90美元。他马上卖出了所有股票，大赚了一笔。正是从那次经历中，他产生了更多地了解股票市场的强烈愿望。然而，他很快发现，这将是一件十分具有挑战性的任务。在试图搞清楚市场是如何运作的过程中，他犯了很多错误。但是达瓦斯有一个优点，那就是坚持不懈——在他之前和之后的所有成功的交易者都具有这种特质。即使经过了多年的尝试、错误和挫折，达瓦斯仍然没有放弃。他对学习的投入和从错误中汲取教训是他在市场中取得成功的关键。要知道，他花了将近6年的时间才真正开始获得成功。我们在伯纳德·巴鲁克身上看到了几乎同样的时间轨迹。杰西·利弗莫尔曾经指出，一个人通常在平均5年的时间里不断地犯同样的错误后，才能够真正开始认真地学习并做出积极的改变。再想想比其他人都有耐心的理查德·威科夫花了多长时间才走上正轨。而且我们很快就将看到，吉姆·罗佩尔用了大约7年的时间才在市场中实现了盈利。要想在市场中获得持续的成功是非常困难的，这需要多年的学习，只有那些坚持不懈、拒绝屈服和持续研究的人才会得到最终的回报。

杰克·德雷福斯（Jack Dreyfus）战胜了市场

在谈论股票市场的历史和成功的交易者时，另外一个必须提到的重要人物是杰克·德雷福斯。德雷福斯出生于1913年，他的父亲帮助他在经纪公司谋得了一份差事，同时也是他的第一份工作。德雷福斯为一位负责图表阅读器的主管服务，主要职责就是手工更新每一张价格和成交量变化的图表。他对这份和图表打交道的工作非常着迷，他花在这项工作上的时间越多，就越能识别出某些图表形态。这与年轻时的杰西·利弗莫尔有些相似——利弗莫尔在其职业生涯的早期经常关注行情自动报价系统，然后在日志中做记录。他发现很多股票的价格会以特定的相似形态运行。随着德雷福斯的图表工作越来越深入，他坚信通过交易行为形成的股票走势形态是在不断重复的。德雷福斯在24岁的时候成了E. A. 皮尔斯公司（美林的前身）的一名股票经纪人。1937年，公司的首席经济学家发表了一篇题为《第三次大繁荣》（The Third Great Boom）的文章。由于市场在20世纪30年代中期表现强劲，这份文件旨在预测更加美好的时代即将到来。然而，一直以来都在潜心研究图表的德雷福斯却认为市场正在下行，因为他确信自己看到了在很多股票的图表中出现的经典顶部形态，而且市场已经在一波难以置信的上涨中触及了那个位置（请参见第四章）。此外，他通过自己的图表研究发现，由于很多股票都已经跟随市场实现了大幅上涨，没有任何质地优良的股票正在形成名副其实的底部形态。因此，他没有跟随公司内部主流声音的建议，毅然选择全部持有现金。这一切恰好发生在1937—1938年熊市开始的前一天，道琼斯指数在这波熊市中螺旋式下跌了50%。我们看到了一位年轻的、有抱负的和伟大的股票市场大作手注意到了在市场中获得成功的黄金法则之一——不要听信别人的意见。专注于对事实和历史的细致研究，让他甚至忽视了公司里一位受人尊敬的分析师的意见。考虑到德雷福斯所在公司的声誉，以及他当时年轻、缺少经验的事实，这是相当令人印象深刻的。请记住，当一切看起来都很完美时，市场很可能即将发生变化。就在很多人放弃的时候，市场可能已经准备好反转和走高了。我们已经看到这种情况发生很多次了，而且随着时间的推移，我们还会再次见证这一切。由于市场的周期性特征也会在未来反复出现，这方面的知识对所有人来说都是非常有价值的。

随着德雷福斯不断地学习并在职业生涯中获得成功，他最终成立了自己的公司，并在20世纪50年代和60年代经营着他的德雷福斯基金（一个共同基金）。作为一个观察图表和行情自动报价系统的人，德雷福斯会重点关注强劲的基本面因素，然后再把它和自己的图表解读技巧结合在一起。他喜欢分析周线图，并关注历史收益和有关基本面的预测（在接下来的内容中，我们将看到尼古拉斯·达瓦斯和威廉·J. 欧奈尔将基本面和技术分析结合起来）。不过，对德雷福斯来说——正如其他伟大的交易者发现的那样——第一个关键点是确定市场趋势。他认为，其他的一切全部来源于此。如果市场处于强势的上涨趋势，他就会坚定地买入股票。德雷福斯对买入点的定义是：当一只股票突破当前的交易区间强势上涨，并创出新高时。也就是说，其他投资者对这只股票的需求越强大，其上涨势头就越有可能持续下去。对他来说，股票创出新高是至关重要的。他会先观察股票，等到它们突破这些形态并创下新高时再买入。达瓦斯和欧奈尔也发现了同样的策略。事实上，欧奈尔在其职业生涯早期对德雷福斯（还有利弗莫尔和勒布）进行了研究，从而帮助他总结了现在广为流行的CAN SLIM投资法的某些特征。

如果股票的走势图发出迅速卖出的信号，德雷福斯是绝对不会犹豫的。他为自己设定了并不是基于百分比方法的严格止损策略。这完全是基于股票的走势和在他看来的图表形态所决定的。他的止损策略，以及他快速清仓不再盈利的头寸的能力，是他管理的这只基金表现优于其他所有共同基金的主要原因之一。他时刻关注着市场动态和趋势。当他看到趋势改变时，就会采取行动。所有伟大的交易者都遵循同样的原则，并且这是他们获得惊人回报的一个关键策略。

当市场在1953年年底开始稳步攀升时，德雷福斯开始全面投资。通过细致的图表阅读分析，他发现很多股票正在形成底部形态——这正是他一直在寻找的。这与他在此前的市场上升趋势中看到的图表形态是一致的，而且他知道这些股票形态是会重复出现的。在20世纪50年代中期的强劲上涨中，他保持着满仓操作。他的头寸随着市场的上涨而增加，而他选择的很多股票也最终被证明是那个市场上涨周期中真正的龙头股。到1957年9月，德雷福斯一直在抛售股票，以兑现他在这几年辛辛苦苦赚来的利润——他持有现金的比例高达75%。我们可以在图6-1中清楚地看到（类似于前文提到的他在1937—1938年注意到的情况），市场趋势在强劲的上涨之后发生了变化。道琼斯指数在1957年7—10月的这段时间里下跌了20%。1957年10月，当市场出现大幅下跌时，德雷福斯手中绝大部分是现金。他努力研究市场，紧跟市场趋势，根据股票在强势市场中触及新高的量价关系做出战略性买入决策，执行严格的止损策略——这些能力让他在20世纪50—60年代管理德雷福斯基金的12年时间里获得了604%的收益率。排名第二的收益率是502%，要比德雷福斯同期的业绩低20%。而道琼斯指数在同一时间段内的收益率是346%。由此可见，德雷福斯的业绩明显高于他的同行和市场。宝丽来是他的持仓中表现最好、仓位最重的一只股票，到1957年年底，这只股票为他带来了超过800%的收益。

随着新总统入主白宫并做出新的承诺，市场情绪在1953年年初似乎变得更加乐观了。然而，掌权的艾森豪威尔开始专注于平衡预算，置减税的承诺于不顾。为了遏制通货膨胀，美联储依然在实行紧缩的货币政策，而其中的一些政策将拖累经济的发展。市场在上半年的小幅下跌似乎再一次预测了经济增长将会放缓。果不其然，新的衰退于7月开始，不过和之前的几次衰退一样，这次衰退持续的时间也是短暂的。并且，衰退刚开始的时候确实发生了一些事情，为市场注入了新的活力。8月，朝鲜战争结束，和平时期的问题再次成为焦点。此后不久，计算机的量产在很多方面改变了人们的生活，人类正式迈进了科技时代。股市对此反应积极，并在9月重新进入稳步攀升的节奏。道琼斯指数全年下跌4%，略低于年初的水平。随着战争的结束，人们对很多商品，特别是对住房和消费型商品压抑已久的需求得到了释放。虽然经济在1953年年底仍然处于衰退之中，但在生产和市场方面的下跌幅度是非常温和的。

虽然美国经济在1954年年初仍处于衰退之中，但乐观的情绪又重新燃起。随着共同基金的影响力越来越大，更多的普通大众开始参与到市场中来——即使只是间接参与。如前文所述，杰克·德雷福斯是当时最成功的基金经理之一。当他开始发现从短缺型经济中获益的新公司时，他的成长型股票策略得到了人们的认可。更多共同基金的参与壮大了市场中机构投资者的力量。此外，当时的养老基金也加大了参与市场的力度。事实上，按照净买入交易总量衡量，1951年的个人交易总百分比是61%。但是随着时间的推移，这一比例逐年下降，最终被机构投资者所取代。到1959年前后，个人投资者在市场中的比例已经下降到了35%。因此，像机构这样的大型投资者，对市场的影响是非常明显的（我们将在稍后讲到欧奈尔和他的市场分析时看到更多这方面的内容）。共同基金和一些以美林为代表的、规模较大的经纪商主要面向规模较小的投资者，这样一来，将会吸引包括中产阶级在内的更多投资者进入市场。市场在

1954年的前5个月稳步攀升，正如前面提到的那样，这种上涨正是发生在经济衰退正式结束（5月）之前的。这一稳定的增长是坚实的、非常广泛的。这波行情是由许多不同的行业推动的，由此可以证明这是一个非常健康的市场。工业类股票仍然是领头羊（铁路和能源），其中很多都得益于经济环境的改善。但也有很多企业来自科技和医药等新兴行业，再加上人口的强劲增长，这进一步刺激了社会需求。

勒布在处于上涨趋势的市场中再次获利

1954年3月，道琼斯指数自1929年年末以来首次突破300点大关。随着市场的不断走高，以及人们通过信贷购买更多的商品等，在新的行业中是可以找到新的机会的。重要的是要记住，随着市场环境的变化，这些伟大的股票市场大作手是如何改变他们的观点的。新产业和新企业所创造的新机会总是出现在繁荣时期。勒布当时还一再强调，重要的不仅是关注新崛起的、以消费者为导向的公司，还要明白，推动市场走强的是对即将发生的事件的预期，而不是事件本身（当其发生时）。他的观点进一步巩固了市场具有的前瞻性和预测能力。勒布在20世纪50年代中后期的上涨行情中表现极为出色（市场在1954年出现了明显的上涨趋势）。在那段时间里，他投资的最大的两只赢家股分别是华纳兄弟和克莱斯勒，他还利用自己的经验和判断力在另一个市场周期中获得了丰厚的回报。

1954年年初，艾森豪威尔总统承诺进行预算平衡和税收改革，这使得整个美国的情绪高涨。虽然当年的经济数据略有下降，但是经济已经出现了改善的迹象。美国的GDP实际上从1953年的3654亿美元下降到3631亿美元。企业的税前利润也从380亿美元下降到340亿美元。然而，乐观的情绪似乎占据了上风。共同基金和其他机构成为当时重要的股票买家，而且它们对市场的前进起到了推动的作用，原因在于很多人依然将股票视为对冲通货膨胀的最佳工具。机构投资者的参与提升了市场的活跃度，这也是股价上涨的重要因素之一。1954年的日均成交量为220万股，纽约证券交易所的全年成交量达到了5.73亿股，创下23年以来的最高纪录。显然，这一典型的市场供需案例正是股票市场的运作方式。与此同时，世界上其他各个国家的股市也在上涨。随着市场的持续走高，1954年只出现了两次正常回调。11月17日，市场最终达到1929年股票市场大崩盘之前的最高点（381.37点）。对于长线持有者来说，他们只等待了25年就再次看到市场重新回到了当初的最高点。道琼斯指数最终以全年44%的惊人涨幅收官，为1933年以来的最佳表现。

1955年伊始，人们对不断上涨的股票市场的兴趣持续增长，在经历了1月的短暂回调之后，市场继续上行。企业盈利的强劲增长和很多其他行业的扩张仍在继续。由于投资者和公众对美国及其未来充满信心，艾森豪威尔总统的声望也随之上升，乐观的情绪依然主导着市场。2—9月，市场以螺旋上升的交易形态向上攀升（暴涨之后小幅回调，随后进一步上涨），突破450点。9月24日，艾森豪威尔总统心脏病发作，人们开始对他的健康和美国的领导层感到担忧。9月26日，市场下跌31.89点，成交量飙升至770万股。这对整个美国和市场来说是极大的恐慌，但是这一切很快就恢复了——艾森豪威尔总统也是如此。在收复了之前的跌幅后，市场在11月和12月趋于平稳，并以21%的强势上涨结束了当年的行情。

在历经两年多的强势上涨后，1956年的市场将是坎坷和充满挑战的一年。正如我们多次看到的那样，在经历了几乎不间断的上涨后，市场因为一些交易者为了锁定利润而抛售股票多次进入盘整，而其他很多人则发现，在股价进入主升浪的时候，跟风的买盘并没有出现。做多意愿的不足减缓了市场的上涨趋势。因此，市场在1月的小幅下跌后，在2月进入盘整。3月，道琼斯指数历史上首次突破500点大关，成交量也随之暴涨。这一水平将成为市场在未来两年的最高点和阻力位。市场似乎在这个层面上存在某种心理障碍。5月，市场在《高速公路法案》（*Highway Act*）通过之前急剧下跌。该法案将推动美国高速公路系统的建设。由于市场认为该法案对未来的汽车需求形成利好，汽车股在这一消息发布之后上涨。由于对汽车行业进行了认真的研究，并了解当时的龙头股有哪些，勒布再次从克莱斯勒这只股票上赚得盆满钵满。在这段时间里，包括国防、计算机、科技和医药在内的其他行业的龙头股，让市场继续维持着强势。在《高速公路法案》通过后，市场走高，然后在8月再次趋于平稳。当时，美联储为了压低通货膨胀率而再次提高利率。贴现率提高到3%，较1954年翻了一番。此外，持续收紧的货币政策开始对经济产生影响。随着利率的上升和预期中经济的放缓，空头导致市场在9月持续走低。在1956年剩余的时间里，多空双方在狭窄的波动区间内相互博弈。年底，市场在充满坎坷的一年里以2%的涨幅收官，从而实现了连续第3年的上涨。

随着震荡行情的持续，市场在1957年1月和2月初的这段时间里大幅下跌。有两种场景正在上演，它们最有可能是导致市场来回反复的主要原因。从积极的方面来看，各种经济数据仍在稳健增长，新兴产业不断涌现，整体的情况非常乐观，而且机构投资者（主要是共同基金）在市场中发挥了重要的作用。而从谨慎的角度来看，人们仍然担心通货膨胀和正在推高利率的货币紧缩政策。当市场在2月开始回落并触及450点大关的时候，它出现了反弹，并且持续走高至7月。这是一波强势的反弹——市场连续上涨了5个月。然而，这种情况注定不会维持太久，因为货币政策的收紧、政府支出的减少，以及推迟的减税正在产生影响。虽然商业发展进一步放缓，但是市场一如既往地继续看多。7月，由于很多龙头股见顶并开始下跌，市场的这波反弹进入尾声。8月，随着商业环境持续走弱，新一轮的衰退开始了。此后，市场开始大幅下跌，并抹去了当年早些时候出现的连续5个月的反弹涨幅。我们已经多次并且还会再次看到，由于恐慌引发的反应比希望快得多，抛售对市场的冲击非常快。同年10月，俄罗斯成功发射斯普特尼克1号（又称“人造地球卫星1号”）的意外消息也没有对市场起到太大的作用。虽然在太空竞赛中输给俄罗斯对美国是一个打击，但是它将唤醒美国这个沉睡的巨人，使其向前迈进并做出回应。这件事还将刺激政府更多地支出，从而对经济产生积极的影响，因为政府支出在20世纪50年代仍然占经济的很大一部分。此后，市场在这一年剩余的日子里再次进入震荡整理的行情，到年底收盘时，市场下跌了13%，道琼斯指数连续3年上涨的行情就此结束。

当市场在1957年年底反复筑底的时候，在某些领域内也出现了一些积极的事情。例如，一家名为罗瑞拉德的烟草公司向市场推出了一款新的香烟。正如我们之前所看到的——我们也将在未来多次看到，被广泛接受的新产品和／或者服务是历史上那些创新型公司获得最佳收益的主要原因。人们对香烟有很多健康方面的担忧，但是当过滤嘴香烟问世时，很多人都松了一口气，因为他们认为过滤嘴的设计会显著降低吸烟对健康的危害。罗瑞拉德烟草公司是过滤嘴香烟运动的先锋，即使是在生产成本相同的情况下，公司仍然可以从这些新产品身上获得较高的溢价。这是高价格（在产品需求增加的情况下）与低生产成本的有力结合。市场对此的反应是使该公司股价开始了不可思议的上涨。另外一个开始显示强大实力的是与太空有关的领域，其导火索是斯普特尼克1号的发射导致的太空竞赛。仅仅从10月至12月中旬，就有5家与太空产业相关的公司的股价出现了超过20%的上涨。研发新型火箭燃料（用于制造导弹）的锡奥科尔化工公司就是其中之一，该公司的股价在很短的时间内上涨了21.6%。这是另外一家推出新产品的公司，强大的市场需求必将为公司带来更高的收入和利润。

达瓦斯的努力最终得到了回报

尼古拉斯·达瓦斯在过去的6年里（从1952年年底在布里伦德公司这只股票上赚钱开始）研究市场，并且形成了自己的交易策略。1957年年底，罗瑞拉德的股价走势引起了他的注意。［他的策略被称为“箱体理论”和“技术–基本面方法”——请参阅他的著作《我如何从股市赚了200万》（*How I Made $2,000,000 in the Stock Mark*）或者我出版的《向最伟大的股票作手学习》一书。] 那时，作为一名狂热的市场研究者，他阅读《巴伦周刊》，观察龙头股的量价走势图表。在此前6年中，他大部分时间都在犯市场上大部分人会犯的所有错误，并且一直在亏损。他凭借令人印象深刻的毅力，不断地从错误中汲取经验教训，最终让自己的交易生涯步入正轨。他的策略是运用量价关系来观察市场和龙头股的整体趋势，并严格执行止损准则，这让他在1957年8月注意到了市场趋势的变化。随着持有的股票价格开始下跌，达瓦斯的止损策略迫使他卖出了所有的股票。此外，他还注意到，市场上没有任何一只股票在成交量增加的情况下突破当前的底部形态（他称之为“箱体突破”）。这也是杰克·德雷福斯转而开始持有大量现金头寸的时候。这两位经验丰富的股票市场大作手开始做出谨慎的决策，以避免受到市场的波及。果然，这正是市场开始大幅下跌的时候。他们都在留意市场和当时的龙头股的行情和运行趋势，但是并没有发现合适的进场机会。当这些情况发生时，最优秀的交易者通常会持有现金，以保护之前获得的利润，进而避免其投资组合遭受重大损失。

在这次的下跌趋势中，达瓦斯继续着他的市场研究。他还注意到，当市场出现反转时，那些跌幅最小且基本面强劲的股票很有可能是引领大盘上涨的龙头股。罗瑞拉德的情况就符合这一标准。1957年秋，当该股从每股17美元飙升到每股27美元的时候，达瓦斯开始关注它。由于其新产品受到市场的追捧，大量的机构开始建仓这只龙头股。达瓦斯在股价突破27美元后，以每股27.5美元的价格试探性地买入200股。然而，由于该股之前的强势上涨出现了一些回撤，并触发了他的止损指令，他很快就止损离场了。虽然遭受了一些损失，但是他仍然关注着这只股票。这是成功的投资者具备的另外一个特点——永远不要因为第一次尝试某件事没有成功就轻言放弃。随着成交量和市场对该股的需求增加，罗瑞拉德的股价此后继续上涨。达瓦斯以每股28.375美元的价格再次买入200股。请注意他是如何用最初的小仓位试探股价的。这就是他将要实施的另外一条明智的资金管理法则。他这次的试盘成功了，该股的股价迅速攀升。此后，随着股价的持续上涨，达瓦斯进行了额外的金字塔式购买，这一幕我们将在1958年的行情中看到。

由于经济仍然处于衰退放缓期，市场自进入1958年以来继续延续着1957年年底的震荡盘整行情。不过，情况开始出现好转。由于与俄罗斯的太空竞赛才刚刚开始，政府支出将再次开始增加。此外，整体的商业环境在经过短暂的恶化之后开始好转。3月，也就是经济衰退正式结束（4月）前一个月，市场开始大幅上涨。由于市场的抛压几近枯竭，很多股票在最近的回调中纷纷见底。电子类股票的上涨引起了发展势头迅猛的共同基金的兴趣。也正是在这个时候，杰克·德雷福斯注意到市场开始回暖。在过去的几年中，很多股票都在市场进入横盘和下跌通道的过程中形成了清晰和典型的底部形态。这就是无论市场处于什么周期，坚持研究图表形态都很重要的原因。当我们介绍欧奈尔和吉姆·罗佩尔时，就会看到他们是如何坚持不懈地在市场不景气的时期继续研究，以确定市场正处于或者正在形成哪种周期的。所以，他们始终与市场当前的走势和将要出现的行情保持一致。德雷福斯关注的是基本面强劲的龙头股，并等待着股价在成交量激增的情况下创出新高。事实上，在20世纪50年代的最后几年，当市场开始强势上涨时，德雷福斯开始变得相当活跃。他会买入很多股价创出新高的股票，增加利润，进而提高基金的业绩。

1958年年初，很多行业都开始复苏。老工业企业随着新兴创新产业的发展而壮大。很多新技术进入市场，获得了较大的需求量——其中一些需求来自生产军备和材料的行业，另外一些需求来自国防承包商。不同行业之间的强强联合为正在崛起的市场奠定了坚实的基础。1958年年初，达瓦斯注意到大来卡是另一只新崛起的股票，这家公司开创了领域内的一项新服务，获得了不菲的收益，其股价在1957年市场低迷时期表现出色。请注意达瓦斯是如何长期关注某些股票，然后直到合适的时机才开始出手的。虽然大来卡在1957年反复震荡的市场行情中表现出色，但是成交量并没有随着股价的上涨而强势增加——许多因素导致了那段时期市场中的做多意愿不足（这些因素可在上文分析那段时期的内容中找到）。市场在1958年年初开始趋于平稳，在大来卡遭遇回撤，并随后宣布拆股（1股拆成2股）后，该股开始再次上涨。但是这一次，成交量随着股价的上涨开始显著增加。对达瓦斯来说，这显然是大资金在大量吃进股票的迹象。他首先以每股24.5美元的价格买入500股大来卡的股票，随着股价的上涨，他又采用金字塔策略，在几个交易日之后以每股26.125美元买入500股。这只股票出现了量价齐升的走势。达瓦斯意识到自己持有的是一只强势股，而他新发现的策略告诉他要坚定持有，直到出现明确的卖出信号时再离场。该股很快就飙升至30美元以上，而随着股价的持续上涨，达瓦斯不断地撤销止损指令，以保证最大限度地锁定已经到手的利润。但是此举也为市场的正常回调留下了足够的空间。市场在4月开始回暖，大来卡继续引领着市场。该股很快就突破了40美元大关，随后触及40.5美元的高点。此时，大来卡的股价似乎陷入了停滞，不过考虑到该股的大幅上涨，这也实属正常。为了保护自己免受比平时更大的回调带来的损失，达瓦斯将止损点提高到了36.375美元。到了4月的最后一周，随着市场的走高，达瓦斯注意到其他的强势股开始出现波动。大来卡的上涨动能似乎已经枯竭，股价开始下跌，并触发了达瓦斯的止损点。他卖掉了手中的股份并获得了1万美元的利润——再加上罗瑞拉德那只股票仍在贡献着的利润，手握更多资本的达瓦斯开始寻找新的龙头股。需要重点指出的是，在大来卡股价回调后不久，美国运通公司就宣布进军大来卡开创的信用卡领域，并与该行业中的其他公司展开直接竞争。在1958—1959年的强势上涨行情中，大来卡的股价并没有跟随市场走高。到1959年年底，它的股价为35美元左右。在这里，我们看到达瓦斯与市场趋势保持一致，并在市场飙升的时候锁定利润，然后转向其他的强势股。大来卡曾受到市场的追捧，但是它陷入停滞的走势让一个警惕性很高的股票市场大作手明白，是时候将注意力转移到其他股票上了。

如前文所述，当达瓦斯关注大来卡的仓位时，他仍然持有在1957年年底建仓的罗瑞拉德的头寸。随着罗瑞拉德的走势持续向好并不断攀升，其成交量也确实在1958年年初飙升。达瓦斯看到该股的需求大幅增加，然后运用金字塔策略以每股35美元的价格加仓400股。随后，他又以36.5美元的价格再次买入400股。该股迅速攀升至每股44.375美元，但随后又以同样的速度大幅回落。为了锁定到手的利润，达瓦斯将止损位提高到了36美元。他在市场大幅飙升的同时持有这只成交量持续放大的大牛股。到1958年5月初，罗瑞拉德的股价已经触及50美元的高点，达瓦斯决定套现以锁定利润，然后买入另外一只他一直关注的股票。这一次他赚了2.1万美元，收益率接近68%。

达瓦斯赚到了他的第一桶金

达瓦斯之所以卖出他持有的大来卡和罗瑞拉德的股票，是因为他想把更多的资金投入到更好的投资项目中。他注意到E. L. 布鲁斯引起了不少人的兴趣。该股的股价在1958年年初从18美元快速上涨至接近50美元——在7周的时间里上涨了177%。达瓦斯关注着这只股票的走势，但是没有采取行动，主要是因为他的资金被其他两只股票套牢了。一旦资金得到释放，他就会利用保证金加杠杆买入该股。随着股价的回调夯实了之前的部分涨幅，该股形成了典型的高位紧致旗形形态（high-tight-flag）（更多的信息请参见后文对欧奈尔的介绍），股价回落到40美元的低位，成交量也随之下降。这意味着很多最近加仓的投资者继续坚定持有，惜售情绪浓厚。达瓦斯一直关注着这只独特的龙头股，并认为如果它反弹到50美元附近，就会重拾升势，特别是在成交量激增的情况下。一切就如他所预想的那样——在他以均价52美元买入几笔500股的股票，总持仓达到2500股后，该股飙升至77美元，然后随即被证券交易所停牌。由于停牌，很多做空者不得不去场外市场竞购股票，以便能够回购股票弥补空头头寸。在最初拒绝以每股100美元的价格出售之后，达瓦斯看到了市场对这只股票的巨大需求，于是继续持有。他最终以每股近171美元的均价卖出了所有股票。这只股票在他买入之后仅仅两个月的时间里就突破了高位紧致旗形形态，涨幅高达228%，为达瓦斯带来了大约29.5万美元的利润。这将使达瓦斯对他长期以来辛苦建立的市场策略信心倍增，而这些策略也将为他长期以来的努力带来积极的结果。

当市场开始进入主升浪时，很多龙头股逐渐显露头角。在1958年年初到年中的这段时间里，一些股票在争夺龙头股的地位。另外一只引起达瓦斯注意的股票是通用控制公司。他是在1958年7月注意到这只股票的，当时该股放量突破了底部形态，股价为每股30美元。这个价格水平似乎一直是之前形成突破时的阻力位。8月，该股在形成短期的盘整平台之后重拾升势，达瓦斯试探性地以每股35.25美元的价格买入300股。随着股价的不断攀升，达瓦斯运用金字塔策略买进了更多的股票。他在两个星期后以每股36.5美元的价格买入了1200股。随着这只股票的强势上涨完全实现了达瓦斯最初的预期，他在4天后又以每股40美元的价格买入1500股。此后，该股进行了拆股（1股拆成2股），他的持仓增加到了6000股。那一年，随着市场不断地创下新高，他一直持有着这只强势的龙头股。没有遵循“持有你最赚钱的股票”这一交易法则，是很少有人能在股票市场中赚大钱的主要原因之一。很多投资者总是过早地卖出赚钱的股票，反而持有那些亏损的股票，并且幻想着股价能够反弹。让我们引用杰西·利弗莫尔的至理名言：“在大的趋势中才能赚大钱……赚钱靠的不是思考，而是耐心等待。”

达瓦斯是1958—1959年期间最杰出的股票市场大作手之一，他的坚持不懈、耐心和严格的自律向我们详细展示了一个伟大的股票交易者应该如何控制他的情绪，以及如何在获得巨大收益的过程中去做正确的事情。即使是这样，达瓦斯依然犯了一些严重的错误（我们很快就会看到），但他很快就在这些错误完全失控之前让自己重回正轨。虽然在股市中研究自己的亏损以避免在未来重蹈覆辙尤为重要，但是本书对达瓦斯持有的盈利头寸的实例研究，是每个有抱负的交易者都需要反复研读的，因为这样可以了解如何在市场中赚大钱。至于通用控制公司，在经历了1958年年末和1959年年初令人难以置信的上涨后，达瓦斯继续持有着这一盈利头寸。该股在1959年春迎来了典型的大爆发，其股价在3周的时间内从每股66美元飙升至102美元，成交量也创下了自上涨以来的最高水平。后来，随着聪明的大资金纷纷套现，该股在已经产生了惊人的利润后开始暴跌。从这里我们可以看出，没有永远上涨的股票——这种现象我们在未来还会看到多次。这种由量价关系呈现出来的见顶走势，对于研究过去那些表现最好的股票是如何见顶并开始转跌的人来说，可谓价值连城。对达瓦斯而言，他在观察着股票是否会出现反弹的同时，将设定的止损位提高，从而锁定自己积累起来的大部分利润。随着股价的持续下跌，他在每股86.25—89.75美元的价格区间止盈。虽然这个价格比最高点低了12美元，但仍然让达瓦斯净赚了40.9万美元。

至于前文提到的锡奥科尔化工公司，达瓦斯也在关注着这只龙头股的走势。当你致力于成为一个严谨的市场学生时，多年的研习会提醒你通过观察股票的走势来找到当时真正的龙头股。达瓦斯见证了该股在1957年年底和1958年年初的第一次爆发，但是他并没有采取行动。然而，当该股在1958年上半年盘整，并形成平坦的底部形态时，达瓦斯依然在关注着它——该股反映了当时市场的整体走势。随着市场在7月底开始回升，锡奥科尔化工公司的股价也随之上涨。达瓦斯关注着该股的走势，认为如果该股放量突破每股45美元的箱体（形态），它就有机会成为市场上的大赢家。实际上，该股的股价确实突破了45美元大关，而达瓦斯也在1958年8月尝试性地以每股47.25美元的价格买入200股。此后至8月底，该股走出了典型的“3周紧致形态”（欧奈尔命名）。这种没有实际上涨和下跌走势的平淡行情说明，手握大资金的投资者仍然持有他们当初建仓时候的头寸。锡奥科尔化工公司的股价后来突破了这种形态，达瓦斯趁机在该股起势的时候进场。值得注意的是，他在市场对该股的需求推动该股股价上涨之前一直处于静默状态。他并没有按照自己的想法向前迈出第一步，而是等到该股的走势确定了其实力之后才开始行动。9月2日，达瓦斯以每股49.875美元的价格再次买入1300股。随着成交量的增加，锡奥科尔化工公司的股价很快就涨到了50美元以上。接下来，在9月的第2个星期，锡奥科尔化工公司推出了优先认股权，以红利的形式使股东每股享受同等的权利，即股东可以用12股权利以每股42美元的价格买入该股。股东可以选择行使他们的权利，也可以在美国证券交易所出售这些权利——在规定的时间内。如果股东行使权利，经纪商给他们的价格将是该股当前市值的75%。达瓦斯抓住了这个千载难逢的机会。在经过了一番复杂的交易后，他实际上获得了额外的认股权，并且行使了这些权利。他以平均每股53.5美元的价格卖出了最初买入的1500股，然后用这些收益买入了另外一部分认股权。随后，他在行使这些权利的同时运用特殊的贷款协议，最终获得了6000股锡奥科尔化工公司的股票，总价值350 820美元。到9月中旬，该股从美国证券交易所转到了纽约证券交易所，股价当即飙升8个点。此后，该股持续上涨，在年底前触及100美元大关。当时的市场正处于非常强劲的上涨趋势，锡奥科尔化工公司的股价不断上涨，达瓦斯也成为这波行情的大赢家。他此刻明白了一个道理——坚定持有手中的赢家股，直到市场发出卖出的信号。

由于1958年的市场涨势强劲，达瓦斯正好充分利用积极的市场环境抓住了稳定的股票机会。实际上，道琼斯指数在这一年里上涨了34%。在这期间只有11月下旬出现过一次较大的下探，但是市场很快就收复失地并再创新高。也正是在1958年，曾经在我的第一本书《向最伟大的股票作手学习》中出现的欧奈尔将走进我们的视野。欧奈尔以加利福尼亚州海登斯通公司股票经纪人的身份开始了他的经纪人事业。作为一位有抱负的股票市场大作手，欧奈尔非常重视在业务中做研究，这将使他在未来受益匪浅。20世纪50年代末，他在职业生涯最初的几年里研究市场和其他伟大的交易者，并且犯了很多前人在刚开始参与市场时犯过的错误。

1959年伊始，市场延续了自1958年以来的上涨趋势。道琼斯指数在年初的几周里一路攀升，从580点飙升至600点以上。在这之后，该指数有所回落并迅速回吐了之前的涨幅，到2月9日收于571点。从这时起，市场开始回升，并在6月之前再次进入逐级攀升的形态。虽然每次强势地上涨都会伴随着温和而正常的回调，但是市场在那之后会再次重拾升势。随着成交量的快速放大，市场的投机情绪越来越浓，同时吸引着更多人的关注。很多人开始对大幅上涨的股票价格感到担忧。到1959年4月，道琼斯指数已经从一年多以前的435点附近上涨到了大约635点，涨幅超过45%。股票拆分成为时髦的代名词，这向来是一个迹象，表明市场似乎可能有些失控了。1959年5月，为了给这个狂热市场中的投机情绪降温，保证金要求被提高到了90%。此举让很多人回想起了20世纪20年代，他们不希望那个时代的情景再次重演。随着市场的走强，很多龙头股表现出令人印象深刻的股价上涨。然而，站在1959年年初这个时间点来看，确实有一个积极的因素，那就是收益增长最强劲的公司涨幅最大，这比20世纪20年代末的情况要强得多。

达瓦斯犯了错误

1959年1月，由于在近期的市场中屡战屡胜，达瓦斯在市场处于波动的交易形态时决定进一步扩大战果。他搬到了纽约。此时的他已经被50多万美元的利润冲昏了头脑，过度自信注定会让他付出代价。不再专注且偏离了自己的交易法则的他，开始听信其他人的意见——主要表现为把他在头几次获得大的盈利之前，即在紧张而漫长的训练期间所领悟到的不能做的事情都做了一遍。他在市场1月回调的时候持续进行短线交易，有些时候还试图在短短的几个小时内完成交易。他遭遇了严重的亏损，而且也没有遵循自己的交易法则，做到及时止损。他此前为了完善自己的技能、交易纪律和法则所付出的所有努力都被忽视了。结果，他在短短几周之内就损失了9.6万美元。他遭受了14笔亏损，其中包括：他持有2500股的哈维格工业使他亏损了1.8万美元，持有2000股的莎朗钢铁使他亏损了1.1万美元。不过，达瓦斯终于醒悟了，他发现自己已经放弃了所有当时给他带来首次真正利润的合适的交易工具。他很快做出了改变，随即离开纽约，并且决定重拾让他获得成功的策略。在那段时间里出现了另外一个积极因素，那就是他清仓了一直为他带来利润的锡奥科尔化工公司的头寸。此外，他在那段时间里也没有再买入同样表现出色的通用控制公司的股票。他最终卖出了这只股票，锁定了丰厚的利润。为了在未来不断努力做得更好，研究自己的错误是非常重要的。在这里，我们看到一个交易者（达瓦斯）在经过多年的努力之后终于实现了一直追求的利润。但他变得过度自信了，很多人在得到他们努力争取的结果后都会出现这种情况。然而，达瓦斯意识到了他的错误，并且在他真正为此付出代价之前纠正了这一错误。

当市场在2月和3月持续走高时，达瓦斯重新回到了市场，这一次他要坚守自己的交易法则。他以每股56美元买入1500股通用轮胎橡胶公司的股票，然后在股价上涨到69.5美元时卖出，这笔相当快速的交易让他赚了1.2万美元。后来，他又以500股美国摄影公司的股票赚取了3500美元（71.5美元买入，79美元卖出）。交易产生的积极结果，让达瓦斯恢复了他对自己的交易系统的信心。虽然经历了多次亏损，但是他严格执行止损策略，从而保全了资本。达瓦斯的大部分亏损都控制在接近或者低于2000美元的水平（例如，森科仪器使他亏损了1544美元，里乔德化工公司使他亏损了1024美元，范斯蒂尔公司使他亏损了2295美元，以及菲列得尔菲亚和雷丁公司使他亏损了1088美元，等等）。请注意他是如何控制这些损失的，而不是像前文提到的持有莎朗钢铁和哈维格工业的股票时那样，因为放弃了让自己获得成功的策略而大幅亏损。

当市场维持强势时，锡奥科尔化工公司继续为达瓦斯带来利润。他继续执行自己的止损策略，但是后来为了不在正常的小幅回调期间触发止损指令，他又撤回了这些指令。1959年4月，在股票市场大幅回撤期间，锡奥科尔化工公司进行了拆股（1股拆成3股），即使是这样也没有触发达瓦斯的止损指令。该股随后迅速反弹并且放巨量进入典型的暴力拉升阶段。到5月的第一个星期，锡奥科尔化工公司的股价触及72美元（拆股调整之后）。而当时那一周的成交量放出了54.9万股的巨量，其股价也在一周之内飙升13.25档。一只股票经历了长时间的上涨，然后在放出天量的同时突然爆发——这种情况在很多龙头股最终见顶时都发生过。我们刚刚看到的通用控制公司就是这样，而且随着讨论的深入，我们还会看到更多同样的股票走势。当兴奋的心情在股价冲高的过程中达到巅峰时，就是市场中的聪明投资者开始套现离场之时。回想一下当时的巴鲁克、利弗莫尔和勒布，他们都喜欢在股价上涨的过程中卖出强势股。他们都在自己所处的那个时代亲眼目睹了同样的事情，而这一切如今又再一次发生在强势的龙头股身上。我们以锡奥科尔化工公司的股票为例，纽约证券交易所暂停了该股的所有止损指令。由于此举触发了达瓦斯用来保护其资金的一项主要交易策略，他最终卖出了这只股票。正是这个明智之举，让达瓦斯净赚了86.2万美元，这也是他到当时为止获得的最大一笔盈利。

1959年春，尽管美联储在3月将贴现率提高到了3%，市场仍然继续上涨，达瓦斯也可以将更多的资本投入到这个快速上涨的市场中。他敏锐的眼光让他锁定了当时炙手可热的电子领域里的龙头股——得州仪器公司。该股在1958年经历了股价的快速上涨，而达瓦斯在最初的时候错过了这波行情。随着股价在1959年年初回落，达瓦斯仍然仔细关注着它。1959年4月，得州仪器公司的股价突然再次放量拉升。达瓦斯在4月的第2个星期以每股均价94.375美元首次买入2000股。随着股价持续上涨，他运用金字塔策略以每股均价97.875美元的价格再次买入1500股。当电子类股票引领市场再创新高时，得州仪器公司的股价继续上涨。几天后，达瓦斯再次运用金字塔策略以均价101.875美元加仓2000股。现在，他已经持有5500股这只强势的市场龙头股。到1959年7月6日，得州仪器公司的股价已经飙升至149.5美元，达瓦斯为了最大限度地锁定利润，不断地提高止损位。当他最终全部卖出这只股票时，他又一次赚得盆满钵满。

专家告诉你该怎么做

1959年5月初，达瓦斯开始建仓4只他一直关注的龙头股。这4只股票分别是：仙力广播公司、贝克曼仪器公司、仙童相机公司和利顿工业公司。他在建仓之后就会以低于买入价10%的价格为每只股票设置止损位。5月18日，当股价回落并触及10%的亏损条件时，他清仓了贝克曼仪器公司的股票。第二天，利顿工业公司的股价从达瓦斯建仓的112美元下跌到106.25美元。虽然股价没有触及达瓦斯的止损点，但他认为这只股票的走势不符合自己的预期，于是在亏损5%的情况下就清仓了所有的股票。随着时间的推移，这被证明是投资者需要掌握的另一项重要技能——当事情看起来不太对劲时，你要相信自己的判断，然后将亏损控制在比当初的策略所允许的更小范围之内。在清仓了这两只股票之后，达瓦斯将资金转移到另外两只走势良好的股票上。此后，他运用金字塔策略，在最初建仓的500股基础之上，又在123.25美元至127美元的价格区间买入了4000股仙童相机公司的股票。在这之后，他又在最初买入的仙力广播公司仓位的基础上，在99.75美元至107.5美元的价格区间加仓了5000股。这两只股票让他在1958年和1959年年初的牛市中大赚了数百万美元。这种经典的股票交易技巧是从来不能在教科书中或者课堂里学到的。达瓦斯仅仅通过这4笔交易，就可以教会人们很多关于股票市场的知识。他与强势的市场保持同步，买入了4家基本面强劲的龙头股的股票，这些股票的股价最初都处于涨势。随后，他开始持有少量头寸，以检验自己的投资。为了控制自己的情绪并限制风险，他制定了严格的止损策略。达瓦斯坦然地接受了他的第一次亏损，然后将第二次亏损的规模控制在更小的范围内，并没有因此而生气或者心存翻盘的侥幸。此外，他还经历了历史上最好的交易者都经历过的平均50%的盈亏比。不同之处在于，最好的交易者会将亏损控制在很小的范围内，而让赢家股继续奔跑。后来，达瓦斯拿出可支配的资金，投入到另外两只股价持续上涨的股票中。运用金字塔策略投资龙头股是获得巨额利润的关键。他继续持有这两只股票，直到市场发出了卖出信号或者遇到非卖不可的情况才会抛售。传奇交易者就是这样赚取亿万的。

1959年5月底，《时代》（*Time*）杂志在其商业版面刊登了一篇题为《白送钱》（Pas de Dough）的报道，内容与尼古拉斯·达瓦斯以及他在两年前赚取的惊人利润有关。这篇报道引起了人们极大的兴趣，同时也引起了出版商的注意。在《时代》杂志刊登的这篇文章中，达瓦斯总结了很多与市场积极的一面保持同步的交易策略。他还提到，他做决策的主要资料来自对《巴伦周刊》（*Baron's*）的股票列表的研究（有传言称，在这篇报道刊登和达瓦斯的著作出版以后，《巴伦周刊》的订阅量翻了一番）。而且，他的研究策略的重点在于每两周重读一遍他的“圣经”——杰拉尔德·勒布出版的经典著作《投资生存之战》。他这样做的目的是保持自律，永不言弃，并保持对手头任务的绝对专注。我们在此看到的是一位成功的大作手向另一位最优秀的大作手学习，他不断地提醒自己，在活跃于市场的同时，要以适当和自律的方式行事。达瓦斯依靠勒布的成功经验帮助自己也取得了成功。这种向之前的伟大交易者不断学习的过程，让下一个伟大交易者的时代得到延续。利弗莫尔和巴鲁克彼此相识，基于市场有着相同的交易法则。勒布从巴鲁克那里学到，一个人要永远研究事实，而不是以这样或那样的方式产生偏见。随着达瓦斯反复研读勒布的著作以保持专注，他又从中获得了不少经验。欧奈尔也以勒布、利弗莫尔和德雷福斯为榜样。我们将在稍后的内容中提到的吉姆·罗佩尔，就是新一代伟大的交易者之一，他跟随欧奈尔和其他所有将在本书中介绍或者提及的伟大交易者的做法。只有向最出色的人学习才能够帮助一个人前进。

就在基本面强劲的龙头股持续上涨并引领市场时，市场上开始出现了一种令人不安的趋势。随着时间的推移，很多新股发行上市，试图利用有利的市场环境分一杯羹。这些新上市的股票大多集中在热门的新电子领域，并冠以“电子”股票的名称。很多公司既没有收益也没有过往的发展经历，但是这些似乎并不重要。由于当时发行的电子股具有很强的投机性，这些股票的股价在上市时会飙升。这与20世纪90年代末和2000年年初发生的情况简直如出一辙，当时任何名字中带有“.com”字样的公司都可以上市——历史就是这样在不断地重演。1959年，这些新上市的电子类股票中有几家有幸实现了盈利。在当时疯狂的市场中，它们的市盈率迅速增加到100—200倍的水平。也有一些试图多元化地进入电子领域的老牌企业，例如一家名为“法灵顿制造”的小型信用卡公司（同时也生产手提包）。此前这家公司一直在亏损，但现在公司正试图向市场推出一款新的电子设备。对产品的大肆宣传及其与电子领域的联系推动着股价迅速走高。此后，该股进行了拆股（1股拆成4股），其经过调整之后的股价定格在57.5美元。当这些新发行的小公司股票的炒作热潮消退之后，法灵顿制造的股价一路下跌到了不足2美元。当时像这样的案例可谓比比皆是。杰克·德雷福斯曾经对炒作这些股票的狂热现象进行了评论，并且针对1959年夏天的新股泛滥问题发出过警告。

截至8月，市场当年已经上涨了将近18%，很多人都预测市场将创出历史新高。就像我们已经多次看到的那样，似乎每当市场向上突破时，人类的心理总会导致他们重复做出同样的行为。1959年夏末，一场声势浩大的钢铁工人罢工冲击了市场，而多只龙头股则已经开始走弱，这再次预示着市场可能会发生什么。从8月初到9月下旬，市场进入了快速回调模式，道琼斯指数下跌了10%。但是潜在的力量再次回到了市场，在接下来的3个月里，道琼斯指数收复了之前10%的跌幅，并且在这一年，也是这个十年即将结束的时候，以接近1959年夏天开始调整时的点位收官。道琼斯指数在这一年上涨了16%，它已经连续两年强劲上涨。此外，

1959年的成交量也显著增加，日均成交量超过300万股，为1929年以来首次。当然，随着市场的走强，大盘的市盈率也在上升，从1950年的大约6.6倍飙升至1959年的17倍。股息收益率也从1950年的6.5%下降到1959年的3.25%。股价上涨总会导致更高的市盈率和更低的股息收益率。

20世纪50年代是进入股票市场寻找机会的黄金年代。在这十年中，只有1953年和1957年是因为经历了衰退而亏损的年份。新的创新被引入市场，从而给投资者提供了巨大的赚钱机会。杰克·德雷福斯和尼古拉斯·达瓦斯的经历再次证明，与市场趋势保持同步并采取成功的策略，可以获得远远超过市场平均水平的利润。

第七章

“超级”牛市为研究历史的人带来利润

（1960—1969）

杰克·德雷福斯跟踪股价历史
走势图收获巨大利润

市场在进入20世纪60年代后并没有延续50年代末的走势。对居高不下的失业率和股价普遍处于高位的持续担忧让市场承压。市场在2月出现了抛售，到2月底，道琼斯指数在新十年伊始的前两个月里下跌了将近50点，收于620点附近。2月29日，市场再次放量下跌，两周后，道琼斯指数已跌至609点。到3月的第一个星期结束时，道琼斯指数并没有停止下跌的步伐，直接跌破600点大关。正如我们一直所看到的那样，市场总是预示着未来，那年4月，经济衰退开始了。市场在4月和5月经历了宽幅震荡。到5月底，市场似乎稳定了下来，然后进入观望期。此后，市场

图7-1　道琼斯工业平均指数（1960—1969年）

来源：www.thechartstore.com.

在6月初连续4天大幅上涨，带来了非常强劲的收益。这是到当时为止力度最大的反弹之一，道琼斯指数再次站上650点大关。看起来强势的上升趋势才刚刚开始，但是这一切并没有持续太久，市场在第4天之后就开始回落。由于市场无法再触及之前反弹达到的高点，并且在此后开始逐步回落，精明的交易者获得了一个强烈的警示信号——继续推动市场走强的做多力量显然是不可持续的。到7月的最后一周，道琼斯指数一路回落至600点以下。从5月2日的596点涨到6月9日的663点（上涨11%），然后又回落至7月25日的597点（下跌10%），这种在没有任何明显趋势下的大幅波动让交易者无所适从。很多伟大的交易者对这种反复震荡的行情感到沮丧，纷纷决定离场，直到出现明显趋势的时候再进场。请记住，正如我们之前多次看到的，最优秀的交易者认为最安全的方法就是完全退出市场。他们利用这段空闲的时间加强自身的学习以及观察技能。

道琼斯指数进入8月以后继续着震荡的行情，并于8月24日回升至645点。此后，它又以同样快的速度回落，跌破600点大关。到9月底，道琼斯指数收于565点。经济放缓和其他不确定因素（尤其是俄罗斯）让市场承受着巨大的压力，市场依旧没有足够强大的做多动能来维持这些短暂的反弹行情。只要市场的上升势头稍有起色，做空的力量就会马上压低市场。这是一个充满挑战的市场，也再次验证了勒布一直将市场描述为“战斗”的观点。发生在1960年的这波行情显然是一场牛熊之战。到9月底，黄金股保持上涨，而其他的大部分股票都在下跌，整个市场都在担忧通货膨胀的问题。我们看到这种可重复的走势形态再次出现，如果有人记得以前的历史，将会获得一个有利可图的好机会。首先出现的热点是约翰·F. 肯尼迪竞选总统。他提出让一个更加强大的政府推动经济再次起航。他在竞选中宣称，5%的美国GDP增长率是可以实现的，也是可持续的。在此之前的8年里，美国GDP的年均增长率是2.5%左右。这位年轻而有进取心的总统候选人认为，让美国的生产和产出翻一番是可能的。市场随即开始从底部反弹，到年底的时候，道琼斯指数险守

600点大关，全年下跌9%，结束了20世纪50年代末持续两年的强势上涨趋势。

欧奈尔初露锋芒

同样是在1960年，为了能够在市场中小试牛刀并取得成功，年轻的威廉·J. 欧奈尔正在刻苦学习，就像在他之前出现的很多伟大交易者那样。当时的欧奈尔作为海登斯通公司的一位年轻经纪人，在没有充足的资金且依旧犯着很多低级错误的情况下，开始研究德雷福斯基金。他发现，在20世纪50年代中后期的上涨行情中，这只基金的业绩要明显优于其他所有的基金。1960年1月，欧奈尔对于在市场中取得成功这件事充满了兴趣、激情和渴望，他索取了德雷福斯基金1957—1959年期间的每一份季度报告和招股说明书。我们在前文中提到，杰克·德雷福斯管理着这只基金，并且获得了比其他所有基金都高的回报。欧奈尔想知道德雷福斯是如何做到这一切的。这是一项细致入微的工作，欧奈尔研究了德雷福斯在1957—1959年市场表现强劲期间的100多笔买入交易。然后，欧奈尔根据报告中的平均买入价格，在图表中标注了德雷福斯在每个季度买入的每只股票，以此来确定每只股票的买入时机和买入价格。欧奈尔的发现改变了他对股票市场的看法，并由此创建了他大获成功的CAN SLIM投资法。他还发现，德雷福斯只有在一只股票突破特定的底部形态并触及新高的情况下才会建立新的头寸。这些都不是偶然发生的，而是发生在欧奈尔研究的100多只股票的每一只中。还记得德雷福斯说过的话吗？“……我只是看到相同的形态在反复出现。”显然，当德雷福斯看到这些龙头股突破时，他也会采取行动并加入其中。此外，达瓦斯也运用了一种相似的策略，他只会买入那些突破箱体（根据他的箱体理论）并放量创出新高的股票。他看到的股票可能很多都与德雷福斯将要买入的股票相同。德雷福斯是根据价格走势、成交量和强劲的基本面来买入股票的。

基于自己的研究，欧奈尔现在开始专注于特定的图表形态，并且只有在股票突破这些形态并创出新高时才会买入。也就是说，在市场对这些股票的需求刚刚开始并逐步增加的情况下买入。欧奈尔开始运用他的新策略，在1960年2月买入了第一只股票——环球通用。该股在短短3个月的时间里翻了一番。由于资金和仓位有限，欧奈尔没有赚到太多的利润，于是很快就把它卖掉了。1960年下半年，他还买入了少量宝洁、雷诺烟草公司和米高梅的股票。这些股票即使在动荡的市场行情中也为他带来了丰厚的利润。几乎在同一时间，欧奈尔被哈佛商学院的第一个管理发展项目（PMD）录取。在哈佛大学研学期间，欧奈尔坚持研究市场和伟大的交易者，他通过杰西·利弗莫尔所著的《股票大作手操盘术》（*How to Trade in Stocks*）了解到，金字塔策略是在市场中获得巨大收益的关键。此后，他开始将这一策略运用在他持有的最强势的股票上面。同年，尼古拉斯·达瓦斯的著作《我如何从股市赚了200万》出版，该书一经出版就大获成功，仅在前8周就销售了20多万册，到1964年，该书的销量突破40万册。这本书时至今日都在热卖，并多次再版。这是关于股票市场最鼓舞人心的著作之一，书中展示了达瓦斯的毅力和永不放弃的意志。该书还详细介绍了让他获得成功的箱体理论和技术分析——基本面分析法。我在此强烈推荐所有决定投身股票市场的交易者阅读这本书。

久经沙场的专业人士看到了趋势的变化

尽管失业率居高不下，经济仍处于衰退之中，但随着新总统入主白宫，美国的乐观情绪再度燃起，市场在1961年年初便开始飙升。投资者和市场似乎已经把1960年年底的动荡行情抛在了脑后，而把注意力放在了他们认为前景光明的未来上。肯尼迪正在谈论通过税收优惠来刺激经济增长，而共同基金的规模仍在快速增长，这为市场提供了强有力的做多动能。杰拉尔德·勒布此时表现得非常乐观。他指出，在跟踪市场走势时，一些龙头股具有非常强劲的基本面，而且大部分市场上涨的交易日都会伴随着成交量的放大。他还认为，（过去一年的）价格新高和价格新低之间的关系是市场强弱的明确指标。在1961年的早些时候，他注意到市场创出新高的天数要比创出新低的天数多得多。例如，就在他宣布市场时机已经成熟，可以对其持乐观态度的那天，市场创出新高的股票有193只，而创出新低的股票只有33只。欧奈尔也更有信心了，因为他已经获得了少量的收益，而且他还在开发和遵循一种产生正收益的市场交易策略。1961年年初，随着市场持续上涨，欧奈尔挑选出的最佳大牛股是：大西部金融、皇冠柯克-西尔公司、克尔-麦吉公司、宾士域集团和瑟登帝。

2月，随着商业开始复苏，经济衰退即将正式结束。市场也对此做出了相同的回应，并以牛市典型的阶梯式上涨一路向上。股价的强势上涨势必会遭遇阻力以及短暂的回调。这在市场上涨期间是非常普遍的现象，这波行情从1961年1月一直持续到5月。然而，在1961年上半年，有一个令人不安的细节开始引起人们的注意，那就是很多没有盈利且缺少强劲基本面支撑的小股票价格也开始飙涨。这种情况通常发生在市场开始让所有人为之疯狂的时期。正如我们过去所看到的那样，谨慎似乎被抛在了一边。在参与未来的市场方面，这对不少交易者来说都是一个非常好的教训，因为我们将看到相同的情况在未来反复出现。由于（投资者的）很多行为会不断重演，了解历史在市场中是如何发挥作用的，是一件非常有价值的事。

在市场继续走高的同时，更多的低价电子股和表现较弱的行业个股（如自动售货机和储蓄贷款类个股）出现了强势的上涨。从1960年年底到1961年年初，市场中新出现了很多低价股，这些股票在上市的第一天通常会上涨20%—50%。这看起来有点像20世纪90年代末和21世纪初的互联网股票的走势。实际上，在1961年新发行的股票中，有70%来自从未向公众发行过证券的公司。这些毫无亮点的股票助长了一场纯粹的投机狂潮，并开始成为华尔街的新宠，它们中的许多在美国证券交易所和场外市场上市。当然，其中也有一些例外。例如，数据控制公司于1958年以每股1美元的价格上市，然后在不到3年的时间里就上涨到了每股120美元。虽然看似上涨过快，但该公司在热门的技术领域拥有一款很棒的产品，市场对该产品有着强烈的需求，从而使公司获益——公司的收入和利润都增加了。除了数据控制公司，当时还有很多大型的、更成熟的且利润非常高的公司，例如IBM、宝丽来和施乐公司。不过，更令人担忧的是这些投机性更强的小股票，因为它们的上涨似乎更多地是基于对未来发展的承诺，而不是已实现的利润。例如，妈妈甜点（5周内上涨63%）、Nytronics（不到1个月上涨180%）、布里斯托尔动力（3周内上涨157%）和帕卡德仪器公司（仅10天就上涨了118%）。

到1961年5月，对低价股的投机行为仍在升温。甚至是入侵古巴失败似乎也没有让市场放缓脚步。此时，很多人都对市场感到兴奋，市场似乎成为每个人的主要话题。市场从1960年10月底开始反弹，随后在1961年5月底攀升至714点。指数在不到7个月的时间里大涨了26%。当时已经91岁高龄的伯纳德·巴鲁克甚至评论说，这看起来与他之前经历过的其他疯狂的投机时期非常相似。作为经验丰富的股票市场大作手，巴鲁克用自己对先前股市周期的了解，告诉其他人将会发生什么。这位有史以来最伟大的股票市场大作手之一在其职业生涯的暮年再次对市场做出了正确的判断，如果当时人们都听从了他的建议，那该是多么明智啊。

当欧奈尔的账户正在实现盈利时，他运用了自己新创建的金字塔交易策略——这是他从利弗莫尔的书中学到的，这个策略在强势的市场中非常有效，就像利弗莫尔当年多次使用时那样。但是当时的欧奈尔还很年轻，缺少经验，特别是在1961年年初这样一个快速变化的市场环境中。例如，当他在20美元出头的低点买入瑟登帝的股票时，虽然他的做多策略是正确的，但他犯了一个错误——他在股票出现正常回撤的时候被吓了出来，很快就卖出了手里的头寸。他快速实现了2—3个点的盈利，但事实证明他卖得太早了。这只股票后来上涨了3倍。它首先在两周的时间里上涨了20%，最终在5周的时间里飙升了100%，然后形成了一个典型的高位紧致旗形形态，并且在接下来的12个月内暴涨了482%，就像达瓦斯在20世纪50年代末抓住的E. L. 布鲁斯那样。这是利弗莫尔和德雷福斯曾经发现的另外一个交易知识——相同的股票形态会反复出现。

欧奈尔找到了获得成功的关键市场法则

欧奈尔早期犯的另外一个错误是他没有专注于整个市场的走势。到1961年夏天，他持仓的很多股票见顶后开始下跌，但是他始终没有掌握好卖出的时机。市场在6月和7月的跌幅已经吞没了之前所有的涨幅。欧奈尔最终把这些头寸在上半年积累的利润全部回吐给了市场。他因此变得非常沮丧，在这一年剩余的时间里，他复盘了自己所做的每一笔交易，并且分析了那些与市场走势相悖的交易。也就是在这个时候，欧奈尔发现首先研究市场的总体趋势，然后跟随市场是多么重要。此外，他还发现自己只掌握了一些对他来说比较有用的买入法则，而没有制定任何卖出法则。由于没有适当的卖出法则，他知道自己所做的一切只能是原地踏步，永远不会取得任何真正的进步。他当时制定的一个卖出法则是，如果一只龙头股突破合理的底部形态后在前3周内上涨了20%或更多，则继续持有。他后来发现，这些股票通常能够成为市场的最大赢家。他实施的另一个重要的卖出法则是，当市场开始下跌并出现重大调整时，一定要卖出股票以锁定利润，因为他发现，当市场下跌时，即使是表现最好的龙头股也会暴跌。在之前的市场周期中，我们发现当市场见顶时，这种情况已经发生了很多次。欧奈尔对之前的龙头股的持续研究提醒他，为了锁定并防止回吐利润，他需要制定经得住时间考验的策略，因此，他在后来的模型中加入了更多的卖出法则。另外，他对市场历史的细致研究将会帮助他在今后市场见顶或见底时准确发现关键的转折点。与此同时，他还发现市场的周期活动会随着时间的推移不断重复。我们将在后面的章节中看到更多这样的例子。

1961年7月下旬，股市大幅走高，而且在经历了前几个月的波动之后，涨势似乎还会延续。不过，杰拉尔德·勒布根据他在市场周期如何运行这方面的丰富经验指出，现在可能更适合做一些短线交易。他知道，如果没有一个明确的趋势，那么市场环境将会更加复杂。事实证明，他的观点是完全正确的。市场在8月到年底的这段时间里大起大落，然后在12月趋于平稳。很多龙头股在年底时走势疲软，其中大部分都远低于早些时候的高点，而且很多价格较低的投机性股票甚至离高点更远。股市在1961年上涨19%，只不过大部分的涨幅都是在上半年实现的。

1962年年初，市场似乎延续了前一年的下跌走势。很多共同基金在新年伊始拥有了流动性头寸，但是它们并没有买入的意愿。它们的策略似乎是筹集更多的现金。道琼斯指数在当年以734点开盘，但在月中跌破700点大关，月底下探至686点。当时有很多的外部影响可能会引起投资者的担忧。为了抑制价格上涨，肯尼迪政府出手干预钢铁行业，从而导致了紧张的情绪。美国证券交易委员会正在调查共同基金的行为以及纽约证券交易所。资本支出持续下降。尽管肯尼迪政府很好地控制了通货膨胀，但失业率仍然超过5%，阻碍了经济增长。

尼古拉斯·达瓦斯自1961年5月以来一直用少量的资金活跃在市场中。虽然他在市场中赚了几百万美元，在《时代》杂志上发表了一篇专题报道，又出版了一本关于市场的畅销书，但他在这个动荡的市场中还是遇到了困难。这种情况告诉我们，在充满挑战的市场中，一个人需要始终处于持续学习的状态。不过，达瓦斯确实将他的损失控制在很小的范围内，他在完善自己的交易法则之后总能做到这样。他对市场——以及市场中没有出现新的好机会这一事实非常沮丧，于是他退出了当时的市场交易。换句话说，是他的交易法则迫使他退出了市场。达瓦斯和勒布一样，不愿意做空股票。达瓦斯的交易体系是以在市场处于上升趋势时做多龙头股为基础的。1962年年初，他对时机的把握可谓恰到好处，因为市场在1月的第一个星期就已经触及了全年的最高点。市场没有强大的做多动能来推动龙头股的股价再创新高——这是市场在距离下跌很久之前就已经发出重要信号的一个例子。随着市场的持续走弱，我们看到一位经验丰富的股票市场大作手在观察和倾听着市场的动向，然后采取适当的行动，而不是依赖其他人甚至是自己的意见。这种基于客观事实的做法使他能够安全地持有现金，并且在市场条件尚未成熟的时候保全自己的资本。耐心是杰出的股票市场大作手具备的另外一项关键的技能和特征。

1962年年初，欧奈尔再度重返市场并积极参与其中。4月1日，欧奈尔在不知道市场即将出现重大调整的情况下，根据他新制定的“卖出法则”清空了手中的全部头寸。他没有质疑他的新法则，只是跟随它进行交易，而这个法则反过来又反映着市场正在发生的事情。这是达瓦斯在当时所做的，也是他和杰克·德雷福斯在1957年市场周期进入调整之前所做的。我们在图7-1中可以清楚地看到，当市场在1962年开始下跌时，欧奈尔手握全部的现金。这意味着在市场中坚持学习是多么的重要。回想一下，1961年下半年，他一直在研究自己曾经犯过的错误，然后执行那些新的卖出法则。如果他只是对这些错误置之不理，而不是从中汲取教训，那么他肯定会在1962年的春夏行情中再次铩羽而归。

欧奈尔的持续研究带来巨大收益

欧奈尔那时刚刚读完埃德温·勒菲弗的《股票大作手回忆录》，这足以说明他在当时是一个多么精明的年轻交易者。这部经典作品出版于1923年，但实际上在20世纪60年代初就已经绝版了。欧奈尔不得不花50美元将这本描述杰西·利弗莫尔生平的投资经典收入囊中。正如我在前言部分提到的，这是另一个伟大的股票交易者从历史中获得经验并在当前的市场中获利的例子。对欧奈尔来说，1962年春天的市场行情与1907年惊人地相似，而在1907年，由于此前上涨趋势中的很多龙头股见顶后开始下跌，而且期间没有出现反弹，利弗莫尔依靠做空市场大获成功。

几个月来，很多走势岌岌可危的龙头股再也没有重拾涨势，而是开始下跌。此时的市场显然已经开始走弱，欧奈尔将参照历史和来自最成功的交易者之一的经验，从当时的行情中获利。接下来，随着瑟登帝跟随市场走弱，他开始做空这只在上涨趋势中表现最强的龙头股。实际上，海登斯通公司在该股股价下跌的过程中还向其客户推荐了它，受雇于这家公司的欧奈尔却因为用自己的账户做空它而遭到批评。这种在股票发生变化时改变交易方向的灵活性是杰拉尔德·勒布获得成功的最主要原因之一。得益于灵活地改变交易方向（对他来说就是卖出和套现），勒布得以保住很多利润。与此同时，欧奈尔还在做空Alside。几个月后，他又以每股略高于40美元的价格做空了柯维特。他在这些卖空交易中赚得盆满钵满。由于正处于明显的下跌趋势，市场在后来的夏季和初秋都难以维持任何的上涨行情。

1962年春末，市场真正崩溃了。但是请记住，一些成功的交易者早在5月底之前就看到了警告信号。由于达瓦斯的交易系统发出了没有交易机会的信号，厌恶任何亏损的他早在整整4个月前就退出了市场。欧奈尔在5月下旬，也就是股市暴跌的6周以前，就已经全身而退，手握全部的现金。在此前的几十年里，我们看到利弗莫尔、巴鲁克和勒布在1929年股灾发生前几个月基本上都退出了市场。而德雷福斯和达瓦斯也早在1957年股市崩盘之前就已经远离了市场。所有这些例子的出现都是因为伟大的交易者从当时的龙头股身上得到了线索，然后采取了适当的行动。我们再来看看1962年5月下旬道琼斯指数的走势，当时达瓦斯持有现金，欧奈尔则套现了他的多头头寸，并持有几家之前领涨股市，但在当时领跌的龙头股的空头头寸：

> 5月21日星期一。道琼斯指数小幅下跌，成交量萎缩。
>
> 5月22日星期二。股市放量下跌12.25点（一年多以来的最大跌幅）。随着下跌的加剧（市场在最后半小时里成交了100多万

股），成交量放大。黄金股开始上涨。

5月23日星期三。道琼斯指数下跌9.82点，报收于626点（创16个月以来新低）。成交量飙升至540万股。龙头股IBM和施乐公司分别在19.75美元和10美元附近遭遇抛售。市场中有460只股票创出52周新低，5只股票创出新高。

5月24日星期四。道琼斯指数早盘上涨，随后回落，至收盘时继续走低。

5月25日星期五。道琼斯指数下跌10.68点，跌幅4.2%，成交量640万股。当天有695只股票创出新低。道琼斯指数当周下跌38.82点，为1929年以来表现最差的一周。IBM的股价一周下跌53个档位。行情报价系统因为成交量延迟了半个小时。

5月28日星期一。道琼斯指数加速下跌近35点，跌幅将近6%。成交量大幅激增，超过900万股，为1933年以来首次。行情报价系统同样受到延迟的影响。

5月29日星期二。市场放量低开（下跌2%），但是随着共同基金在当天晚些时候的介入发生逆转。道琼斯指数收复了前一个交易日的大部分失地，收盘时上涨4.7%，成交量达到1470万股，为1929年10月以来最高。

最终，市场在5月29日晚些时候进场做多的共同基金的介入下，才减缓了1962年的恐慌情绪。由于当年的保证金要求已经上调至80%，追缴保证金通知的数量并没有大幅上升。此外，企业的利润继续保持相对强势，很多共同基金经理愿意以他们认为便宜的价格买入曾经的成长股。1958—1961年，尽管美国的GDP增长了20%，但是企业的利润只增长了3.3%。道琼斯指数在1961年12月至1962年5月间下跌了25%，无论造成下跌的原因是什么，那些关注龙头股和整体市场走势的人——就像书中提到的一些大作手一样——本可以让他们的投资组合避免遭受严重的亏损——特别是那些持有大量新发行的热门小市值股票的人，因为这类股票有一些的跌幅超过了90%，而且再也没有回到当初的水平。

欧奈尔在1962年学到的另外一个重要经验，就是永远记住伯纳德·巴鲁克经常被引用的一句话，“……如果一个人能够有意识地在他犯错误的地方及时止损，那么即使10次中只有3次或者4次是正确的，他也能够积累一笔财富”。1961年年底，在道琼斯指数下跌29%的情况下，欧奈尔管理的一个账户实际上还在盈利。他是怎么做到的？他当年用那个账户买入的股票只有三分之一是盈利的。但是由于牢记巴鲁克所说的那句话，欧奈尔在一个充满危险的市场中限制了自己的亏损，他在33%的股票中获得的利润是他在亏损头寸上平均损失的两倍。当市场大幅下跌时，自律是可以带来收益的，这就是坚持严格的止损策略并实现整体盈利的另一个例子。

1962年6月的行情也没有什么改观，道琼斯指数继续下跌。市场在6月25日触及524点的低位。道琼斯指数在短短6个月的时间里下跌了29%。如果没有有效避开这几次的大跌，那么投资组合和交易者的信心就会受到严重的打击，因为当出现重要的调整时，很多股票的跌幅会超过平均水平。在接下来的两个月里，市场在短暂的反弹中上涨了近100点，但是这波上涨行情却没有持续下去，市场仅在9月就回调了9%。到了10月，欧奈尔再次全部持有现金，从而保全了他的资本。在此之前，波动的市场中并没有出现新的买入标的，欧奈尔的卖出法则迫使他卖出了所有的股票。10月，肯尼迪总统要求苏联从古巴撤出导弹。鉴于冷战似乎开始向对美国有利的方向倾斜，古巴导弹危机的结束增强了人们对美国的信心。市场很快就在一个典型的进场日（市场量价齐升）跳空高开，而欧奈尔就在那里观察着市场的一举一动。当市场确认趋势发生反转，且股价突破底部形态创出新高的时候，欧奈尔很快就以每股58美元的价格买入了克莱斯勒的股票。这后来成为他的一只大赢家股。杰拉尔德·勒布也表现出色，他注意到1962年年底的反弹是由更多投资级别的股票主导的，而不是之前提到的、引起巴鲁克担忧的小盘投机股。勒布因此充满信心，他相信这种新的趋势可能会在最初表现得非常强劲，因为市场正在由蓝筹股转向铁路等基本面更加优秀的龙头股。勒布在研究1929年至1962年的共同点和差异时还发现，1962年市场下跌以后，大多数企业的盈利能力和股息仍在增长，而1929年大多数企业的利润和股息在市场崩盘后迅速下降。

市场在1962年的最后两个月里实际上回升了100多点，到年底时收于643点。11月15日，肯尼迪总统宣布将实施减税政策，从而推高了股价。尽管市场强势收官，道琼斯指数全年仍累计下跌11%。由于道琼斯指数全年在525点到735点之间波动，这一年注定将成为该指数价差最大的年份之一。进入1963年，市场在1962年收官的基础上开始走高，形成了一波新的上升趋势，并再创新高。随着市场在来自传统和成熟行业的股票的带领下走高，一些成长股也屡创新高。这些盈利能力更强、更加成熟的公司再次夯实了市场强势的基础。其他表现强势的股票来自消费行业。那一年，美国银行推出了维萨信用卡，从而提升了消费者的购买力，消费金融也因此一发而不可收。在市场的这波上升趋势中，欧奈尔坚定地实施和测试了他新创建的交易法则，并收获了巨大的利润。引领市场不断走高的一个行业是航空业，随着喷气式飞机订单的不断增加，波音公司从中获益匪浅，在1963年及接下来的几年里都是市场上最强势的龙头股之一。另外一家为飞机提供专用卫生间的公司莫纳格莱姆工业，从航空公司日益增长的需求中获益，也成为那一年的大赢家。1963年，莫纳格莱姆工业的收益增长了200%，股价更是飙升了1000%。上半年，市场的上升趋势仅在2月底出现了一次回调。其他正在走强的行业是周期性行业和实现复苏的行业。市场通常需要若干个行业的强势上涨才会形成非常强劲的上升趋势。

欧奈尔大获全胜

市场在3月底到5月初期间稳步上涨。作为海登斯通公司的股票经纪人，欧奈尔不仅在自己的账户上表现得非常活跃，而且还积极运用他的交易法则为其他人管理账户。随着市场在6月趋于平稳，欧奈尔持续关注先达公司的股票。这家公司推出的一款新避孕药引起了市场的极大兴趣，这款产品在满足市场需求的同时，又推动了收入和利润的大幅增长，股价也随之加速上涨。到了6月，先达公司的股价已经在短短两个月的时间里上涨了104%。欧奈尔虽然错过了第一次机会，但是他一直在关注着这只股票，就像达瓦斯在20世纪50年代末关注罗瑞拉德的股票那样。如前所述，当市场在6月趋于平稳时，先达公司的股票也出现了相同的走势。在经历了快速的拉升之后，它需要时间来巩固之前的上升趋势。实际上，先达公司的股票正在形成一种新的高位紧致旗形形态。因为欧奈尔对股票走势图进行了深入的研究，而他在之前的两只龙头股身上也看到过相同的形态，所以他认为这种情况有可能会再次发生，进而给他提供机会。先达公司当时的走势几乎和这两只股票如出一辙：曾经为达瓦斯带来丰厚回报的E. L. 布鲁斯，以及欧奈尔在早些时候错过了其最大涨幅的瑟登帝。我们再次看到，研究之前的龙头股及其股价走势图是多么的重要，它们纯粹地反映了市场中的价格供需关系的走势。欧奈尔还从他对杰克·德雷福斯的研究中了解到，相同类型的图表形态会重复出现。1963年6月，就在该股突破当前的高位紧致旗形形态再创新高时，欧奈尔用他在前一年10月市场见底时买入克莱斯勒所获得的利润买入该股。他买入先达公司的价格是每股100美元，当时的市盈率是45倍，而该股的股价已经在过去两个月的时间里翻了一番。这笔交易看起来似乎太疯狂了。此外，市场在继续上涨方面受阻，并在7月出现了当年的第二次回调。然而，欧奈尔看到了这只股票强大的实力及其稳健的盈利增长能力。人们对其新产品的兴奋和需求进一步推高了该股的股价，从欧奈尔开始买入的那个时点计算，该股的股价在8周之内上涨了40%。在接下来的6个月里，他开始抛售股票，并且在接近顶点的570美元抛掉了所有股票。先达公司的股价在6个月的时间里飙涨了470%，其盈利也增长了300%。与此同时，市场在7月的回调之后开始反弹，并在年底前大幅上涨，最终录得17%的涨幅。

即使肯尼迪总统遇刺也没有阻止市场上涨的步伐。1963年11月22日星期五，当肯尼迪总统不幸去世的消息公布时，市场下跌了20多点，有超过220万股的股票在25分钟内易手。随后，市场于当天下午2点提前关闭。11月25日星期一，出于对肯尼迪总统的尊重，市场关闭。到了11月26日星期二，随着新任命的约翰逊总统上任，公众的情绪虽然有些不安，但是市场大涨32点，涨幅4.5%，重拾上涨动力。

1963年，欧奈尔在这个运行良好的市场中坚定地执行他的交易法则，收益颇丰。他管理的多个账户全年上涨百分之几百，其中表现最差的账户也上涨了115%。虽然欧奈尔的收益率十分惊人，但是他清楚地知道自己就是个普通人，也会犯错误。他在这一年里同样遭受了很多次亏损，但是他将损失控制在5%—6%之间。他回忆了杰西·利弗莫尔从自己的经历中学到的东西，以及其他交易者发现的交易法则——当你做出正确的决策时，要将正确的优势发挥到极致，当你做出错误的决策时，要严格地将损失控制在最小的范围内。我们在这里看到的是一个仍然非常年轻的股票市场大作手，他从未偏离经过时间检验的交易法则，从始至终地保持自律和冷静。他由此得到了回报——他的个人账户在18个月里从5000美元涨到了20万美元。他充分利用保证金，通过3笔盈利强劲的交易实现了资本的增长，从而成为纽约证券交易所历史上最年轻的买下交易席位的人之一。1962年10月，欧奈尔做空柯维特，并在市场底部做多克莱斯勒，然后又在1963年6—12月期间做多先达公司，这些操作对于一位真正伟大的股票市场大作手来说只是成功的开始。欧奈尔离开了海登斯通公司，开始自己创业，就像巴鲁克和威科夫在经历了第一次成功之后所做的那样。第二年，也就是1964年，欧奈尔成立了威廉·欧奈尔公司，也就是从那时起，他决定对股市走势进行深入分析。欧奈尔买了一台IBM大型计算机，雇用了几名工程师，然后开始着手建立第一个每日股票数据库。

杰克·德雷福斯在这段时间里也相当活跃。随着市场走高，很多股票在突破后创下新高，他也顺势买入了这些新兴的龙头股。作为行情报价系统曾经的播报者，他和利弗莫尔还有勒布相似，是一个图表分析师。这种将股价研究和走势相结合的做法是德雷福斯在这段时间里业绩强于其他人的主要原因。一个经验丰富且具有敏锐眼光的细心观察者可以获得巨大的回报，因为他能够在股票的走势图当中发现重复的规律，然后花时间了解这些走势的形态和历史。

1964年伊始，市场继续其上升轨迹，从1月2日的760点几乎直线拉升至4月17日的831点，涨幅9%。即使经历了4—8月的震荡走势，市场的整体表现仍然良好，随后在整个秋季一路走高，甚至没有受到越南战争的影响，并于11月18日触及897点的高点。在接下来的一个月里，指数略有回撤，最终报收于879点，全年涨幅15%，这也是市场连续第二年实现稳步上涨。欧奈尔继续着他的出色表现，他将精力主要用于他的新公司和股票历史数据库的创建。杰拉尔德·勒布在这波上涨趋势中的表现同样出色。虽然已经进入职业生涯的后期，但是他的经验继续为他带来丰厚的回报。他在许多不同的公司和行业中的投资表现都非常出色。在勒布的职业生涯中，为他带来最大收益的行业是汽车（他交易克莱斯勒的股票可能比其他任何一只股票都要多）、铁路、电影（他多次在交易华纳兄弟的股票时表现得异常出色）、石油和电子。没有人能够总是成功，勒布也不例外，但是他获得成功的一个主要原因是执行了正确的交易策略——用保证金和金字塔策略相结合的方式，将亏损控制在最小的范围内，并让盈利充分放大。该策略也屡次为欧奈尔带来了丰厚的收益。勒布认为，“对于股票投资者来说最重要的一个因素是，在决策正确的时候投入更多的资金，而在决策错误的时候投入更少的资金”。勒布提到了他的朋友——一位伟大的股票市场大作手，净资产超过1亿美元。谈到这位朋友的市场策略，勒布是这样描述的：他会在一张有很多栏的大纸上面手写投资记录，不过他一次只持有4只股票，而且每个星期都会列出这些股票的价格和交易细节。曾经有一段时间他的笔记是这样记录的：

一个星期买入10 000股——到月底将持仓增加到40 000股。

买入另外一只股票10 000股——继续持股到月底。

买入另外一只股票10 000股——到月底卖出——股价下跌。

买入另外一只股票10 000股——到月底只持有5000股。

这些交易显示了这位富有的股票市场大作手是如何卖掉那些很快就失去上涨动能的股票，并且增持那些依然盈利的股票的。勒布表示，当一只股票的表现不再符合他的这位朋友最初买入的动机时，就会被卖出。这就是他清仓的主要理由之一——所有伟大的股票市场大作手都有令人信服的理由和法则，如果行情没有按计划进行，那么在出现这样的情况之前，他们就会全部清仓。此外，请注意勒布这位富有的朋友是如何将他的持仓集中在少数几只股票上的，这是伟大交易者具有的另外一个重要特征和技能。

1965年上半年，市场延续着上涨趋势——该趋势到当时已经持续了两年多。随着市场在4月和5月上半月的大幅走高，发生在2月和3月的几次小幅震荡被证实为正常的调整。1964年通过的巨额减税政策影响了个人和企业的税率。这些减税措施在很大程度上推动了经济增长——随着商业环境的不断改善，消费者和美国企业都充分享受了税收压力减轻带来的益处。20世纪60年代中期从未经历过经济衰退。距离最近的一次经济衰退还要追溯到1961年2月，而下一次衰退则要等到60年代末才会出现。但由于越南战争迫在眉睫，美国军队将于1965年开始行动。当然，在这种不确定的情况下，紧张的情绪再次出现。市场在5月底和整个6月出现了自由落体式的下跌，跌幅高达12%。对于积极的投资者来说，这段时间简直就是灾难，这就是为什么严格的止损策略发挥了保险的作用。没有人知道市场行情到底会有多糟糕，但有了交易纪律，他们至少可以保护自己。市场在7月有所反弹，似乎已经企稳。越南战争仍在持续，人们的担忧也在不断增长，结果证明这是一场耗资巨大的战争。对电子和军事应用产品的旺盛需求推动了一些行业和股票的上涨。我们以前在战争爆发时就看到过类似的情况。这是另一个从学习历史中获益的例子。战争问题不断重演，人们对某些和战争相关的产品的需求上升，这使生产这些产品的公司受益。1965年，很多航空航天和半导体行业的股票成为市场的龙头股。在美国国内，第一台家用VCR（盒式磁带录像机）的面世将提升电视机的销售量，并为电视行业的股票打下坚实的上涨基础。

市场在6月下旬见底，然后在7月进入了典型的上涨趋势确认行情。正如我们已经看到无数次的那样，欧奈尔在市场反转之后，根据典型的带柄茶杯形态（cup–with–handle），在仙童相机公司的股价飙升时买入了该公司的股票。（关于股票价格形态的详细解释，请参阅欧奈尔出版的著作，这些技术形态将在本书的余下内容里提到。）他在等待市场发出进场的信号，然后在龙头股向上突破时将其锁定（就像达瓦斯和德雷福斯所做的那样。达瓦斯在几年前就通过一只这样的龙头股获得了很好的回报）。仙童相机公司的股价在3周之内攀升了25%，欧奈尔知道这意味着什么。交易者应当持有涨幅巨大且快速上涨的股票，因为在很多情况下这些股票才是最大的赢家。仙童相机公司延续了这一传统，随着市场的走高，该股在5周内上涨了50%。当一只股票已经大幅上涨的时候，即使经历了大幅下跌，（持有该股）也从来不会违反欧奈尔的卖出法则。宝丽来是1965年的另一个大赢家，在大型货币基金的推动下，该股在持续上涨的过程中实现了量价齐升，并屡创新高。作为德雷福斯手中的王牌之一，宝丽来这只龙头股为他的基金带来了800%的利润。市场在1965年进入了最后一次冲高行情，到年底时收于976点，全年上涨11%，道琼斯指数连续第3年录得两位数的涨幅，同时也是该指数历史上第3次实现这一壮举。

1966年年初，市场小幅走高。然而，进入2月以后，市场似乎对3年来的强劲上涨感到厌倦。道琼斯指数走势趋于平稳，似乎很难重拾升势。此外，很多已经走出令人难以置信的上涨行情的龙头股开始显得萎靡不振。很多因素开始令市场承压，像勒布和欧奈尔这样精明的交易者一直在观察着危险信号。美国军队开始有序介入越南战争，造成了更大的不确定性，厌战情绪开始升温。与此同时，美国国内的动乱和社会问题日益增多。利率持续上升，通货膨胀也开始加剧。从1966年2月的第一个星期（道琼斯指数在该星期突破1000点大关并收于1011.11点）到3月中旬，道琼斯指数下跌了近100点，且没有反弹。3月15日，道琼斯指数在915点的位置出现疑似反弹，到4月21日上涨到961点。然而，这并不是一次真正意义上的反弹，因为很多龙头股开始出现典型的顶部形态，这在之前的很多市场周期顶部都曾经出现过。

欧奈尔预见了市场的顶部

要想与市场的节奏保持一致，最重要的是观察市场，尤其是龙头股的量价关系。这种情况在市场上反复出现，特别是当市场在很长一段时间内呈现出非常强劲的上涨趋势，而后其他因素开始影响企业盈利的未来前景和持续增长的能力时。1966年出现的一些早期预警信号（见下文）似乎意味着市场可能即将进入重大的调整。欧奈尔通过他的深入研究和观察注意到了这些信号，事实上，他试图让他的所有机构客户卖出股票并持有现金。

波音公司。1964年1月，波音公司的股价大约是20美元，从那时开始，随着对飞机制造的需求强劲增长，波音公司成为该行业的龙头。该股在1964—1965年，以及1966年年初的时候涨势强劲，期间没有出现过大幅调整。1966年4月，波音公司的股价触及每股91美元，在短短两年多的时间里上涨了350%。在跟随市场走高并形成经典的头肩顶形态后（见图7–2），波音公司的股票遭到大量抛售，开始崩盘。很多在这只龙头股上面获利颇丰的投资者正在兑现他们的利润。波音公司的股价已经放量跌破了之前的支撑位（50日移动平均线），随着市场的下跌，波音公司的股价延续了其下跌的趋势。到了10月，该股的股价已经跌至每股50美元以下，较其最高价下跌了44%。

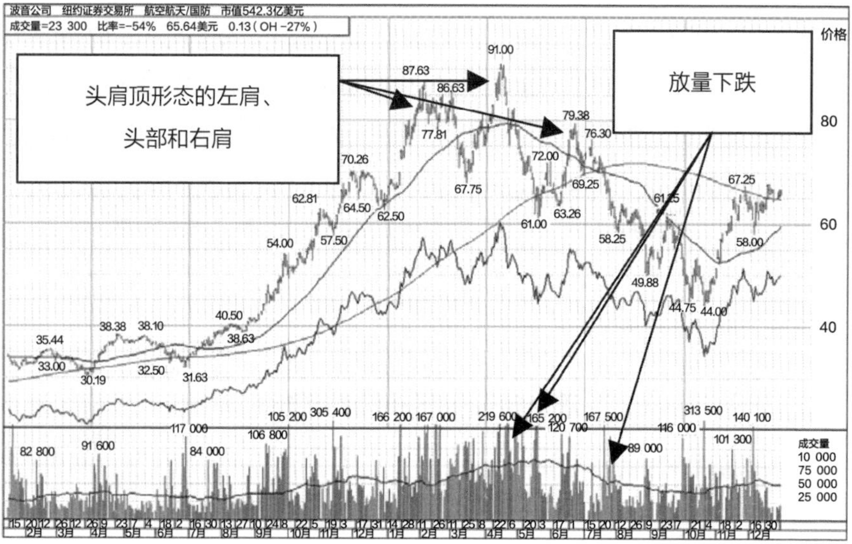

图7–2 波音公司1965—1966年的日线图

来源：©2005 威廉·欧奈尔公司。版权所有。经授权转载。

摩托罗拉。1965年年初，另外一只龙头股摩托罗拉在突破每股70美元之后，有着和波音公司几乎完全相同的走势。在经历了1965年和1966年年初的强劲上涨之后，其股价在4月达到接近每股220美元的峰值，涨幅达215%。摩托罗拉几乎在同一时间出现了和波音公司一样的典型的头肩顶形态。其成交量在下跌的过程中明显放大，并且跌破了之前没有跌破的区域，市场趋势已经发生了反转，其他的龙头股也都步入了它们的后尘。到1966年10月，摩托罗拉的股价已经跌破每股100美元，较其最高点下跌了55%。

虽然很多读者可能会指出，从历史的角度来看，与在精确的时间点做出正确的决策相比，确定市场的顶部和底部，并计算出上涨和下跌的百分比是很容易的，但重要的是要了解在市场和个股中很多相同的形态会反复出现。而且，很多伟大的交易者都明白这一点，也是这样做出决策并获得惊人收益的。从来没有人能够做到在市场的最底部买入，然后在市场的最高处卖出。但是最好的交易者可以利用这些信号，至少做到在市场即将上行时扩大其盈利，然后在市场发生逆转的时候减少亏损，就像他们在1966年年初所做的那样。

正如我们之前看到的那样，到了4月下旬，随着市场的方向发生了明显的改变，很多龙头股见顶，市场也即将进入下跌趋势。鉴于一些其他的龙头股也已经见顶，对于一个有经验的股票市场大作手来说，情况明显已经发生了转变。作为1965年表现最好的公司之一，致力于航空航天计算机市场的西蒙兹精密公司的股价也已经见顶。其股价于1966年4月达到顶峰。1965年10月，该股出现了典型的带柄茶杯形态，股价从每股24美元起飞，在短短7个月内飙升了令人难以置信的650%，并于1966年4月触及每股接近180美元的峰值。施乐公司是20世纪60年代中期的龙头股之一，虽然其收益正在以每年32%的速度稳步增长，但是由于明显失去了上涨的动力，其股价同样在1966年见顶（该股于1963年3月到1966年6月见顶期间飙升了700%）。

随着越南战争越来越让人担忧，股市见顶，道琼斯指数从春季到初秋一路走低。它在10月初触及735点，在不到6个月的时间里下跌了27%。市场在如此之短的时间里出现了一次重大的调整，除非交易者注意到市场发出的信号并采取行动，否则市场的崩盘会造成交易者金钱和精神上的双重损失。没有人知道调整会糟糕到什么程度——我们已经看到过几次相当大的调整。在一个正在筑顶的市场中，最好的办法是卖出股票持有现金，如果你的经验足够丰富，也可以做空之前的龙头股。这就是最好的交易者所做的事情，而我们接下来要介绍的那些伟大的交易者也是这样做的。所有特立独行的股票市场大作手都在坚持这个策略，从而在赚取利润的同时让自己免受市场低迷时期的影响。

传奇交易者的智慧箴言

在市场下跌的过程中，杰拉尔德·勒布就如何在市场中获得利润的某些更具挑战性的方面展开了论述。听取一位经验丰富且在市场中成功了几十年的专业人士的意见是非常重要的。那个时候的勒布已经在市场中投资了将近45年。他提醒人们，当市场复苏时，很多龙头股（但可能并不是全部）的股价可能再也不会回到下跌前的高点。例如，纽约中央铁路公司、爱迪生联合电气和西联汇款等公司的股价都在1929年的大萧条中遭受重创，此后再也没有涨起来。此外，很多在1961年年初引领市场的热门新股在1962年的市场下跌行情中暴跌，其中一些公司的市值蒸发了90%以上，而且大部分公司的股价再也没有重拾涨势。随着市场历史不断重演，同样的事情还会再次发生。鉴于此，勒布将继续阐述灵活性对股市参与者的重要性。他说，“只有专业的市场人士才知道何时做多或买入股票、何时做空或卖出股票，反之亦然”。勒布又补充道，“只有久经市场考验的人才知道如何在不同种类的资产标的之间进行切换，比如说，在市场下跌的时候，转向会上涨的黄金”。然而，没有人能够做到精准地抄底和逃顶。“低买高卖”是华尔街的一道可望而不可及的彩虹，虽然很多人都在尝试，但是没有人能够完全做到。勒布也会谈论卖出，他说，“卖出是最难做的决定”。他几乎总是在任何头寸从他的买入点下跌超过10%的时候清仓，只不过这个10%的百分比并不是固定不变的。他在短线交易中设定的止损百分比是3%。如果是长线交易，这个百分比的上限将是10%。他提醒人们，交易的诀窍在于不要因为暂时的下跌而抛售手中的头寸，而是要在持续的下跌中坚决清仓。他强调的第一个关键策略是尽快止损。如果持有的头寸实现盈利，那么当其股价从峰值下跌10%时，他就会卖出一部分头寸。如果市场表现良好，而个股却没有跟随市场的趋势同步上涨，那么他就会卖出更多的头寸。最后，勒布重申，他会厘清运用这些交易法则的理由——在进场交易之前，写下交易的理由。他的这种做法有助于控制自己的情绪，是有必要的，因为股票市场是一门最不精确的科学，公众的心理是其最大的决定因素。

当市场在下跌途中寻找可能的底部时，很多跌幅巨大的龙头股开始放缓其下跌趋势。到10月中旬，市场上的抛售似乎已经消耗殆尽，即使对战争的担忧仍然存在，市场趋势似乎也发生了变化。当事情变得如此糟糕以至于似乎无法出现任何转机时，敏锐的观察会为我们带来回报。记住，我们以前也见过很多次这种情况。在10月11日触底以后，市场在这波新的反弹尝试的第7天出现了典型的上涨形态。10月18日，标准普尔500指数放量飙升1.6%。10月19日，道琼斯指数同样放量上涨1.7%，从而确认了市场开始转向的事实。推动市场上涨的乐观因素之一是个人电脑的问世及其将对经济增长产生的影响。这项新技术令人们兴奋不已。我们还将继续看到市场如何转跌为升，开始新的上涨趋势。另外，欧奈尔关于这一现象是如何出现的详细描述也是重要的信息，它将使所有未来的股票市场大作手从中受益。这种类型的市场走势已经重复了几十年，因此重要的是要注意这些事件发生的时间。市场从10月中旬到11月中旬走高，然后在震荡的行情中来回反弹，并持续到1966年年底。如果人们没有注意到年初的市场和龙头股发出的信号，那么这注定将是举步维艰的一年。道琼斯指数全年下跌19%，终结了1963—1965年连续3年两位数的上涨。

1967年伊始，股市在整个1月一路走高。从那时起，市场进入了大幅震荡的模式，几乎在整月内强势上涨（3月、4月、7月和9月），然后又在整月内大幅回落（2月、5月、6月和8月）。不过，市场整月上涨的幅度要略强于整月下跌的幅度，因而市场在前9个月实现了上涨。然而，这种大起大落的行情更适合勒布这样的短线交易者。当趋势不明朗时，很多伟大的交易者要么静观其变，等待趋势明显时再进场交易，要么缩短交易时间。或者，如果你非常专注且善于观察，你可以发现少数突破底部形态稳步攀升且没有出现明显卖出信号的股票。每个市场周期中都会有一些这样的股票，只不过找到并持有它们是极具挑战性的。这也意味着，严格的止损策略没有改变，然而，由于市场反复震荡，很多交易会触发止损策略以保护本金，从而导致交易量的增加。要想在这种类型的市场中获利，经验和判断力是必不可少的。

欧奈尔注意到，在这个充满挑战的市场中，数据控制公司这只股票在市场下跌的某一天中走势良好。1967年春季的一天，道琼斯指数下跌了12点，欧奈尔发现这家公司当天成交量巨大，股价上涨了3.5个档位。他以每股62美元的价格买入了该股的股票。欧奈尔非常了解这家公司，其前景和基本面在当时都是最棒的。此外，和计算机相关的行业是当时表现最好的行业之一。后来，数据控制公司的股价上涨到了每股150美元。当时，除了计算机行业以外，其他几个表现强劲的行业是酒店和企业集团。继前几年的航空行业之后，酒店行业继承了这部分红利。随着旅行的人越来越多，人们对全国各地的酒店的需求也越来越大。在此期间，希尔顿酒店和洛斯保险公司都成为少数的赢家之一。洛斯保险公司的股价从1967年4月到1969年2月见顶时上涨了819%。希尔顿酒店开始涉足特许经营酒店领域，其收益实现了快速增长。此后不久，其股价也在1967年3月1日每股20美元出头的位置放量突破了底部形态，在短短两周之内上涨了25%。到了夏天，其股价已经上涨到了每股40美元，几乎翻了一番。在1967年市场震荡的日子里，希尔顿酒店的股价以平底的形态横盘了将近3个月。10月5日，该股突破底部形态，股价在两周内又飙升了20%。耐心的投资者应该可以在这波稳步的上涨过程中一直持有到1968年下半年，此时接近于最高点的股价较1967年3月理想的进场点已经上涨了560%。假日酒店是另外一只表现出色的住宿股。其股价在1966年年末突破底部，随后飙升151%，触及峰值。当时走势强劲的其他股票包括通用电影公司、米尔顿 · 布拉德利公司、米高梅和美国数字设备公司。道琼斯指数在1966年10月见底，到1968年12月，它已经上涨了35%，而上述股票的涨幅都达到了三位数。

其他表现良好的行业和股票都是规模较小的，这与我们在1961年看到的情况是一样的。很多在20世纪60年代早期到中期表现出色的热门成长股并不是后来上涨趋势的引领者。这也可能就是这些股票走势艰难的原因；这些龙头股鱼龙混杂，很多都带有很强的投机成分。在经历了整个10月和11月大部分时间的暴跌之后，市场开始回升，年底收于略高于900点的位置。道琼斯指数全年累计上涨15%，只不过过程有一些波折。

1968年将延续前一年的震荡交易行情。1—3月的暴跌使市场下跌到了800点以下。随后又在3月下旬强劲上涨，不但在整个4月收复了之前所有的失地，还上涨了几个点。越南战争、公民和社会问题继续成为美国关注的焦点，市场似乎也对这种起伏不定的情绪做出了反应。随着人们对移动房屋的需求开始上升，移动房屋成为1968年表现良好的行业之一。在市场周期中，总会有引领市场的行业，就像本书中提到的很多交易者那样，只要你有足够的经验且自律，是完全可以做到盈利的。移动房屋制造商雷德曼工业是1968年表现最好的股票之一。在这段时间里，几乎所有的移动房屋类股票都在暴涨，而雷德曼工业的股价在1968年3月突破了带柄茶杯形态的底部，当时的股价接近12美元。到12月，该股股价触及每股110美元，飙升将近900%。然而，欧奈尔却错过了这个机会。当该股股价突破的时候，欧奈尔的确在正确的时机买入了，不过随着市场的大幅波动，他清仓了所有的股票，还遭受了小幅亏损。因此，欧奈尔错过了这只股票的主升浪，不过他确实记住了这只股票及其走势。雷德曼工业在突破了最开始的底部之后，形成一个连续12周上涨的底部形态，随后又在此基础上开启暴涨模式，在带来巨额收益的同时上涨了

503%（上升的底部形态经历了3次大幅回撤）。正如前文提到的，当欧奈尔在将近30年后，也就是20世纪90年代关注美国在线的股票时，仍然记得当时的这种股票形态。当美国在线的股票经历了3次价格回撤时，由于牢记从雷德曼工业的股票身上获得的教训，他没有选择卖出，而是坚定地持有。这一次欧奈尔赚得盆满钵满。我们再次看到欧奈尔通过研习以前的历史做到了在未来获利。如果你想在股市中赚到大钱，这些经验教训至关重要。

市场在5—7月初走势平稳，随后再次回落，到8月初，道琼斯指数已经跌至863点。从8月初到10月的第3周，市场几乎直线上涨，这种拉锯般的走势仍然在继续。市场在11月初小幅下跌后又迎来了为期两周的反弹，并在12月2日达到了994点的峰值。随着小盘股再次成为市场的引领者，市场的活跃度正在提升。当时的走势看起来很像1961—1962年期间的市场行情。随着成交量不断增加，1968年的日均成交量终于首次超过1929年的水平。

市场在12月2日见顶之后，开始出现很多警告信号。就像我们多次看到的那样，龙头股涨势放缓，市场在成交量放大的同时受到抛售的冲击。越南战争已经成为一场非常昂贵的战争，政府征收了10%的所得税附加税为其筹集资金。战争也对通货膨胀产生了影响，美国的消费者物价指数也开始攀升至近20年以来从未有过的水平。随着市场见顶，标准普尔500指数也开始出现我们曾见到过的见顶迹象。这意味着机构正在抛售股票。从12月2日开始，标准普尔500指数在7天内有5天都出现了放量杀跌且换手率激增（股价变化不大，但是成交量放大）的情况。到12月底，市场的抛压加剧，标准普尔500指数即将击穿50日移动平均线——移动平均值在这条均线之上是技术支撑的标志。道琼斯指数于年底收于936点，全年上涨4%，但是进入1969年以后，市场感受到了明显的抛压。

随着通货膨胀的持续加剧，再加上战争和民权问题引起的社会动荡，市场在1968年年底发出见顶信号。进入1969年1月，市场来回震荡，看起来已经非常危险了。道琼斯指数在新年的第一周下跌，然后在2月中旬反弹至年初的位置。随着该指数在2月底大幅下跌，市场将以更加震荡的走势为主，并且该走势将持续到5月中旬的上涨行情之前。然而，更多的迹象表明，市场已经处于崩溃的边缘。很多引领这波上涨行情的小盘股正在开始崩盘，这让人想起了1962年市场下跌时的情景。到了5月的这个时候，市场也开始出现更加严重的抛售，因为下跌的日子远超上涨的日子，而且，成交量也清楚地表明共同基金和大型交易商正在抛售股票。

欧奈尔在5月期间通过观察市场清楚地了解到市场已经是空头的天下了。他积极地劝说他的机构客户卖出股票，回笼现金。我们现在已经看到，欧奈尔在很多情况下都在跟踪市场的实际行情，并对此做出回应。他的经历也足以证明，他知道自己需要怎样的自律和行动。这些信号一直都在出现，随着未来几十年的发展，我们将再次看到他这样做。毫无疑问，欧奈尔在1969年中期就退出了市场，使自己避免遭受即将到来的大部分损失。这波大幅下跌的行情一直持续到7月底。10月，市场在震荡中迎来了一次微弱的反弹，但是市场再次下跌，到年底的时候以806点结束了这一年以及这个十年。1969年是道琼斯指数下跌的一年，全年下跌15%。总的来说，20世纪60年代开始的时候市场涨势强劲，基本上没有遇到衰退。在此期间的大部分时间里，失业率保持在低位，通货膨胀得到了很好的控制。此后，随着通货膨胀率稳步上升以及其他社会问题引发了担忧，越南战争开始让市场承压。很多精明的交易者在这10年的前5年里获得了丰厚的利润（比如勒布和欧奈尔）。同时，他们也在需要卖出股票以锁定利润的时候，对市场走势做出了回应，从而保住了大部分辛苦赚来的利润。

第八章

除了最优质的股票，大部分股票都起起落落

（1970—1979）

威廉·J. 欧奈尔坚信灵活性是
获得成功的关键之一

进入20世纪70年代，新的十年无论在经济还是在股市上，都没有迎来开门红。就在20世纪60年代即将结束之际，商业环境的萧条导致了经济衰退，而美国也在新的一年迎来了它的新一任总统理查德·尼克松（Richard Nixon）。失业率将从此开始上升；而在此前的20世纪60年代的大部分时间里，失业率实际上是在逐渐降低的。此外，美国开始出兵柬埔寨，进而不断引发人们的反战情绪和对这场不得民心且代价昂贵的战争的担忧（关于损失的金钱，以及更重要的——失去的生命）。与此同时，利率也在持续上升。道琼斯指数在1月基本上是直线下跌的走势。在经历了2月的平缓走势之后，市场在3月出现了一定程度的震荡。很多龙头股依旧跌势不减，而另一些在前一轮上涨中表现最好的龙头股也已经出现了崩溃的迹象，因为市场上明显缺少做多的动能来支持这些前期的龙头股。它们包括：

瑞赛电器。该股是20世纪60年代末的大牛股。1970年年初，其股价随着成交量的放大而见顶，随后开始下跌。

希尔顿酒店。前文提到过，该股是另外一只在20世纪60年代末涌现的大牛股。其股价同样在1970年年初开始放量跌破关键的支撑位，而这个位置在其股价大幅上涨期间也从未被突破。到1970年夏天，该股的股价从接近60美元跌至30美元以下。

数据控制公司。前文提到的另外一只大牛股。这只股票在20世纪60年代中后期大幅上涨。威廉·J. 欧奈尔在这只股票上赚得盆满钵满。其股价在1968年6月到1969年年底期间走势平稳，接近每股150美元。1970年年初，该股真正开始崩溃，跌破了其在上涨时的关键支撑位。到1970年夏天，其股价跌至每股30美元，相当于其最高价的五分之一。

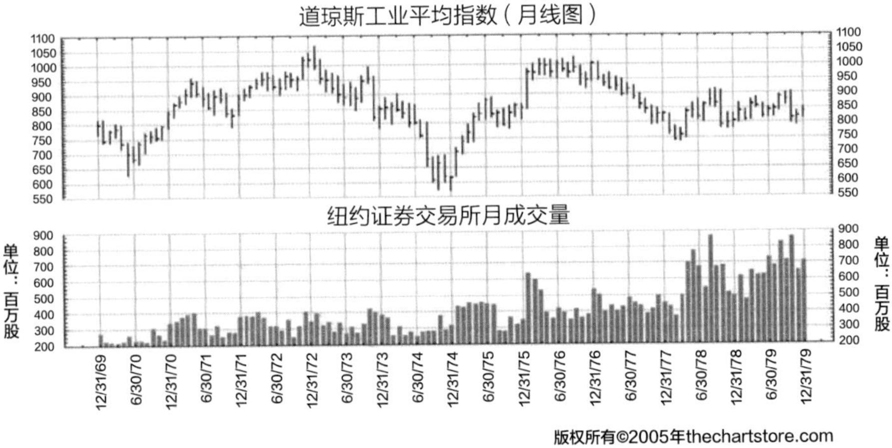

图8-1　道琼斯工业平均指数（1970—1979年）

来源：www.thechartstore.com.

图8-2　纳斯达克综合平均指数（1971—1979年）

来源：www.thechartstore.com.

这些例子证明，即使是在之前的某个时间产生了最好收益的最优股票，也需要我们持续地关注，这一点至关重要。欧奈尔虽然在其中的一些股票上赚了很多钱，但同时也知道如何在股价下跌的过程中正确卖出，从而锁定之前赚到的利润。伟大的股票市场大作手不会眼睁睁看着自己的利润回吐——他们会观察市场和持仓股票的走势动态，然后采取适当的行动。他们试图掌握长期持有大牛股的诀窍，以最大化其收益，但是也试图在股票经历长期上涨后的拉升阶段卖出手中的持仓。这种技能来源于他们多年的市场经验。此外，他们也知道大多数股票是跟随市场运行的（因为它们共同组成了市场），当市场发生反转并朝着相反的方向运行时，他们就会减持。当前期的龙头股开始跌破关键的支撑区域，特别是整个市场开始经历严重的抛售时，那些表现强劲的优质股实际上提供了极佳的建立空头头寸的机会，这样一来，投资者就会在市场明显进入下跌趋势时获得利润。我们看到，早期的情况就是这样的——利弗莫尔、巴鲁克和威科夫会在他们所处的时代的市场见顶并开始下行时建立空头头寸。他们在做空曾经引领市场上行的大牛股时都表现得非常好。我将要提到的很多遵循这一模式的股票在欧奈尔的书《如何通过卖空股票赚钱》（*How to Make Money Selling Stocks Short*）中都会以具体案例的形式出现。

抛售在4月和5月确实有所增加，截至5月26日，道琼斯指数已经下跌了23%。社会上出现了恐慌的情绪，很多人开始为股市如此快速地下跌寻找理由。一些人将此归咎于基金经理的表现，而另外一些人则指出公司债券的利率已经上升至接近9%—10%的水平。虽然早在1970年年初市场就存在诸多不确定因素，但是不管出于什么原因，很多投资者只是不喜欢在他们展望稳定的公司业绩前景时看到这一幕。大型交易商此时都在忙于抛售股票，当市场趋势因为抛售而发生逆转时，最好的办法就是要么套现，要么开始做空。

随着通货膨胀率和利率的上升，股票不再像过去那样被认为可以对冲通货膨胀。通货膨胀率稳步上升，致使人们认为美联储将继续提高利率，以试图阻止通货膨胀。随着利率的上升，很多人将其他可以替代利率支付的投资视为比股票更好的对冲通货膨胀的方式。市场在6—8月期间开始从最初的抛售中复苏。虽说这又是另外一次震荡的过程，但是市场最终在秋季稳定了下来，道琼斯指数也在11月中旬之前趋于平稳。在这种动荡的市场环境中，总会出现一些机会，但把握住这些机会需要丰富的经验和极度的自律。1970年，欧奈尔注意到莱维茨家具的走势特别强劲。该公司引入了一种全新的、与家具相关的购物概念，相关的策略是建造大型仓库，出售打折家具。这个概念开始流行起来，公司也因此实现了盈利。随着收入和利润的大幅飙升，公司的股价也对这个热门的新概念做出了回应。莱维茨家具在1970年年初成为表现最好的公司之一，其股价从合理的买入点算起，到1971年的峰值已经上涨了660%。我们将在20世纪80年代看到另一个类似的、与家居装修有关的零售概念。正如我们将看到的那样，家得宝的股价表现将是有史以来最好的。了解这些过去的超级明星股是非常值得的，一些精明的、依靠莱维茨家具获得成功的股票市场大作手无疑会在10年之后看到同样的事情发生在家得宝身上。1970年春，其他从市场底部反弹的强势股包括迪士尼、索尼、温尼巴格、美国阿美拉达赫斯公司和麦当劳。随着市场整体走高，所有这些股票到1973年1月都录得了3位数的涨幅。

道琼斯指数在1970年的最后6周飙升了近100点，实际上是在向年终的收盘冲刺。就像之前出现过的无数次行情那样，市场似乎预期未来会更好。随着商业环境的好转，这场始于1969年年底的衰退将于1970年11月正式结束。就在下半年市场恢复强势之前，一些新行业的股票也开始显现出一定的实力。建筑类股票，特别是移动房屋类股票变得炙手可热。到8月中旬，很多与建筑行业相关的股票开启了第一波上涨。来自管道工程行业的马斯科、住宅建筑商考夫曼与布罗德公司、材料零售商斯科蒂住宅建筑公司，以及按揭保险商MGIC都成为市场的龙头股，并持续到1971年2月中旬。值得注意的是，很多传统的住宅建筑类股票并没有跟随这波主升浪上涨。相反，真正引领市场的是那些更加专业或者与其相关的行业。此外，移动房屋类股票成为这波行情中的真正赢家。所以说，我们必须要做足功课，才能够在某些特定的股票表现突出而其他股票表现不佳时保持警惕。股市在20世纪70年代仍然处于动荡之中，如果能够像欧奈尔那样拥有一双敏锐的双眼，那么对于善于观察和思考的股票市场大作手来说就是机会。至于市场方面，道琼斯指数年终以848点收盘，涨幅4%，但是考虑到早些时候的下跌，这个结果已经相当令人印象深刻了。到了年底，这种趋势发生了明显的变化，似乎市场的背后存在一些强大的力量。

1971年伊始，市场做多的情绪高涨。道琼斯指数在新一年的前6周里稳步走高，到2月中旬几乎触及900点大关。1971年2月5日，市场引入纳斯达克综合指数，跟踪（市场）的基点为100点。该指数包括一些更加年轻的公司，它们并不在纽约证券交易所中交易，而是在场外市场中交易。实际上，这个指数相当于美国全国证券交易商协会（NASD）的自动报价系统，而非纽约证券交易所的专业交易商和场内交易商。这种新的股价报价系统对于很多将要参与市场的人来说是更加有效的和公平的。这也是为了更好地捕捉当时新成立的、更具创新能力的公司的最新动向。纳斯达克的公司上市要求没有纽约证券交易所那么严格，因此更年轻的公司会选择在这个新的创新市场上市。

为了应对1970年宾夕法尼亚中央铁路公司的破产，美联储放松了其紧缩的货币政策，利率在1971年年初实际上有所下降，美国的GDP也因此得到了大幅提升。市场对当时的这些经济事件的反应还算不错。道琼斯指数在进入新年后就从826点一路飙升，到4月底已经达到958点，短短4个月内就上涨了16%。新推出的纳斯达克综合指数也紧随其后，从2月初的100点上涨到4月底的112点。然而，似乎存在太多的外部因素正在造成很大的不确定性，有可能会不利于未来的商业环境。越南战争和持续收紧的货币政策让通货膨胀率居高不下。美国经济面临的另外一个主要问题来自很多国际市场形成的外部影响。随着美元开始贬值，很多来自国外的影响因素将很快支配美国经济，这也是历史上第一次国外因素对美国国内经济产生如此大的影响。此外，对于试图提供一个稳定增长且健康的经济环境的美国来说，预算赤字的上升增加了诸多不协调的因素。所有的这一切都在朝着错误的方向发展。受不确定性的影响，市场在5—7月期间出现了下跌。8月15日，随着道琼斯指数回吐了当年前4个月的全部涨幅，尼克松总统向公众宣布了关于扭转局面的消息。他宣布对工资和物价实行管控，以对抗不断高企的通货膨胀率。他随后又表示，他将通过削减美元与黄金的可兑换性来让美元贬值。次日，道琼斯指数飙涨32点，并创出成交量3100万股的历史新高。这之所以将是一次短暂的反弹，是因为众多国外投资者很快就会开始抛售美元。

随着工资和物价管控开始生效，关税也开始发挥作用。股市因为美元持续走弱，从10月初到11月底几乎直线下跌，道琼斯指数在6周的时间内下挫了100多点。不过，市场随后几乎以同样快的速度反转，并大幅走高。虽然我们在前面提到，有很多因素看起来会影响市场，但是经济仍然在增长，且消费者物价指数实际上在下降。显然，这是一场空头和多头之间的激战。道琼斯指数先以比此前更快的速度下跌了100点，然后很快又在一个多月的时间里收复了该跌幅。1971年年底，道琼斯指数报收890点，全年录得6%的涨幅，只是过程大起大落。纳斯达克指数在推出的第一年收于114点，涨幅甚至超过了道琼斯指数，从11月23日到年底的最后一个交易日，该指数上涨了14%。

1971年年底的势头延续到了1972年年初。虽然道琼斯指数在新一年的前3个半月里飙升了将近11%，但是纳斯达克指数在同一时间段里的涨幅超过了18%。施乐公司和宝丽来只是其中两个涨幅最大的龙头股。尽管道琼斯指数和纳斯达克指数在4月的后两周里经历了大幅回调，但是5月的反弹挽回了这些损失。这些大幅震荡的市场周期可能会令人极其沮丧。请记住，当明显的趋势尚未形成时，最好的做法要么是静观其变，要么是像勒布和威科夫那样做短线交易。当然，这需要一个人严格的自律和对市场敏锐老练的眼光。由于市场受到诸多不确定性因素的影响而大幅波动，大多数人发现最好的办法就是以不变应万变，直到更清晰的市场方向出现为止。由于趋势往往会持续几个月或者更长的时间，波动还没有完全结束。随着6月的“水门事件”成为美国的焦点，股市大幅下跌。而这只是在已经燃起的大火上面又加了一点料而已。道琼斯指数在7月中旬触及900点大关后继续震荡，并将这一趋势延续到10月中旬。

这个时候，经济出现了一些积极的变化。消费者物价指数正在回落，担忧的情绪得到了缓解。此外，失业率似乎趋于稳定，而没有恶化。从10月中旬到12月中旬，道琼斯指数飙升，突破1000点大关，并在12月12日上涨13%，触及1042点。然而，纳斯达克指数在此期间的涨幅只有8%，涨幅不及道琼斯指数。此后，这两个指数都出现了大幅回调，随后道琼斯指数又在年底收官时大幅上涨。尽管市场波动很大，但是道琼斯指数全年仍然上涨了15%，连续第3年实现正收益。纳斯达克指数也在年底收于更高的位置，并在首个全年交易中录得17%的涨幅。

1972年年底，道琼斯指数似乎已经形成了新的上涨趋势，1000点大关也已经被突破，但更多的负面消息很快就会冲击市场。正如我们之前多次看到的那样，很多见顶信号开始在一些龙头股身上悄然出现。我们将时间转向20世纪20年代末，那时杰拉尔德·勒布也在龙头股身上看到了同样的见顶走势。价格走势不断重复，这正是他在1929年10月下旬市场真正走坏之前套现离场的主要原因。至于1973年，在下跌的日子里，市场和龙头股的成交量较大，而上涨势头放缓的趋势则越来越明显。在那段时间里，一些龙头股出现了这些典型的信号：

迪士尼。该股在1973年年初达到了每股120美元的峰值。随着该股跌破50日移动平均线，先是缩量创下新高，然后又创下一年多以来的最高周成交量。到1973年12月，迪士尼的股价已经跌至每股45美元以下。

考夫曼与布罗德公司。如前所述，作为20世纪70年代早期的强势龙头股，其股价在1972年下半年难以创下新高，之后在1973年年初，该股迎来了真正的抛售。到1973年年底，伴随着巨额的成交量，该股的股价从将近22美元的位置下跌至每股5美元左右。

同样是在1973年，欧佩克（OPEC，石油输出国组织）宣布原油价格将大幅上涨。鉴于美元自1972年年底以来持续下跌，石油价格将迅速翻番。这将对已经摇摇欲坠的美国经济造成巨大的打击。从图8-1和图8-2中可以清楚地看到，市场对此的反应是道琼斯指数呈阶梯式下跌，而纳斯达克指数的下跌形态更加陡峭。我们已经多次看到，健康的市场走势图以积极的阶梯式上涨形态为主。那些走势强劲的市场会在上涨之后以温和且幅度更小的阶梯式走势回落，以巩固其前期的涨势。然而，现在的这个案例却截然相反。急剧的下跌之后伴随着温和且微弱的反弹。这是读者需要绝对注意的地方，因为这些形态显然会重复出现。1973年年初，市场和龙头股进入了明显的抛售期。

新股发行市场似乎也已经完全停滞，这对股市来说向来都不是个好消息，因为如果市场条件不够成熟，很多计划发行新股的公司通常都会推迟发行。在通货膨胀已经成为主要问题的情况下，更高的油价只会火上浇油，而消费者物价指数的回落趋势也不会持续太久。这个时候，如果从大局着眼，就会发现前景非常黯淡。高油价、高利率、正在上升的通货膨胀率、美元贬值、预算赤字、工资和物价管制，以及虽然和平协议即将达成，但仍在肆虐的越南战争，再加上可能发生的总统丑闻，这些都造成了许多的不确定性。然而，对于勇敢和有经验的人来说，股市中还是可以找到一些安全的地方。由于原油价格上涨，原油生产商将从商品价格的逐步上涨中受益。该行业中的一些公司将会持续享受股价狂飙带来的红利。休斯敦石油天然气公司就是其中之一。从1972年年底到

1973年，公司的股价在61周的时间里上涨了968%。那些从历史中汲取教训的人会发现，这与2003年和2004年的市场情况类似。高油价导致很多石油服务和石油生产商的股票在2004年录得3位数的涨幅，而整体市场在很大程度上则处于低迷状态。

市场开启了陡峭的阶梯式下跌模式，这种情况我们在过去已经见证了很多次。放量下跌将会受到缩量且温和的短期反弹的微弱支撑。这种典型的走势几乎总会导致重大调整。1973年2月，黄金成为市场中表现最好的几个行业之一。纵观历史，黄金股是防御性较弱的行业，它们往往与整个市场的走势相反。这也是杰拉尔德·勒布所寻找的观察结果。他提出，非常灵活的交易者会在整体市场开始下跌时转向黄金股。1973年2月，当市场正在进一步走低的时候，白银类股票也跟随黄金股的上涨而上涨。从1月到7月，市场一直呈下跌趋势，道琼斯指数下跌了将近20%。以小盘股为代表的纳斯达克指数在短短6个月内下跌了将近27%。很多龙头股正在崩盘，并且跌破了主要支撑位。一些前几年最炙手可热的股票类别——特别是移动住宅类和其他与建筑相关的股票开始见顶，从而结束了它们强劲的涨势。1973年2月，在20世纪70年代头几年表现不俗的按揭保险商MGIC走弱，建筑类个股考夫曼与布罗德公司的股价也随之下跌。我们之前遇到过这种情况。当在之前的上涨趋势中表现最强势的龙头股开始崩溃，且市场中除了少数的防御性股票再也没有出现新的龙头股时，市场就会出现重大的调整。在新的龙头股没有足够的做多动能的情况下，上升趋势是不可能持续的。当时的经济和政治冲击已经真正开始严重地影响股市了。

市场在7月和8月进入了宽幅震荡的走势，但至少抛售看似已经暂时告一段落了。实际上，市场在9月迎来了一波短暂的反弹，只不过随着阿拉伯国家联盟突袭以色列而告终。在此期间，为了削弱美国对以色列的支持，欧佩克对美国实施了石油禁运。这对当时脆弱的美国经济来说又是一次重大的打击。禁运将引发严重的能源危机，使美国经济陷入衰退，加油站排起长队，并进一步削弱还未改善的经济前景。市场在临近10月底的时候几乎直线下跌。道琼斯指数在短短5周内下跌超过20%，美国经济将从11月开始进入40年来持续时间最长的衰退期。原油价格随着禁运的实施而水涨船高，并且对正在上升的利率形成了压力。通货膨胀率将开始螺旋上升。到年底时，道琼斯指数全年下跌17%，纳斯达克指数受到的冲击更大，仅在第2个完整年度就下跌了31%。

市场在进入1974年以后并没有像1973年年底那样遭到剧烈的抛售，尽管道琼斯指数在1月到2月中旬期间下跌了将近100点。随后，道琼斯指数又以同样快的速度在大约4周内将这100点涨了回来。这种震荡颠簸的走势还在继续。然而，市场将在3月中旬达到1974年的峰值，此后，市场将从3月中旬到5月底再次经历大幅下跌。这与我们曾经见过的阶梯式下跌是类似的。当下跌的交易日持续多于上涨的交易日，且下跌的交易日出现更大的成交量时，市场就会不断重复这种下跌趋势的形态。雪上加霜的是，从1973年10月到1974年1月，原油价格已经翻了一番，利率持续攀升，产量不断下降。更糟糕的是，失业率也在上升。在这段时间里，市场中很难寻找到龙头股，而煤炭行业的股票成为市场的龙头之一。我们再次看到了一个具有正收益的防御性行业，不过这正是整个市场持续疲软的另一个迹象。到早春的时候，市场和之前的龙头股的走势清楚地表明，情况正在变得越来越糟糕。我们又看到了几个之前的龙头股在大量抛售的过程中跌破重要支撑位的例子。欧奈尔在他的著作《如何通过卖空股票赚钱》中也列出了这些例子，因为这些股票中的很多都形成了典型的头肩顶形态。我们应该认真研究下这些例子，因为我们将看到更多曾经的龙头股在未来的市场中暴跌，而这些市场也显示出相同的顶部信号和图形形态，就像1974年的情况那样：

来德爱。虽然这只股票在20世纪70年代初成为龙头股之后在1973年大幅下跌，但于1974年形成头肩顶形态后，它真正地崩溃了。当昔日的龙头股无法东山再起，并继续大幅下跌时，市场环境是非常糟糕的。该股从1973年3月的接近55美元随着市场下跌至1973年年底的16美元。1974年，其股价继续下跌，到1974年春天已跌至每股5美元以下。

高乐氏。这只曾经的龙头股从1973年1月接近500美元的峰值跌至1974年1月的将近15美元，形成了典型的头肩顶形态。到1974年12月，该股伴随着巨大的成交量一路下跌到每股6美元以下。

可口可乐。该股的股价在1972年年底稳步攀升至每股接近150美元之后，在1973年的暴跌期间一直在130—150美元的交易区间窄幅震荡，最终在1974年与市场一道崩盘，这说明即使是一些最优秀的蓝筹股也会在市场遭受抛售时下跌。临近1973年年底时，可口可乐的股票随着每周成交量的不断放大而被抛售。到1974年年初，股价已跌至接近每股110美元。当机构在1974年夏末和秋季开始抛售股票时，它们真正地击中了要害。到1974年年底，可口可乐的股价接近每股50美元。这个例子本身就应该给所有人一个教训：相信不管市场上发生了什么，声誉高的股票都不会下跌——这样的心态是危险的。有一些我们在之前的市场周期中看到过的股票（美国无线电公司、施乐公司等），以及在未来的周期中我们将会看到的其他股票（思科系统公司、朗讯科技等）——我们认为这些股票的股价不会受市场下跌趋势的影响，但事实证明它们和其他所有股票一样，都会跟随市场的走势，即使有时似乎暂时躲过了不可避免的下跌。正如欧奈尔多次说到的那样，“……当他们打劫房子的时候，通常会将所有东西都拿走”。

到6月初，纳斯达克指数已较年初下跌了近14%，道琼斯指数也下跌了近11%。由于市场依旧疲软，经济状况也持续恶化，威廉·欧奈尔公司以每股115美元的价格将市场上一直被视为最可靠和最稳定的龙头股之一——施乐公司的股票列入其机构抛售名单。很多人对他的公司建议卖出那个时代最受欢迎的股票之一的做法感到惊讶。然而，欧奈尔已经从过往的经验中了解到，当市场处于严重的抛售状态时，即使是最好的股票最终也会跟随市场的走势下跌，就像我们在上文中看到的可口可乐那样。欧奈尔一直在抛售很多股票，他的公司试图让更大的机构看到市场到底有多糟糕。毫无疑问，施乐公司很快就跟随着市场中的其他公司一起崩盘了。这表明一个经验丰富且严格自律的交易者是如何避开总是出现的市场低迷时期的。欧奈尔将会坚持他那套经过市场检验的交易法则。他严格的止损法则让他早早地退出了糟糕的市场，因而当许多人在市场走弱时拒绝卖出所持股票而遭受巨额损失时，他至少可以避开一部分损失。只有当股票形成稳固的底部形态，且大交易商在适当的买入点建仓并推动拥有强劲基本面的股票上涨的时候，他严格的买入法则才会允许他参与市场。随着时间的推移，这些底部形态会反复出现，他会耐心地等待正确的时机出现。欧奈尔的自律和认真学习让他不会像其他人那样受到动荡市场的影响。就像所有优秀的交易者那样，尽管他仍然犯过很多错误，但是他会把这些错误造成的损失限制在最小的范围之内，然后在恰到好处的时机退出市场。

股市在经过6月初的短暂反弹后，开始了全面下跌。在接下来的4个月里，市场将会形成一个非常陡峭的阶梯状下跌形态，道琼斯指数跌至600点以下，较年初下跌36%。纳斯达克指数跌至50点，也就是说，该指数在短短10个月内下跌了近43%。在此期间，尼克松总统因“水门事件”于8月9日早早下台，从而让市场承受了更多的抛压。10月，富兰克林国家银行的倒闭也没有起到多少作用。富兰克林国家银行是当时排名第20位的银行机构，这也成为当时最大的银行倒闭案。

随着经济状况恶化，外交事务出现不确定性，甚至是美国内部的政治问题也在增加，市场在当时的状况和导致出现如此境地的诸多问题的作用下一路狂跌。由于市场本身具有前瞻性，似乎总是能够察觉到将要出现的麻烦，我们需要特别留意1973年的暴跌。商业环境无法承受正在产生的许多负面影响。结果，美国的实际GDP在1974年录得连续4个季度的下降，使当时的衰退进一步恶化。由于失业率较1973年的水平几乎翻了一番，消费者的购买力正在枯竭。到1975年，失业率将达到9%的水平。由于高通货膨胀率和消费者需求的减弱，公司存货增长到非常高的水平。在过去的几年里，随着通货膨胀不断加剧，很多公司都会囤积存货，因为它们担心，由于预期中的通货膨胀率将继续上升，它们不得不在未来支付更高的价格来补充货物。当衰退来袭，失业率上升，消费者需求减弱时，很多公司都面临高存货量这个问题。1974年10月，标准普尔500指数自1973年1月以来下跌了约50%，同期道琼斯指数下跌了46%，纳斯达克指数下跌了60%，纽约股票交易所的很多会员都预测，股市将失去它存在的价值。很多前期的龙头股暴跌了70%甚至更多。我们以前看到过这种情况，而且还会再次看到。如果人们能记住股市中的一些极端事件，并且明白它们将在未来再次发生，那么也许更多的人就可以在未来更好地保护自己的血汗钱。

欧奈尔在这段时间里拜访了多家基金管理公司，他说他从来没有见过这么多人露出惊恐和忧虑的表情。当欧奈尔一直在试图保护自己的投资组合时，很多人都认为世界末日即将来临。正如我们之前多次看到的那样，当很多人放弃和屈服于市场时，底部可能就在眼前。随着很多指数在10月初触及低点，标准普尔500指数也在10月4日触及低点。3个交易日后，也就是10月9日，标准普尔500指数放量飙升4.6%。此后，该指数又上涨了2.9%，并创下了一年多以来的最大成交量。这些指数价格的放量上涨说明抛售几近枯竭，新的趋势正在开始形成。

很多时候，在形势已经糟糕了一段时间的情况下购买股票是需要勇气的。然而，欧奈尔对市场过去几十年底部的研究和分析说明了市场是如何随着量价之间的相互关系而表现和变化的。当时各大指数大面积地强势上涨至少让人感到了一丝安慰，或许最糟糕的时期已经一去不返了。市场从底部开始的反弹行情一直持续到11月中旬，为期5周。不过，随着指数从11月中旬到12月上旬出现回落，恐慌的情绪依然没有消退。道琼斯指数实际上已经跌破了10月初的低点，而纳斯达克指数和标准普尔500指数却没有，它们都在这一年的最后一周出现反弹。对于市场来说，这一年仍然是艰难的一年，道琼斯指数全年下跌近28%，纳斯达克指数下跌35%——这是该指数连续第2年录得超过30%的跌幅。这将是自20世纪20年代和30年代初的大崩盘以来最糟糕的熊市。同样是在12月，股市出现反弹，并且试图在这波放量反弹的第7天中逆势走高。这将是市场在几个月内第2次确认底部。一些龙头股开始在这个时候突破底部形态。坦迪、诺斯罗普和联合技术公司的股价都开始上涨，涨幅达到3位数，而道琼斯指数则在不到两年的时间里上涨了80%。

1975年伊始，一些情况开始出现变化，给市场带来了更多的信心。美联储在1975年年初开始放松其紧缩的货币政策。银行倒闭的压力、经济困境和高失业率最终引起了美联储的关注，其开始降低利率。1975年1月，各大银行4次下调最优惠贷款利率。这对市场来说是一针强心剂，道琼斯指数单月上涨14%，创下35年来最大的单月涨幅。周期股和扭亏为盈类股票开始引领市场，就像它们当初引领从1962年的暴跌中走出来，并在1963—1965年反弹的市场一样。这些股票在1953—1955年的反弹行情中也曾一骑绝尘。新通过的有关退休金账户的法案通过使用各种储蓄和退休金账户间接地推动了更多的参与者进入市场。

1975年年初，随着市场的持续上涨，经济开始走强。1974年，道琼斯指数成分股的每股收益下降了24%，因此相对于1974年，1975年很多成分股的每股收益都在增加。与历史出奇相似的是，在衰退于3月正式结束之前，市场表现得非常强劲。这次长期的衰退造成了严重的影响。从1973年到1975年，工业生产下降了15%，为第二次世界大战以来最糟糕的表现。通货膨胀和衰退会一起对经济造成严重的损害。随着利率的下降，大幅削减的公司存货将开始降低通货膨胀率。1975年前3个月，通货膨胀率仍然上升了1.5%，但是相对于1974年最后3个月2.6%的通货膨胀增长率，这已经明显下降。然而，真正推动股市走高的是另外两件事情。越南战争于当年春天结束，政府在3月通过了22.8万亿美元的减税法案。此后，小盘股也开始成为市场的引领者。美联储于春季开始降低利率。由于1974年11月的贴现率是8%，仍处于历史高位，这一积极举措得到了正面的回应。1975年年初，市场从1974年熊市的底部回升。我们在今后要重点记住的是，伯纳德·巴鲁克的大部分财富都是在股市的这类时期中赚到的。回想一下，巴鲁克会等到市场长时间地经历下跌趋势后出现反转走势时再进场。实际上，1975年的市场模式与1907年和1908年紧跟“富人的恐慌”之后的市场模式完全相同——这只是市场周期性循环、自我重复的另一个例子。欧奈尔曾经在1962年做了同样的事情，当时的市场从熊市的底部反弹，并且确认了新的上涨趋势，他运用金字塔策略买入克莱斯勒的股票，结果赚得盆满钵满。当一个关键的指数从成交量上确认涨势成立时（通常会在反弹的第4天或者第7天），购买新的市场龙头股就会获得巨大收益。

随着市场不断走高，很多股票率先领涨市场。其中一个表现特别出色的行业是煤炭生产业。由于原油价格仍在高位运行，很多公司开始关注并投资可替代能源。共同基金和其他大型交易商将会把大量资金投入这些股票，而这正是精明的投资者应该关注的地方。欧奈尔预见到这个行业正在成为表现突出的行业之一，其中的某些股票将会持续带来令人印象深刻的收益。福尔肯近海钻探公司就是其中表现最强劲的一只股票，其股价在突破底部形态之后的3年里飙升了997%。埃尔金国家工业公司作为另一只龙头股，在短短一年多的时间里上涨了371%。碳工业自从突破以后，在不到两年的时间里上涨了283%。这些收益率表明了如果一个人在正确的时间买入并耐心持有到出现量价警告信号——也就是说股价见顶并开始下跌，会获得多大的收益。学习如何正确地卖出龙头股是很重要的，因为当它们反转时——通常是随着市场的变化而变化，往往会跌得最惨。如果一个人既有丰富的经验又十分警觉，那么当市场出现重大调整时，这个人通常是做空市场赚大钱的不二人选。到1975年初夏，道琼斯指数和纳斯达克指数当年的涨幅都超过了40%。7月，最优惠贷款利率实际上分两步上调至7.5%。再加上一些获利回吐和对已经获得的巨大涨幅的盘整，市场开始走低。从7月中旬到8月中旬的急剧下跌将这些指数拉了下来。

从10月到年底，市场大部分时间以震荡为主，且交易区间相当狭窄。其他开始有所表现的股票包括目录陈列室零售类股票。其中，服务商品公司在龙头股中的表现最为突出。从1975年9月开始突破，直到1978年9月，该股的股价飙升了586%。在差不多相同的时间里，最佳产品公司也收获了467%的涨幅。石油股和汽车股也表现稳健。1975年，通用汽车公司的股价从每股29美元上涨到59美元，几乎翻了一番。道琼斯指数全年收涨38%，为1954年以来最佳，结束了连续两年的严重下跌。纳斯达克指数全年上涨23%。

1976年以疯狂的抢筹开始。道琼斯指数仅在1月就上涨了16%。石油股持续上涨，医疗保健股也开始领涨市场，特别是医院和私人养老院类个股。然而，持续的通货膨胀和失业仍将是市场面临的主要问题。从2月到夏初，市场继续以窄幅震荡为主，基本上没有任何启动的迹象。尽管道琼斯指数在接下来的几个月里数次突破1000点大关，但随后又跌回1000点下方。道琼斯指数上次触及这一水平已经是近3年前了。和平时一样，有经验的人也会发现一些机会。1976年6月，欧奈尔向富达研究与管理公司做了一次报告，在报告中，他推荐了海运货柜箱公司。该公司拥有坚实的基本面，季度净收入刚刚飙升192%，收益增长率达到了54%。1976年中期，该股突破了典型的带柄茶杯底部形态，当时的股价为每股22.5美元。虽然市场的未来形势非常严峻，但是该股在接下来的两年里飙升了554%。随着夏天的时光慢慢流逝，大量的石油支出和持续的高通货膨胀率形成了“滞胀”的环境，这意味着高失业率和高通货膨胀率并存。

到9月下旬，市场出现了一些波动，下跌交易日的成交量开始放大。经验丰富的股票市场大作手当然知道这意味着什么，市场很快便回落下去。从9月22日到11月10日，道琼斯指数下跌了100多点，跌幅达11%。然而，同期的纳斯达克指数只下跌了5%多一点。虽然很多大型蓝筹股大幅下跌，但是一些盘子更小、增长更快的股票表现得更加出色。废物处理公司就是其中的一个例子，而且该公司所处行业在1976年也表现得很不错。9月，该股突破了带柄茶杯形态，随后在短短一年多的时间里飙升了1100%。市场也将这波上涨行情延续到了1976年年底，道琼斯指数不仅收复了之前的大部分失地，还以略高于1000点的位置收官。该指数全年上涨了18%，只不过其中大部分的涨幅都是在上半年实现的。然而，纳斯达克指数的表现要好得多，全年上涨了26%，并以全年的高点收官。

进入1977年，市场并没有从1976年年底收盘的位置继续前行。道琼斯指数和纳斯达克指数均在新年伊始走低。实际上，标准普尔500指数从1月3日起连续3个交易日放量下跌。1月11日，由于成交量放大，市场再次大幅下跌。这意味着7个交易日中有4个交易日出现了严重的抛售。我们之前就见过这种类型的抛售，而且它们几乎总是会导致市场的趋势发生变化。道琼斯指数几乎直线下跌，从年初的1007点下跌到2月11日的926点。纳斯达克指数则继续着其超常的表现；虽然交易价格依旧较低，但是走势更加震荡。从2月中旬到6月，两大指数均呈现震荡的走势，并有小幅下跌的趋势。经济情况依然摇摇欲坠，通货膨胀率和利率也居高不下。但是到了夏天，市场开始出现分歧。那些认真研究市场的精明交易者应该也看到了这一变化——没错，欧奈尔就是其中之一。道琼斯指数持续走低，在1977年5月的最后一天触及892点。这意味着道琼斯指数全年的跌幅将达到11%。而在相当长一段时间里跑赢道琼斯指数的纳斯达克指数，在5月的最后一天收于95点，仅下跌2%。这就是在告诉投资者，小盘股的表现继续优于大盘蓝筹股。到6月底，纳斯达克指数实际上已经超过了年初的水平。然而，道琼斯指数继续处于震荡的行情，同时伴有轻微的下跌。截至7月的第3周，道琼斯指数录得当年以来8%的跌幅，而纳斯达克指数却上涨了6%。买就省超市作为盘子更小的股票的代表开始走强。7月，欧奈尔向机构推荐了这只新的创新股票。这只股票之所以没有人买入，是因为它当时每天的成交量只有700股。但是，这只股票的基本面非常强劲，欧奈尔被其创新的零售理念所吸引。他再次以史为鉴，通过回顾发现其他几家创新类零售商刚上市时的交易区间都很低。凯马特公司就是其中之一，1962年，该公司每天的成交量只有2000股左右。另一只股票是杰克・艾克德，1967年4月，其每天的成交量也只有2000股左右。这两只股票后来都成为大赢家。虽然机构一开始并没有接受买就省超市，但是欧奈尔将这只股票加入了自己的个人账户中。实际上，他一直在加仓这只股票，每当该股上涨1或2个点时，他就会买入更多，这种操作一直持续了好几年。欧奈尔在7.5年的时间里对该股进行了285次不同的买入。这可能是有史以来关于如何运用金字塔策略建立盈利头寸的最巧妙的例子之一。有一段时间，欧奈尔曾经实际拥有该股4.99%的股份（如果持有超过5%的股份，他必须在美国证券交易委员会登记注册）。这只股票后来成为他获利最多的股票之一，当他最终卖出时，他最初建仓的部分头寸上涨了20倍，而这笔钱也成为他后来创办《投资者商业日报》的主要资金来源。

道琼斯指数和纳斯达克指数在8—10月进入下跌通道。截至10月下旬，道琼斯指数较年初下跌了21%，而纳斯达克指数依旧保持着较好的表现。1977年，威廉・欧奈尔公司出版了新刊《股票市场新建议》（*New Stock Market Ideas*，以下简称NSMI）和《前龙头股避险》（*Past Leaders to Avoid*）。这些出版物每周出版一期，读者对象为他的机构客户。他对市场的细致研究将为他的客户提供有价值的信息。这项服务的表现如何呢？自1977年创刊以来，NSMI提供的新建议在2000年之前的表现比标准普尔指数好30倍。1977年，该刊的第一个新建议是多姆石油公司。1977年11月，欧奈尔试图说服基金经理以每股48美元的价格买入该股。当时这个行业在市场中的表现十分强劲，而多姆石油公司又同时拥有坚实的基本面和强劲的前景。不过，没有多少基金经理认同这一点，欧奈尔只能自己独享这一成果。多姆石油公司后来成为整个20世纪70年代最赚钱的股票之一。其股价在短短几年的时间里上涨了1000%。多姆石油公司是一只在年轻的纳斯达克市场上市的股票，1977年11月，纳斯达克指数开启了一轮强劲的上涨，尽管当时的市场环境仍然相当危险，但是该指数仅在当年的最后两个月里就上涨了9%。然而，道琼斯指数的表现依然差强人意，1977年全年下跌17%，基本上回吐了前一年的全部涨幅。至于纳斯达克指数，它全年录得7%的涨幅，自1973—1974年残酷的熊市以来，已经连续3年获得了正回报。这表明，市场中的任何力量都明显集中在规模更小且增长更快的股票上面。

从经济的角度来看，1978年仍将面临诸多的问题，但是，当时的经济有所好转。市场在上半年继续走低。道琼斯指数的表现继续疲软，到3月1日，已跌至700点下方，在新一年的前两个月里下跌了11%。与此同时，纳斯达克指数仅下跌了2%，较上一年年底的大幅上涨而言只是小幅下跌。市场看起来已经触底，但是在试图回升的第5个交易日，各大指数放量大涨。3月10日，标准普尔500指数在本轮反弹的第8个交易日放量拉升1%。我们已经看到市场在底部的第4个交易日到第10个交易日之间放量上涨1%—1.5%或者更多时通常是如何表现的。这个时机之所以非常重要，是因为通常需要一周左右的时间，才能吸引更多的重量级投资者买入股票并确认趋势已经反转，从而形成新一轮可持续的反弹。

欧奈尔再次预见到趋势反转

1978年3月，就在市场出现明显好转之前，威廉·欧奈尔公司在《华尔街日报》上刊登了整版广告，标题为“是时候抓住公牛的角了”。这则广告实际上帮助人们扭转了对市场和悲观情绪的看法，因为根据纳斯达克市场的走势预测，中小型成长股的新一轮牛市可能即将到来。欧奈尔对时机的把握简直恰到好处。作为一位经验丰富且成功的股票市场大作手，他从来不听信任何其他人的意见，而是关注市场的量价关系，以及正在突破并开始引领市场的个股。这就是大师级别的大作手的业绩超越市场平均水平并在股票中盈利的主要原因。

在接下来的3个月里，道琼斯指数和纳斯达克指数分别上涨了19%和20%以上。这次领涨的行业主要是电子、原油、能源和小型计算机——不少表现活跃的龙头股都来自这些行业。3月，推出新型文字处理办公设备的王安实验室突破了带柄茶杯形态，并在接下来的36个月里飙升了1543%。此外，作为早期龙头股的普莱莫计算机公司，在1978年2月突破了底部形态，并在接下来的40个月里上涨了1595%。这些新兴的科技股大多数来自计算机领域的新行业。大型计算机企业的股票反而在此期间表现不佳。小型计算机、文字处理器、软件、图形和微型计算机等新兴产业中出现了令人兴奋的新公司。除了前文提到的王安实验室和普莱莫计算机公司，还有准将国际、数据点、电子数据系统公司、罗姆公司、坦迪与卡利南数据库等。这些股票中有很多的价格较1978年年初的时候上涨了5—7倍，之后才见顶并开始暴跌。它们会像所有的股票那样回调，但是不会出现以往股市在高点时龙头股所发出的那种强烈的抛售信号。理解并学习这一点非常重要。

纳斯达克指数从6月初到7月初经历了小幅回撤，但是道琼斯指数的回撤更为明显，在一个月内下跌了9%，此后，两大指数纷纷进入上行通道，恢复了上涨势头。欧奈尔的公司建议它的几位基金经理客户买入M/A-Com和波音公司的股票。这两只股票都突破了双底形态，最终分别飙升180%和950%。道琼斯指数和纳斯达克指数在8月中旬之前一直稳步上扬，道琼斯指数此后趋于平稳，而纳斯达克指数则继续走高至9月，然后开始巩固之前的涨势。到了10月中旬，两大指数急剧下跌。就诸多因素而言，这一时期仍然充满了不确定性。此后，利率再次开始上升，经济仍处于滞胀状态。在10月中旬到10月底的几周里，纳斯达克指数暴跌了近18%，道琼斯指数下跌了近14%。这种恐慌式的下跌延续了主导20世纪70年代大部分时间的宽幅震荡走势。道琼斯平均指数试图平稳下来，随后在1978年年底之前一直处于窄幅震荡的走势。这是道琼斯指数连续第二年下跌，跌幅略高于3%。然而，纳斯达克指数却以12%的强劲涨幅继续跑赢道琼斯指数，从而实现了连续4年的上涨。虽然市场继续大幅震荡，但是规模较小、股性较灵活且盈利能力较强的股票继续着良好的表现。

1979年伊始，市场逐步走高，似乎从前一年10月的暴跌中走了出来。道琼斯指数和纳斯达克指数在1月表现尤其强劲，收复了一些重要的失地。很多曾经在1978年纳斯达克指数上涨的大部分时间里领涨市场的小型计算机类个股继续走高。另一只新出现的股票是计算机视觉，该股在1979年2月突破了另外一种典型的带柄茶杯底部形态后，只用了一年多的时间就大涨了1233%。美联储的贴现率在1978年年底达到了9.5%的历史最高水平，而接下来几个月没有加息，这似乎让华尔街有点儿兴奋。在经历了2月短暂而有一定意义的回撤之后，市场在3月反转并开始攀升，纳斯达克指数再次成为市场的引领者。

在市场中，一些相同的龙头行业和个股重回了之前的上升趋势。石油股和石油服务公司类个股仍在上涨。但是在1979年年初，真正实现最大回报的仍然是规模较小的科技股——主要来自计算机行业。与20世纪70年代的波动走势一样，市场在1979年4月底之前一直稳步上涨，随后在另外一次大幅回调中下跌。然而，很多龙头股即使已经跟随大盘回落，也仍然没有显示出在之前的市场环境中出现过的重要抛售和见顶迹象。实际上，一些积极的经济数据可能已经阻止了更多大规模的抛售。1979年，失业率开始有所改善，经济处于增长之中，并没有陷入衰退或者进入下跌通道。

在1979年夏季期间，道琼斯指数中的工业股进入窄幅震荡模式，没有取得太大进展，而纳斯达克指数却重拾升势。到8月底，纳斯达克指数在年内已经上涨了28%，而很多小型科技股的涨幅还要大得多。甚至连道琼斯指数也在8月有所回升，并进一步攀升，创下年内新高。9月，随着市场继续缓慢上行，美联储迎来了新一任主席。卡特总统任命保罗·沃尔克（Paul Volcker）领导银行业，试图控制通货膨胀——这是美国经济面临的一个主要问题。沃尔克宣布提高贴现率，而这正是华尔街所不愿意看到的。在经历了多年的加息以后，市场最不愿意看到的就是新一轮的紧缩政策和加息。这一消息公布之后，市场几乎直线下跌。纳斯达克指数在不到3周的时间内下跌了将近13%，道琼斯指数在两周内下跌了10%，随后又下跌了近12%。道琼斯指数的下跌让很多人想起了20世纪20年代的场景，当时有人称这次下跌是上次下跌的50周年纪念。由于当时的贴现率为12%，而且还在继续上升，美元持续疲软，预算赤字日益严重，很多货币市场利率都高于长期债券利率。但事实是，市场在几个月内就复苏了，而纳斯达克指数一直在飙升，到年底收官时，只比沃尔克宣布提高贴现率之前的水平低一个点。持有股票以对冲通货膨胀的说法似乎说服了很多人继续买进股票。到这个十年的收官之际，道琼斯指数的表现不甚理想，其收盘时的点位比10月5日，即沃尔克宣布提高贴现率之前低了近50个点。美国当时面临的其他两个主要问题是欧佩克的另一次石油危机和年底的伊朗人质危机。虽然道琼斯指数在1979年勉强上涨4%，但是纳斯达克指数继续表现优异，全年涨幅高达28%。这是自1973—1974年残酷的熊市之后，纳斯达克指数连续第5年上涨。

20世纪70年代末是市场经历过的最动荡和最具挑战性的时期之一。政治的不稳定、国外带来的影响和滞胀将成为这十年的标志。在20世纪70年代之前，市场不需要应对高通货膨胀率，因为前几十年的通货膨胀率分别如下：-1.1%（20年代）、-2.0%（30年代）、5.4%（40年代）、2.2%（50

年代）、2.5%（60年代）和7.4%（70年代）。

导致高通货膨胀率环境的主要原因是高油价。到1978年，原油价格达到每桶30美元，几乎比1970年的价格高出15倍。在如此之多的经济不平衡和其他因素的影响下，市场在这十年的大部分时间里都是大幅波动的。但是这并不意味着没有赚钱的机会。

欧奈尔当时经验丰富、功成名就，并且成立了自己的公司，他在20世纪70年代表现突出。他抓住了在他的职业生涯中最能赚钱的股票之一——买就省超市，而且在20世纪70年代结束的时候还在不断增持。他在操作和石油有关的股票上做得非常好，特别是3只加拿大的石油股，因为他看到原油价格的上涨对很多以石油为命脉的公司来说是巨大的利益来源。从1979年到1980年，很多与石油相关的公司的股价都翻了2—3倍。当突破真正的底部形态后，表现最好的股票上涨了5—7倍。此外，欧奈尔还会跟踪市场和龙头股的走势，然后在情况开始恶化时多次卖出股票。这些都是他从来自20世纪60年代的经验，以及一直研究市场是如何通过量价关系运行的过程中学到的。随着本书内容的深入，我们会发现欧奈尔过往的成功与失败的经验只会让他更加受益，因为在接下来的几十年里会出现新的机会。

第九章

伟大的交易者会跑在牛市之前，并避开崩盘

（1980—1989）

威廉·J. 欧奈尔跟踪市场走势，
并适时采取行动

20世纪80年代的新十年是在希望中开始的，主要股指在整个1月都在攀升。然而，到了2月初，市场似乎又回到了上世纪70年代的那种剧烈波动的环境中。此后，市场在2月和3月大幅下跌。当时的情形仍然十分严峻，经济实际上从1980年1月就开始陷入衰退。美联储继续严格控制货币供应，利率持续上升，失业率也再次攀升。虽然市场在1980年年初走势疲软，也没有表现出太多的希望，但是这种下跌只是暂时的。实际上，市场和它的预测能力很快就预感到美好的时刻即将到来。1980年第三和第四季度的实际GDP出现了非常强劲的增长，经济也因此在9月走出了暂时的衰退。这绝对不是一个完全解除警报的信号，因为经济中仍然存在很多令人不安的因素，不过市场的实际走势至少说明经济的走向暂时出现了向上的反转。事实上，纳斯达克指数从4月初开始大幅上涨，并

图9-1　道琼斯工业平均指数（1980—1989年）

来源：www.thechartstore.com.

在接下来的6个月里强劲攀升，涨幅约为57%，而且期间没有出现过重大的回调。道琼斯指数的涨幅虽然落后于纳斯达克指数，但也达到了33%。随着个人电脑的普及，很多之前提到过的规模较小、增长较快的计算机类股票在保持完整的上升通道的同时都获得了最好的回报。

图9-2 纳斯达克综合平均指数（1980—1989年）

来源：www.thechartstore.com.

在经过了一段相当强劲的上涨后，道琼斯指数和领涨的纳斯达克指数分别于8月中旬和9月下旬开始盘整。就在情况似乎真的在好转时，美联储再次开始大举加息。另一次石油危机促使美联储开始了新一轮紧缩的货币政策，旨在阻止可能出现的又一次螺旋式通货膨胀。20世纪70年代初的景象再次映入人们的眼帘。9月26日，美联储提高了贴现率。紧接着在11月17日，它再次上调了贴现率。几周之后，也就是12月5日，美联储第3次宣布提高贴现率。这3次快速的加息再次延缓了市场前进的脚步，就像之前类似的时期一样。然而，市场的实际反应要好于很多人的预期。道琼斯指数和纳斯达克指数在年底前的走势基本平稳，并没有回吐之前的大部分涨幅。道琼斯指数最终录得全年15%的涨幅，而纳斯达克指数再次成为最大的赢家，涨幅高达34%，是道琼斯指数涨幅的2倍多，实现连续第6年上涨。大盘的表现要明显强于工业股，标准普尔500指数也强势上涨了32%。如果你抓住了当时那波上涨趋势，尤其是包括科技、银行和零售行业在内的领涨板块，那么你的投资组合将会获得不菲的收益。与此同时，威廉·J. 欧奈尔继续增持买就省超市的股份，随着利润的持续增长，再加上利息，他仍然在运用让头寸盈利的金字塔交易策略。

1981年伊始，新总统罗纳德·里根（Ronald Reagan）入主白宫。里根曾在竞选中把减税作为执政的一项重要议程。他的供给学派经济理念将被视为一种手段，用来刺激停滞不前的经济。在经历了1月短暂的下跌后，市场重拾升势，似乎不受利率上升和经济中其他负面因素的影响。纳斯达克指数引领的这一轮强劲反弹一直持续到5月底。在此期间表现突出的是一家名为MCI通讯公司的创新型电信公司。尽管市场的前景很不明朗，但是该股突破了15美元的底部形态，并在短短21个月内上涨到每股90美元。与此同时，美联储于5月8日再次上调利率，使贴现率触及14%的历史高点。在此之后，短期利率超过了长期利率，通货膨胀率再次螺旋上升，达到15%，首次公开募股（IPO）市场也因此陷入停滞。与上世纪70年代类似，高利率似乎是压倒市场的最后一根稻草。市场在新十年的前一年半平稳运行之后，这些处于历史高位的利率将开始扼杀经济。市场从6月开始波动，然后开始掉转方向，趋势随之改变。龙头股开始崩溃，抛售席卷整个市场。

欧奈尔的警告再次得到了验证

一些在过去几年中表现最好的股票来自石油和石油服务行业。虽然它们在20世纪70年代末到80年代初的这段时间里为精明的投资者带来了巨大的回报，但是此时也已经显露出疲软的迹象。与几乎所有的市场周期一样，上一个周期的龙头股确实会在某个时刻走下神坛并让位于其他股票。欧奈尔在能源行业上涨的过程中赚得盆满钵满，但是他的经验和市场的走势告诉他，情况正在发生变化。实际上，从1980年11月开始，他就一直试图让他的众多机构客户抛售石油和石油服务行业的股票。一直到1981年6月，欧奈尔都在提醒大户投资者，使他们开始认识到这些股票正在见顶并下跌。随着石油价格的企稳，很多经历了如此巨大涨幅的行业龙头股都尽显疲态。世界上没有永远上涨的股票。当股票开始改变方向时，据此做出改变的能力将专家和普通人分别开来。开始崩溃的一只能源类龙头股是赫尔默里奇和佩恩材料公司。该股在1979年和1980年同许多能源类龙头股一起上涨。此外，这只股票还集多种优势于一身——稳步的上涨、强劲的成交量支撑，以及当它下跌时从关键的50日移动平均线获得支撑并反弹。

然而到1981年3月下旬，赫尔默里奇和佩恩材料公司已经形成了典型的头肩顶形态的右肩，在随后的几个月里，它放量下跌的天数要多于放量上涨的天数和周数。显然，这只股票的趋势发生了变化，因为获利的人超过了还在持有和将来打算买入的人。到1981年，该股的支撑区域在上涨的过程中第一次被击穿。由于抛售该股的人数超过了抛售整个行业的人数，情况变得越来越糟。在这之后，该股的50日移动平均线由原来的支撑位变成了阻力位。1982年夏秋两季，该股在下跌过程中的成交量真正开始放大，其股价在1982年8月从头肩顶形态的头部，即约每股50多美元的高点跌至不足15美元（拆股调整后）。欧奈尔注意到了这只股票的量价走势图表形态，这也正是他几十年来在市场中如此成功的一个重要原因——相同的股票形态会随着时间的推移不断重复。其他一些欧奈尔试图让他的众多机构客户抛售的股票包括印第安纳标准石油公司、海湾石油公司、美孚和斯伦贝谢。石油服务公司斯伦贝谢是石油服务行业的最大赢家之一，但是欧奈尔注意到该股已经形成了典型的顶部形态。当他注意到市场中最好的龙头股即将垮台时，整个行业的崩盘只是时间问题。这与1906年年末和1907年年初的联合太平洋公司和20世纪初金属行业的坩锅钢公司的走势类似。之所以会这样，是因为股票往往会集体跟随其他股票的走势，而这一走势通常都是由龙头股决定的。欧奈尔后来提出，休斯工具公司、国家铅业公司和罗文公司等多只股票都有可能下跌。当市场在1981年6月暴跌时，石油和石油服务股纷纷倒下。这不仅是个明智的决定，也是到当时为止欧奈尔做过的最好的决定之一。此举实际上会提高威廉·欧奈尔公司的声誉，也会为他本人赢得赞誉。

他是如何做到的？他又是如何洞察到这一点的呢？他只是跟随整个市场的走势，密切地关注龙头股。他从经验中得知，当市场似乎见顶并开始震荡整理时，就是在自己的持仓中寻找抛售信号之时。如果没有其他强势的龙头股来保持上升趋势的完整性，那么通常来说在市场上涨时推动市场走高的那些龙头股也会领跌市场。在强势的市场中，很多时候会出现行业轮换，一个领涨的行业会将接力棒交给另一个或者多个强势的、有潜力的行业。但是在上文的案例中，由于油价的快速上涨以及高油价给石油和石油服务公司带来的收益，这些公司在过去几年里已经上涨了很多。油价趋于稳定，但仍然处于高位，很多人都认为石油股会继续上涨，而且前景一片光明。不过请记住，市场总是具有前瞻性。那些“聪明钱”正开始将它们从这些股票的惊人涨幅中赚到的巨额利润拿走。欧奈尔的经验、交易法则和判断力都在告诉他，这些龙头股的顶部即将到来。因此，他选择了套现，锁定利润，从而避免遭受很多拒绝出售该行业股票的人将要面临的痛苦。接下来，我们还将看到欧奈尔多次这样做。在股票市场中，经验和客观性可以带来巨大的回报。投资者需要根据股票的走势图评估成交量的趋势走向。石油服务行业的龙头股斯伦贝谢在真正崩盘之前，其周线图中出现了数周的放量派发走势。

到1981年5月底，经济中的其他问题也开始浮出水面。尽管市场上半年走势强劲，但是新的首次公开募股几近枯竭。资本投资在下降，许多公司的研发项目被搁置。工业生产也开始下降。6月，另一场衰退即将开始，而这距离上一次衰退的结束还不到一年。市场在1981年6月和7月进入下跌趋势，显然市场的趋势发生了改变。在经历了8月的平淡之后，市场在9月迎来了新一轮抛售。到当年9月底，道琼斯指数和纳斯达克指数都出现了两位数的跌幅。要想知道之前的能源类龙头股跌得有多惨，我们来看看多姆石油公司的走势。前文提到，这只股票是20世纪70年代末表现最好的股票之一。然而，属于它的时代已经一去不复返了，到1981年9月，其股价已经从每股16美元（拆股调整之后）下跌到了12美元。几个月后，该股的交易价格为每股1美元。认识到这些先前的龙头股何时见顶然后下跌、投资者应该如何操作才不会将之前获得的所有利润回吐给市场甚至将盈利变为持续的亏损是非常有价值的。在股票市场中，没有什么是比在一段时间内获得可观的利润，然后看着它逐渐变少，最后变成巨额亏损更让人痛苦的了。伟大的交易者不会让这样的事情发生——他们会采取行动，保护自己。

1981年年末，一些变化至少给市场带来了一丝安慰。美国国会通过了《经济复兴税收法案》（*Economic Recovery Tax Act*），里根总统履行了他的竞选承诺，将通过减税来刺激经济。长期资本利得税被大幅削减，折旧费用作为短期冲销，用以实现刺激经济向前发展的目的。此外，随着利率的上升，很多外国人加快了对美国的投资。美元随后开始了长期以来的第一次升值。随着走势趋于稳定，市场直到年底都处于一个更加波动的形态之中。道琼斯指数全年下跌9%，纳斯达克指数在其连续多年的上涨趋势即将结束之际收涨3%。

伴随着1982年开年而来的是经济衰退、失业率上升、高通货膨胀率和高利率。赤字也在高位运行。由于悲观的情绪再次笼罩市场，市场在1月和2月下跌。第一季度的实际GDP下降超过6%，随之而来的是失业率的上升和企业利润的下降，经济前景一片黯淡。然而，经济还是开始出现了一些变化。原油价格持续下行，当曾经强势的石油和石油服务公司的股价下跌时，我们再次从该行业身上看到了市场走势对未来的预测能力。1982年2月，威廉·欧奈尔公司再次在《华尔街日报》上刊登了整版的广告。内容是，“……通货膨胀已经结束了，是时候为未来的复苏进行投资了”。这则广告强调，不久前通过的减税法案正在开始发挥作用，只不过很多人还没有看到它的效果。此外，石油价格的下跌正在降低处于历史高位的通货膨胀率。该广告还提到，国防电子产品和消费类成长股可能是经济复苏的最大受益者。更有意思的是，这则广告引用了市场历史上与1982年类似的其他时期。它提到了市场当前的低市盈率，以及过去接近这一水平的历史低点是如何导致市场触底的。1982年，市场的市盈率接近7倍，这一时期看起来与1974年（6倍）、1949年（7倍）和1932年（5倍）的市场底部类似。它还提到，当前（1982年）的市场情绪与主导1947—1949年的市场环境的市场心理非常相似。到目前为止，我们都知道心理学在市场结果中扮演着多么重要的角色。就在这则广告出现的时候，很多人还在舔舐着市场下跌导致的、还未痊愈的伤口，悲观的情绪笼罩着市场。回想一下，我们过去多次看到，当事情看起来永远不会改善时，才是到了最关键的时候，要时刻注意可能发生的趋势变化。

从3月初到3月中旬，市场的方向确实发生了改变，并一路走高。这次温和的反弹只持续到5月中旬就戛然而止，随后市场便进入了为期3个月的回调。在继续下面的内容之前，我想指出一个关键点——最优秀的交易者不会浪费他们的时间和金钱去寻找不知为何"未被其他人发现"的低价股，他们也当然不会在低价股上面浪费时间。正如欧奈尔的研究所表明的那样，最好的股票是那些随着时间的推移而大幅上涨的股票，而且这些股票通常在大幅上涨之前都处于30美元或者更高的价位。在本书提到的很多案例中，有些的价格看起来似乎低于发行价。但是，这些股票的价格通常是指在经过拆股调整之后的价格，这也意味着，当股价真正开始波动时，要比发行价高得多。

1982年夏末，随着失业率的持续上升和企业利润的持续下滑，第三季度的实际GDP数值再次为负，市场再次经历了一波下跌行情，直到8月初到8月中旬才触底。道琼斯指数在8月的这一低点比1972年的高点低了25%。再一次地，我们该如何得知市场已经见底，尤其是在所有事情都表现出悲观和黯淡前景的时候呢？回想一下巴鲁克、利弗莫尔和勒布是如何时刻警惕市场的走势，从而进一步寻找市场趋势的具体转折点的。欧奈尔对以往市场底部的研究和分析是当今的市场参与者学习的关键，使他们能够对这些变化保持警惕。人们需要记住，没有哪个大牛市是在没有经历涨势确立日的情况下开始的。我们再回到1982年，标准普尔500指数在8月13日见底之后历经5个连续的交易日才迎来单日放量上涨3.5%的行情。8月17日，道琼斯指数成交量放大，从而形成了涨势确立日，这是该指数尝试反弹的第7个交易日。随后，该指数还在这波反弹的第9个和第11个交易日放量大涨。到底发生了什么导致行情突然反转？美联储正在给利率松绑，进而导致货币供给的增长（到1983年年初增长了13%以上），大型交易商纷纷进场抢筹。所有愿意认真学习、做功课和观察的人都会发现这种不断重复的情况。

欧奈尔和他的内部资金管理公司在那一年的夏末继续大幅盈利，最终创造了到当时为止最好的业绩。从1978年到1981年，欧奈尔公司的账户资产增加了20多倍。很多股票突破了坚实的底部形态，而新的龙头股即将出现。这些股票中有很多是计算机服务、软件和外部设备等科技股。而且它们中的很多继引领了1978—1980年市场的计算机和科技股之后，成为新的市场领导者。另外几只来自不同行业的股票也显露头角。若一个市场确认了新的趋势，且来自不同行业的多只龙头股开始突破真正的底部形态，那么就显现出了整个市场的健康状态正在改善的线索。一个市场中出现的龙头股越多，就越有力量继续前进。达乐公司从8月的平底形态回升后，在不到3年的时间里飙升了705%。普赖斯公司是更早的一只龙头股，它在1982年6月突破双底之后，在11个月的时间里上涨了110%。欧奈尔注意到了这一点，并且在该股的爆发点买入。他喜欢这家公司的创新理念，即从南加利福尼亚州开始建立连锁批发仓储式会员商店。从1982年年中的突破点到1986年，普赖斯公司的股价飙升了15倍以上。欧奈尔在3年半的时间里一直持有该股。随着市场的走强，他学到了宝贵的经验，那就是持有持续上涨而没有出现严重抛压的股票。

随着购买力在9月开始增强，市场迅速走高。通货膨胀似乎已经明显得到了控制，而这也正是欧奈尔在几个月之前一直在强调的问题。几个月前，他在《华尔街日报》上刊登的广告对此时的市场定位非常精准。企业利润已经停止下滑，并开始增长。前一年的减税政策真正开始发挥作用。能够和以往一样得到确认的是，在1982年12月经济衰退正式结束之前，市场就已经开始大涨。从图9-1和图9-2可以看出，当前的趋势明显是上升的，而10月的走势甚至更加强势，标准普尔500指数在当月上涨了11%。1982年年末，随着这波反弹力度的加强，消费者支出在经济衰退之后不断增加。当然，这刺激产生了更多的需求。此外，在20世纪80年代早期，由于很多人还在忌惮70年代的宽幅震荡行情，股票的持有量一直在下降。事实上，在20世纪80年代初，只有16%的家庭持有股票，甚至比60年代的持有量还要低。到1982年同期，机构在整个市场中的占比已经达到了70%，从而成为市场交易的主力。随着市场和经济开始好转，很多中产阶级将通过共同基金和其他间接投资工具更多地参与市场。

道琼斯指数因为老工业股表现滞后而在1982年年底增长放缓，随后又在这一年的最后两个月里进入另外一个震荡区间，同时，纳斯达克指数也进入盘整期。1982年第四季度的实际GDP略有增长，扭转了第三季度的负增长。但市场再次将目光投向了第四季度之后甚至更远的时期。随着利率的下降和通货膨胀的消退，市场显然看到了更加光明的未来。1982年8月，市场从底部强势反弹，这对于精明的股票市场大作手来说无疑是趋势反转向上的明确信号，很多强势的股票一飞冲天，引领了这一轮新的牛市。到年底，纳斯达克指数全年上涨19%，道琼斯指数上涨19.6%。

1982年年末形成的新趋势一直持续到了1983年，随着利率和通货膨胀率的持续下降，以及企业利润的持续增长，股市再次受到追捧。很多盘子小、更具创新性的公司继续保持着强劲的势头，它们正在从经济和消费市场的好转中获利。随着经济的改善，商业信心和企业招聘也开始增长。由于更多的企业会雇用更多的员工来满足不断增长的需求，失业率最终开始下降。女性重返更高层次的劳动力市场开始显现出巨大的发展前景。一些企业将会从职场女性比例的激增中获益匪浅。Dress Barn和有限品牌公司这两家迎合女性职场时尚的企业的收入和利润开始飙升。从1982年到1987年，有限品牌公司的股价实际上涨了3500%，我们在后面的章节中还会多次看到这只股票的身影。随着时间的推移，市场在1983年前几个月里的阶梯式上涨形态清晰可见，就像我们之前多次看到的那样，当时市场处于明显的上升趋势。

随着反弹力度的增强，很多最优秀的交易者都在增持手中最强势的股票。鉴于买就省超市越来越受关注，股价不断上涨，欧奈尔继续买入该股。普赖斯公司是另外一个大赢家，欧奈尔在战略性买入点运用金字塔式交易策略扩大股本。到1983年年初，道琼斯指数已经比1982年的低点高出了300多点。第一季度和第二季度的实际GDP数据十分强劲，尤其是第二季度增长了将近9%。稳健的增长对整个经济产生了深刻的影响，市场的信心正在增加。1983年第一季度，新股发行市场如火如荼，IPO总额达到87亿美元，比1982年第一季度增长了350%以上。

市场虽然在夏季增势放缓，但是仍保持了上升趋势，股票被出售的主因是获利回吐，而不是像过去那样导致大规模抛售的见顶行情。理解这两者之间的区别是非常重要的。1983年，市场上也出现了一些分化。由于盘子更小的企业股价一路高歌猛进，纳斯达克指数从年初到6月初上涨了近43%。道琼斯指数的表现虽有落后，但同期也上涨了24%，令人印象深刻。当市场在夏季和秋季回落时，这种分化再次出现。6月中旬到11月初，道琼斯指数只回撤了4%。然而，同期领先的纳斯达克指数却下跌了将近18%。欧奈尔始终坚持他那套经过时间检验的市场分析，因此他知道总是出现在市场上升趋势中的正常卖出行为和抛售之间的区别，如果没有掌握正确的卖出技巧，重大的调整将会导致趋势彻底反转，从而损害投资组合。实际上，欧奈尔喜欢这种正常的卖出，因为他把这些回撤视为增加已经大幅获利的头寸的机会。这其中的诀窍在于，它必须基于适当的量价走势和市场中龙头股的表现和反应。如果操作正确，某些价格区间的支撑总能给精明的交易者带来更多盈利的机会。同样，具体的内容请参阅欧奈尔的出版物，书中有对他所有的战略交易法则，特别是很多卖出法则的详细分析。

那一年还有很多其他表现非常强劲的股票，其中一只名为弗里特伍德产业公司的股票吸引了欧奈尔的注意。该股属于移动住宅行业，后来为欧奈尔带来了巨大的收益。由于移动住宅行业表现强势，其他与该行业相关的股票后期也表现得十分出色。Textone就是其中之一，这家企业为房车和移动房屋制作镶板和橱柜。另外一个大赢家是新成立的名为“富兰克林资源”的共同基金公司。由于市场的强势以及普通大众市场参与度的提高——特别是通过共同基金间接参与市场，富兰克林资源公司获得了成功。这只股票是在1983年新发行上市的，其股价在短短15个月里上涨了750%。在经历了11月市场上涨、12月市场下跌的动荡年末后，道琼斯指数全年上涨20.3%，从而录得连续第2年的强势上涨。纳斯达克指数则连续第2年落后于道琼斯指数，全年的涨幅为19.8%。

市场在1984年的前几个星期延续着之前的走势。但随后，市场开始释放一些信号。道琼斯指数在1月10日触及1295点的峰值，但是仅在5个连续的交易日中就出现了3个抛售日（大规模抛售）。到1月13日，市场出现了明显的抛售。现在我们都知道这对欧奈尔来说意味着什么，他会非常密切地关注市场和龙头股的走势，在经过多个交易日的抛售之后，如果这些股票触发了一些经典的卖出法则，那么他会迅速开始卖出手中的一些头寸。其中一只开始摇摇欲坠的龙头股是家得宝。自从1981年首次公开募股以来，该股在不到两年的时间里迅速上涨，从不到2美元（股票经过拆分调整之后）上涨到1983年9月的30美元以上，涨幅超过20倍。1984年年初，随着市场看起来疲惫不堪并开始走弱，家得宝的股价以多日缩量上涨的走势见顶。在过去两年推动股价上涨的做多动能正在衰退，见顶也只是时间问题。随着整个市场的见顶，家得宝的股价也随之见顶。虽然公司本身并没有什么问题，增长的前景也依旧看好，但是当抛售冲击市场的时候，没有人会知道情况会有多糟，正如我们已经在历史中看到的那样。投资家得宝的“聪明钱”在退出该股的同时也获得了不菲的收益。当一个健康的市场再次出现时，如果一只强劲的股票最终会引领下一个市场周期，那么你没有理由不再次买入它。众所周知，没有永远上涨的股票，在经历了巨大的涨幅之后，家得宝回调的时机已经成熟。到1984年3月，家得宝的市值已经从峰值跌去了一半，随着市场在1月下旬和2月大幅下跌，家得宝的股价跌到了每股15美元。

1984年年初，美联储提高了利率，贴现率回到了9%的水平。对再次加息和重返20世纪80年代初高利率环境的担忧开始浮现。随着通货膨胀再次抬头，30年期债券利率回升至14%。经济虽然仍然强劲，但是随着时间的推移，经济增长将放缓，这一点也反映在市场显示未来预期的能力上。市场从3月到7月逐级下跌。道琼斯指数已经从1月的峰值回撤了大约17%，纳斯达克指数的下跌幅度则超过了20%。与1982年8月以来的涨幅相比，这些回撤可能看起来微不足道，但是当你处于回撤之中却无法确定市场会下跌多久时，这样的下跌就显得非常危险了。而就在短短6个月的时间里，这样的回撤可能是非常具有破坏性和令人沮丧的。这波调整的转折点出现在8月初，当时的美联储扭转了其不断提高贴现率的政策，开始降低贴现率。市场对此的反应是积极的，并在8月初强势上涨，一举收回了前几个月的大部分失地。从那时起，市场基本上处于震荡的走势，只是在这一年余下的时间里略有下跌，暂时消除了市场对加息的担忧。此外，有几家新上市的公司引起了人们的强烈兴趣。天使冰王以其关于新酸奶食品时尚的特许经营权理念引起了人们的极大兴趣。从上市伊始到1985年，天使冰王的股价在1年半的时间里上涨了2290%。与热门电视节目《危险边缘》(*Jeopardy*)和《命运之轮》(*Wheel of Fortune*)有关的国王世界是当年发行的另外一只新股，其股价在短短一年内飙升了300%。当年表现强劲的另一只股票是丽诗加邦，其股价在见顶时已经上涨了715％。

1984年，道琼斯指数因早些时候的回撤转跌，全年下跌4%，从而结束了连续两年20%的涨幅。而纳斯达克指数的表现还不及道琼斯指数，全年下跌13%，也结束了连续两年的强势上涨。标准普尔500指数也未能幸免，全年下跌6%。1984年的另一个重大事件是《投资者日报》［*Investor's Daily*，后来于1991年更名为《投资者商业日报》（*Investor's Business Daily*）］于4月出版。这份由欧奈尔创办的具有创新特点的刊物将向公众提供有关市场和个股真实的、经过历史检验的和无偏见的数据，进而向《华尔街日报》发起挑战。创办这份报纸的资金全部来自欧奈尔在市场中赚取的利润，而这些利润大部分来自这两只股票——普赖斯公司和买就省超市。要知道，启动并维持一个全国性的出版物需要相当多的资金，所以你可以想象这些大赢家股对欧奈尔来说是多么的有利可图。

1985年伊始，很多经济因素逐渐到位，开始形成一个健康的市场环境。利率开始下降，通货膨胀率和失业率也在下降。经济增长明显，季度的实际GDP数值也很健康。新公司不断上市，合并和收购持续增加，这表明企业对自己当前和未来的前景很有信心，因而对股市来说是个健康的信号。鉴于此，短暂的回调实际上有助于为股市未来的上涨趋势建立健康的基础，市场的信心和趋势又重回正轨。在1月和2月的强劲表现后，股市巩固了当前的涨势，并在整个夏天以温和而稳定的势头攀升。那些精明的市场学生在关注活跃的龙头股的同时，还看到了健康的市场提供的一些可靠机会。另外一个重要的细节是，纳斯达克指数开始重新确立其作为领先于市场的指数的地位。该指数在过去3年里一直落后于道琼斯指数，而如今该指数中的一些规模较小的创新公司正在取得可观的收益。新股发行一直以来都是健康市场的标志，特别是当它们上市时，其产品或服务已经拥有了强劲的需求和基础。1985年涌现出了一批杰出的公司：诺威尔，该公司的局域网（LAN）软件产品仅在IPO之日后5个月内就完全上市；开市客作为一只仓储式会员商店概念的股票，同样成为最大的赢家，其股价在3年多的时间里飙升了700%。

市场在1985年10月之前经历了缓慢而稳定的上涨，之后在当年的最后3个月里大幅走高。随着成交量的增加，市场的需求推动股价上涨，整个市场的趋势明显走强。10月，富兰克林资源公司突破了平稳的底部形态。欧奈尔随即抓住了这只龙头股。他跟踪强势的市场趋势，同时寻找基本面强劲且已经形成典型底部形态的龙头股。事实证明，这只股票是他在那十年中收益最好的股票之一，其股价在5年内飙升了3596%。不过，欧奈尔并没有持有太长时间，因为该股在上涨的过程中确实发出了卖出信号，他注意到了这些信号并决定锁定利润。但是，尽可能长时间地持有盈利的股票是值得的，因为持有这些龙头股，直到它们出现重要的卖出信号再卖出，才能够赚到大钱。当你这样做的时候，将最终锁定你的利润。这就是欧奈尔所做的，这也是他在市场中如此成功的原因。请记住，在股票市场的历史上，从来没有人能够在市场的最底部买入，然后在最高点卖出。这是不可能做到的，而且你也不要认为那些复杂的软件程序会让你神奇地成为历史上第一个做到这一点的人。杰拉尔德·勒布甚至在他的经典著作《投资生存之战》中说，“那些对市场底部和顶部失去‘知觉’的资金从来没有得到普遍的赞赏。如果这些资金的总数是可以统计出来的话，那么一定是惊人的”。

1985年11月，基因泰克的股价在短短5个月的时间里飙升了300%。当时令人感到困惑的是，公司当时的市盈率在其股价上涨之前的买入点已经达到了200倍。伟大的股票交易者不会基于对市盈率的偏见进行交易——他们只会在市场确认升势时寻找少数凭借新产品或服务在财务上表现出色的龙头股。其实，最优秀的交易者通常用市盈率来衡量何时卖出处于上涨趋势中的股票，而不是何时买入股票。勒布和欧奈尔都在利用不断上升的市盈率来判断何时将上涨中的股票的利润套现。道琼斯指数当年上涨了28%，纳斯达克指数则以31%的强劲涨幅重新领涨市场。

1986年伊始，市场延续了前一年的上涨势头。随着利率的持续下降，通货膨胀得到了很好的控制，经济继续增长。市场上的成交量也在增加，越来越多的人要么直接进入市场，要么通过广受欢迎的共同基金间接进入市场。领涨市场的强势板块包括软件、有线电视、超市、食品和以仿制药为龙头的医药板块。基因泰克的股价继续高歌猛进，欧奈尔也买入了这只龙头股，并一直持有到年底，这也成为他在那个十年里获利最多的股票之一。另外一只成功的股票是锐步国际，其股价在1986年年初放量突破了带柄茶杯底部形态，成交量要比当时的平均水平高出100%。其股价在4个月内大涨了262%。此外，新股依旧源源不断地进入市场，奥多比凭借着其创新打印软件成为市场中表现十分抢眼的公司。在强劲的市场行情中，该股的股价在6个月里飙升了482%。电路城这只股票由于具有电子产品商店概念而成为一个大赢家。其股价在4年半的时间里上涨了1971%，令股东们兴奋不已。

市场在上半年一路上扬，并且在3月出现了几乎不间断的强势上涨。从4月到6月，上升的趋势还在继续，只不过是我们已经见过很多次的阶梯式上涨形态。对于市场来说，这是一次规模相当大的攀升。到当时为止——仅从1985年10月到1986年6月底，道琼斯指数和纳斯达克指数在短短9个月内的涨幅均超过40%。然而，市场中也出现了一些担忧，涉及内幕交易的内部丑闻开始浮出水面。其中大部分问题似乎又再次与投资银行家和经纪人联系在了一起。我们曾经在过去的市场中看到，当事情一帆风顺时，很多人会试图走捷径。这种情况到20世纪80年代中期也没有发生任何改变。巨额的贸易赤字和预算赤字也让人不寒而栗。此外，几年前开始出现的垃圾债券市场也出现了一些过度的杠杆交易。企业利用高杠杆进行收购，使得并购狂潮愈演愈烈。虽然增速有所放缓，但经济仍在增长，企业利润也很稳定。市场在7月大幅下跌，随后在8月有所反弹。这对于平均指数来说是相当大的调整，所以，对之前的涨幅进行巩固似乎是正常的和有益的。

欧奈尔锁定巨额利润

从9月开始，市场出现了分化，纳斯达克指数遭受的抛售强度超过了道琼斯指数。由于一些精明的股票市场大作手正在套现之前获得的收益，纳斯达克指数出现了获利回吐。欧奈尔抛售了他所持有的普赖斯公司的股票。他在这只股票上获得了超过1000%的收益。也许，能够在恰当的时机抛售股票要比任何其他策略都重要。欧奈尔对历史上表现最好的股票进行了深入研究，总结出了许多在股票开始见顶和下跌时常用的买入和卖出交易法则。锁定10—20倍的收益并不是靠运气，而是靠刻苦的学习和自律。欧奈尔曾经一度持有普赖斯公司3.6%的流通股。当你持有这么大的头寸时，你最好知道什么时候才是卖出它们的最佳时机。欧奈尔是第一个通过广泛的历史研究确定哪种卖出法则有助于获得最大收益的人之一。他仍然采用史上最赚钱的股票的历史数据来建立他的模型，而他的很多成功策略都来自这些模型。

纳斯达克指数的快速调整使该指数在短短两个半月的时间里下跌了17%。在经历了一轮强劲的上涨之后，很难判断一个指数的跌幅能有多大。内幕交易丑闻会让很多人感到紧张。11月17日，当伊凡·博斯基（Ivan Boesky）就内幕交易指控进行辩诉交易时，股市出现了大幅抛售。虽然纳斯达克指数依旧在表现不佳中挣扎，但是年底一些新股的发行将会为市场注入活力。1986年10月，微软上市，并在短短12个月的时间里放量大涨350%。同年12月，康柏电脑在上市后突破了带柄茶杯形态，并在11个月内飙升了378%。这两只新股都属于生产令人兴奋的新产品的年轻创新型公司，这些公司将在未来极大地提高工人的生产效率。然而，纳斯达克指数并没有收复下半年的大部分失地，不过由于1986年上半年的强势上涨，该指数最终全年上涨7%。在这一年的大部分时间里，美国实际GDP的增速也有所放缓，但仍为正值，而且自1983年第一季度以来，已经连续16个季度为正值。

从图9-1和图9-2中可以看到，市场在1987年伊始出现了短暂的波动——处于上升趋势的市场在前一年的震荡结束之后便强势上扬。税收改革的作用开始显现，做多的动能正在推高股市。经济运行顺畅，整个市场对此的反应是积极的。随着越来越多的新股上市，新股发行继续繁荣发展。由于有更多的人参与到市场中来，这一切实际上与20世纪50年代很相似。1987年年初，纳斯达克指数在众多盘子较小但富有创新精神的龙头股的带领下，在不到3个月的时间里大涨了25%以上。道琼斯指数的表现也不甘落后，涨幅几乎与纳斯达克指数相同，而且有史以来第一次突破2000点大关。市场上涨的兴奋情绪开始蔓延，交易量也急剧放大。

市场在4月和5月出现了合理的调整，正好为之前的上涨赢得了喘息的空间。然而，市场又在此后出现了分歧。道琼斯指数在又一轮做多的动能中上涨，只不过领涨的大多是更具周期性的股票。而由于其中众多龙头股的走势有些疲软，纳斯达克指数落后于道琼斯指数。虽然这一切在事后看来很容易，但是在当时对上涨的市场感到很兴奋，且积极参与其中的你是很难发现的。但是我们很快就会看到其中一位最好的交易者是如何消除自己的情绪，并在这些细节中看到明显信号的。这也就是为什么研究、阅读和理解历史是非常重要的，尤其是在市场方面，因为当前和未来的行情看起来似乎与过去的某段时期相似。此外，从过往的经历中吸取经验也很重要，这样人们就不会在未来几年重复犯过去的错误。这种疯狂的做多行为与之前发生的类似行情非常相似，而且我们很快就会再次看到这种情况。与此同时，了解市场见顶（信号）和正确卖出龙头股的交易法则也是非常重要的——它们会不断重复显现。欧奈尔对这一点的研究可能是人们能够从股市中学到的最有益的经验之一。一些主要的龙头股确实在1987年年中开始筑顶。从1986年秋天到1987年4月，股价曾经飙涨600%以上的大牛股奥多比在见顶后开始下跌。到6月，该股放量下跌的交易日明显超过上涨的交易日，这是在市场大幅上涨期间首次出现的情况。此后，奥多比的股价放量跌破了关键的50日移动平均线。这些都是明显的信号，说明大投资者正在锁定之前的利润。

锐步国际作为之前提到的一只强势龙头股，在1987年3月经历了一波典型的见顶下跌行情。从4月到8月，该股经历了数次放量下跌，而且，在这期间出现的任何一次反弹中，都没有实质性的上涨走势，与价格飙升时相比，交易量非常低——几乎没有做多的动能了。这些迹象表明该股实际上已经超卖，我们是时候采取行动了。这只股票实际上是从9月开始下跌的，远早于一个月之后发生的崩盘。

到8月底，随着市场的大幅走高，道琼斯指数在8月25日触及2746点的峰值。道琼斯指数在此前的3个月里又上涨了25%，开年以来已经上涨了45%。如前所述，当时的纳斯达克指数还在上涨，只是速度有所放缓，此时的涨幅也达到了31%。1987年8月，纽约证券交易所的成交量已经达到了1.8亿股。随着成交量的增加，另一只股价曾经大涨的龙头股有限品牌公司也在8月见顶，随后便遭到了抛售。这是市场中的“聪明钱”为了锁定巨额利润而采取的行动。市场面临的另外一个不好的信号是利率开始上升了，此举将彻底扭转前几年的低利率趋势。与此同时，艾伦·格林斯潘（Alan Greenspan）被任命为新一任美联储主席，作为银行系统的负责人，他决心阻止已经开始再次抬头的通货膨胀。此外，长期国债收益率在1987年夏天开始急剧上升，而花旗公司则在夏天宣布其因为第三次世界债务危机而蒙受了有史以来最大的亏损。对于精明的股票市场大作手来说，这些都是市场发出的信号——情况可能会发生变化。

8月下旬，市场开始释放信号。由于主要的平均指数已经出现抛售，而且很多龙头股看起来都出现了典型的见顶走势，欧奈尔在解读这些信号后了解到，市场似乎已经见顶了。他注意到，道琼斯指数从8月底到9月初经历了5个重大的抛售日。实际上，即将开始的调整早在8月26日就开始了。在这段时间里，市场在15个交易日里发生了5次严重的抛售。在这15个交易日中，只有5个交易日市场上涨，剩余的10个交易日全部下跌。在上涨的5个交易日中，只有两个交易日在收盘时接近当天的高点。

在10个下跌的交易日中，只有一个交易日的收盘价接近当天交易区间的顶部。这些都是需要注意的重要细节。市场之前的上涨趋势并没有显示出这种大幅抛售，因此这是一个信号，说明情况正在发生变化。但问题是，大多数人在受到情绪的控制时都会忽略这一点。当市场经历了长时间的强势上涨后，大多数人都会忽略这些重要的信号，并完全沉浸在当前的狂热之中。但真正的情况是，最聪明的投资者正在采取行动锁定利润。这才是最优秀的交易者所采用的的经典的逢高卖出手法，同时也是趋势正在发生改变的早期预警信号。随着时间的推移，市场走势不断闪现警告信号，欧奈尔就是那些聪明的交易者所采用的中的一个。他最终卖掉了所有的股份，转而持有百分之百的现金。回想一下，欧奈尔牢记利弗莫尔在1907年夏天是如何处理同样的事情的，因而他在1962年运用这个先例躲开了当时即将到来的熊市。现在他又做了同样的事情。他的经验告诉他，有些事情即将发生变化，他想确信自己锁定了之前的利润，而不是把它们回吐给市场。欧奈尔这次赚得盆满钵满。想象一下，当大多数人都在看好和谈论市场的时候，抛售如此之大的获利盘将是多么的困难。但是，欧奈尔依靠他的经验和久经市场检验的市场法则来控制自己的情绪，持续盈利，并守住这些利润。

9月初，新一任美联储主席格林斯潘将贴现率提高到6%。这无疑是市场的又一个负面消息。随着市场开始回调，人们对通货膨胀和高利率的担忧再次出现，有明显迹象表明，抛售开始变得更加强烈，并蔓延至整个市场。在经历了9月的大幅抛售之后，市场在10月初的微弱反弹之后遭遇了进一步抛售。到10月中旬，市场从峰值下降了10%以上，欧奈尔则手持全部的现金在场外观望。这是我在我的第一本书和这本书中多次提到的最伟大的股票市场大作手具备的一项主要技能——在合适的时间远离市场的能力。10月16日星期五，道琼斯指数继周三和周四的下跌之后再次放量下跌100多点，跌幅高达4.6%。周五，纽约证券交易所录得自第二次世界大战以来的第6大跌幅，同时创下了3.44亿股的成交量纪录。对于很多人来说，这将是一个紧张的周末，当10月19日周一恢复交易时，许多海外市场都遭遇了严重抛售。截至当天上午10点30分，道琼斯指数30只成分股中有11只因卖单严重失衡而尚未开市。到上午11点，成交量达到了1.54亿股，打破了单日成交量的纪录。恐慌性抛售以前所未有的方式冲击着市场。到下午2点，市场已被恐慌全面笼罩。当天，道琼斯指数下跌508点，跌幅达到了创纪录的22.6%，成交量也达到了创纪录的6.08亿股。积压的订单数量巨大，让许多人想起了20世纪20年代和60年代时的情景。纳斯达克指数下跌50点，跌幅14%。不久前上市的新股也遭遇了崩盘。海外市场也出现抛售，其中许多市场的跌幅超过了美国市场。澳大利亚股市下跌了58%。收盘之后，美联储重申其愿意充当流动性的来源，这与摩根大通在1907年恐慌时期的做法大致相同，当时美联储将联邦基金利率从7.5%下调至6.75%。次日，即10月20日星期二，市场早盘出现反弹，一度上涨200点，但是到了中午，市场再次陷入了不安。随后，市场在共同基金的介入下（进行了一些买入），在收盘时有所回升，缓解了一些压力。第二天，也就是10月21日星期三，市场迎来了强劲的反弹，但是从那时起到年底，市场将以震荡走势为主。

多年以来，很多人都试图对10月19日的崩盘给出具体解释。有人指出，其中的原因包括指数套利交易和投资组合保险，以及以计算机交易技术为基础的程序交易使用的增加。许多人甚至将导致追加保证金抛售的1929年股灾与导致投资组合保险抛售的1987年股灾相提并论。不管出于什么原因，这可能只是一次在过度的长期上涨之后出现的恐慌性抛售。这种情况我们已经在过去的几十年里看到过，对于欧奈尔这样有经验的市场大作手来说，很明显，抛售已经改变了市场的趋势，他注意到了信号，并采取了适当的行动，通常这些变动总是预示着未来的行情，因此他跟随着整个市场和龙头股的节奏和走势采取相应的行动。这段时期还有一个有趣的现象，那就是欧奈尔的学生大卫·瑞恩（David Ryan）在1985—1987年期间连续3次赢得全美投资大赛的冠军。他运用的是欧奈尔在20世纪50年代初创建最大的赢家股模型时发明的CAN SLIM投资法。瑞恩的个人账户在这3年里获得了1378%的总回报率，最终获得了冠军。不久之后，他成为威廉·欧奈尔公司的内部资金经理。这只是那些努力学习并遵循经过时间验证的策略的人获得卓越回报的又一个例子。

吉姆·罗佩尔——市场的狂热学生

与此同时，一个新的交易者即将登场。吉姆·罗佩尔于1964年12月出生在芝加哥地区以外的伊利诺伊州。在大学期间，他开了两个经纪账户，其中一个由他大学室友的父亲担任经纪人。他朋友的父亲是A. G.爱德华兹公司的经纪人，专门从事期权交易。1987年，罗佩尔开始了期权交易，很快他就发现了这项投资的风险有多大。由于当时他的资金有限，他的交易规模相当小。当市场在1978年上半年处于强劲的上涨趋势时，还没有形成任何交易体系的他买入了看跌期权（基本上是做空正在上涨的市场）。在这里，我们看到一个缺乏经验的股票市场大作手违反了最成功交易者的主要法则之一，与当前市场的走势背道而驰。不用说，罗佩尔在早期的交易中赔了钱。就在股市崩盘之前，他最终放弃了持有的看跌期权。崩盘发生后，他又迅速转向，买入克莱斯勒、派拉蒙影业公司和通用动力的看涨期权（押注市场回暖）。他在所有这些交易中都亏了钱，因为市场在刚刚经历的毁灭性下跌之后并没有完全进入反弹模式。实际上，罗佩尔不仅亏掉了借来的钱，还在接下来的一年里欠了一位朋友不少钱。罗佩尔交易期权的时机与当时的市场完全不同步，他为这些错误付出了代价。

但是他并没有放弃，我们在这里再次看到一位坚定的股票市场大作手，他最终会通过有限的资金和从一些早期的业余者错误中汲取教训东山再起。当年发生的事件和10月的股市暴跌对他的生活产生了重大影响，他很快发现，接受挑战并在这个市场中获得成功将是他这一生的使命。就像我在我的第一本书和这本书中介绍的所有交易者一样，他很快就会明白，通往成功的道路是漫长的，有时甚至是痛苦的。但对罗佩尔来说，就像我们在其他许多人身上看到的那样，他对成功的热情和决心将超越他的学习曲线。在另一本关于交易的优秀图书《趋势跟踪：顶尖交易大师的操盘获利策略》（*Trend Following: How Great Traders Make Millions in Up or Down Markets*）中，作者迈克尔·卡沃尔（Michael Covel）引用了纽约州立大学上州医科大学精神病学和行为科学助理布雷特·斯坦博格（Brett Steenbarger）博士的话，并总结了罗佩尔在探索过程中所拥有的洞察力和远见。这本书谈到了激情：

> 找到你的激情所在：那些能激励你、让你着迷、让你不断挑战的工作。确定你觉得有意义和有回报的事情，然后全身心地投入其中。如果你恰好对市场情有独钟，你会获得帮助你超越你的学习曲线的毅力，并培养出专业人士所需要掌握的能力……

罗佩尔在接下来的7年时间里学习和研究市场，期间犯了很多错误，而且其中很多是毁灭性的错误，直到他最终找到了在股市中获得巨额回报的策略、纪律和耐心。他的学习曲线恰好与伯纳德·巴鲁克、尼古拉斯·达瓦斯和其他许多人的学习曲线一样长，这证明了在股市中取得巨大成功意味着一路上需要做出许多牺牲，而学习过程需要时间和耐心。罗佩尔早期之所以没有取得成功，主要在于他会尝试许多不同的策略，而当他所采取的策略不能产生预期的结果时，他会在许多策略之间来回切换。他的行为确实很像早年的尼古拉斯·达瓦斯，为了寻找在股市获得成功的秘诀，不断改变这种或那种策略。他的做法与其他许多决定冒险进入市场的人没有太大不同。

1988年年初，随着市场似乎趋于稳定，包括纸张、铝和化工等股票在内的周期性股票率先走高。然而，它们的行情并没有持续太久，成长股很快就再次成为市场的引领者。1987年股市崩盘后的市场环境与此前其他股市大跌的主要不同之处在于，20世纪80年代末的美国经济依然强劲，没有出现企业或经济疲软的迹象。许多共同基金经理都看到了这一点，这就是股价似乎迅速回升，而不是像20世纪30年代初那样出现大幅下跌的主要原因。各个季度的实际GDP数据仍为正值，失业率仍在下降，利率似乎暂时趋于平稳。在10月股市崩盘后，许多共同基金经理在与大量公司的谈话中了解到，企业信心仍然强劲，许多人认为未来不会出现大幅放缓。这种信心有助于增强市场的做多动能，并可能抑制抛售的压力。从1月中旬到3月中旬，纳斯达克指数实际上飙升了16%，引领着市场反弹。

然而，道琼斯指数的反弹落后于纳斯达克指数，主要是因为这波新修正的反弹行情的主力是小盘股。Surgical Care Affiliates的股价在1988年2月突破了底部平台，随后在不到3年的时间里飙升了1833%。医疗保健类股将在新一轮反弹中领跑。同样是在这一年的2月，欧奈尔出版了他耗时多年才完成的、关于市场的第一本著作《笑傲股市》（*How to Make Money in Stocks — A Winning System in Good Times or Bad*）。这本书成为当年最畅销的投资类图书，而且在我写这本书的时候，该书已经卖出了100多万册，并3次再版。我在此强烈建议大家研习这本著作，因为它是关于市场的最好的图书之一，讲述了如何在现实生活中应用合理的交易法则。

虽然市场似乎从4月开始迅速反弹，但直到年底，其基本上都处于震荡的走势。由于整体趋势是向上的，市场中仍然有很好的机会，只不过环境更加具有挑战性，指数仍未收复接近1987年年底时的全部失地。道琼斯指数在这一年上涨12%，纳斯达克指数上涨15%。

1988年，罗佩尔大学毕业，他在一家名为“Shelter Rock”的小公司找到了一份工作，后来他发现这家公司以交易低价股为主。当时的罗佩尔还很年轻，也没有什么经验，而且总是轻易相信别人，特别是公司的内部员工。他以每股6美元的价格买入Choice Drugs的股票，然后以每股3美元的价格卖出，亏损50%。他以每股27美元的价格买入锐步，一路持有到7美元，亏损74%。他也确实赚了一些小钱，但是，轻信他人、不进行独立研究、没有止损的自律性又让他在这一年中失望而归。由于Shelter Rock公司没有提供培训，只是让他按照公司的推荐名单给陌生人打电话，他最终离开了该公司。之后，他在一家名为“大卫 · A. 诺伊斯”的公司找到了一份经纪人的工作，并在那里待了7年。

1989年伊始，市场走势积极。随着主要股指在1月持续走高，当时的上涨趋势也在继续。1987年10月的记忆似乎正在消失。美国继里根之后迎来了新一任总统乔治 · 布什（George Bush），华尔街对又一位共和党人上台的前景感到高兴。经济仍在增长，但同时也存在其他问题。随着市场在2月和3月巩固了之前的涨幅，当美联储开始扭转利率方向时，许多担忧烟消云散。1989年春，美联储开启了降息的大门。实际上，美联储在1989年到1992年期间连续降息24次。在此期间，隔夜利率从8%下降到3%，处于20世纪60年代以来的最低水平。向经济中注入资金对整个经济来说是积极的，股市的走势也反映了这一点。

市场对利率下调的反应是积极的，在春季，市场明显处于另一个上升趋势。很多龙头股也在上涨。调整总会导致股票形成底部形态，并为下一轮上涨选出龙头股。1988年和1989年的许多龙头股来自医疗保健、软件、电信、有线电视和包括珠宝店和鞋类服饰在内的消费行业。市场在1989年的春夏两季强劲上涨，从而提供了不少机会。实际上，道琼斯指数在1989年8月突破了1987年10月崩盘前的水平。这依旧表明，像欧奈尔那样遵循市场的走势和信号可以为自己节省大量的时间，减少精神压力。很多人需要等待两年才能够等到市场恢复至以前的水平，这对于欧奈尔来说就是在浪费时间。更好的办法是远离这个糟糕的市场，或者转移到其他可能运行正常的市场。

随着垃圾债券市场的崩溃，市场在秋天受到了波及。10月初，所有主要股指都大幅下跌。许多储蓄和贷款公司购买了垃圾债券进行投资，这随后导致了储蓄和贷款（S&L）危机。从10月中旬到年底——也是这个十年的末尾，市场再次出现了分化行情。道琼斯指数从1988年10月的大幅抛售中恢复过来，并在年底收盘时接近崩溃之前的峰值。然而，纳斯达克指数在崩溃之后进一步下跌，虽然在当年最后两周出现了最后一次上涨，但它仍落后于道琼斯指数。1989年，道琼斯指数以27%的强劲涨幅结束了它的20世纪80年代，而同时期的纳斯达克指数的涨幅为19%。20世纪80年代，市场从那个世纪初的衰退中复苏后，以强劲的上涨结束了这个十年。实际上，1982年至1989年期间没有出现任何衰退，而是出现了第二次世界大战以来最长的增长期。从整体上看，20世纪80年代是自20世纪50年代以来股市表现最好的十年。其中一个重要的原因是经济的持续增长，这在一定程度上是由里根政府通过的减税政策推动的。企业的盈利能力不断增强，新的创新公司不断涌现。通货膨胀也得到了更好的控制，20世纪80年代的平均通货膨胀率为5.1%，低于70年代的7.4%。

至于欧奈尔，他凭借着严格的止损策略、跟随市场变化的灵活性，以及对他根据市场历史走势建立的模型的深入研究，证明了个人是如何跑赢大盘的。在20世纪80年代，他的平均年回报率超过了40%。他抓住了包括普赖斯公司和买就省超市在内的大牛股，在这些股票上赚的钱比大多数人一辈子赚的钱都多，尤其是在市场上。但是，他成功的真正秘诀在于他坚持自律，善于减少错误。虽然这本书关注的是伟大的交易者们是如何赚大钱的，但不应忽视的是，他们在这条路上都经历了很多损失。事实上，欧奈尔估计他最初买入股票的正确率只有66%，但随着20多年的经验积累，他意识到越快承认错误并采取行动越好。这是他能够获得如此惊人回报的唯一的也是最大的原因，因为这一法则会迫使他避开市场表现疲弱的时期。

最后，至于罗佩尔，他仍然在犯前几年犯过的错误。即使市场处于强劲的上升趋势，他在1989年也没有取得任何突破，因为他基本上没有运用任何市场分析技能。事实上，由于他持有的资本份额仍然有限，他再次积极参与期权交易，这主要是由于他没有制定严格的止损策略。但我们很快就会看到他的学习曲线开始改善，因为他开始学习在他之前出现的伟大交易者。他开始实施必要的技能、纪律和交易规则——这些为传奇交易者带来了巨大的利润。但因为20世纪90年代即将开始，他还需要几年的艰苦学习才能真正扭转局面。

第十章

新技术带来前所未有的机遇

（1990—1999）

威廉·J. 欧奈尔通过研究过去表现最优秀的股票，发现未来的优质股票

欧奈尔发现了一个重大机遇

进入20世纪90年代，随着道琼斯指数触及并超越1987年以前的水平，市场在上世纪80年代结束时表现出的一些热情受到了抑制。道琼斯指数和纳斯达克指数在1990年1月大幅下跌，跌幅都在11%左右。就目前的情况而言，这只是一次再平常不过的调整，因为市场很快就会触底且重拾涨势。在接下来的几个月中，道琼斯指数从早期的抛售中反弹，到4月中旬，它已经收复了1月的全部跌幅。纳斯达克指数的表现则相对落后，直到5月才恢复到年初的水平。市场似乎重新回归了上涨趋势，一些龙头股开始再次走强。安进是当时表现十分强劲的一只股票，公司刚刚推出了两种新的生物技术药物。该股在5月放量突破了平稳的底部形态，并且在整个夏季稳步走高。在这段时间里，与医疗相关的股票成为市场的引领者，而安进则拥有良好的基本面和光明的前景。威廉·J. 欧奈尔抓住了这只龙头股，实际上这只股票也成为欧奈尔在20世纪90年代这个充满无限可能的新十年里买入的最成功的股票之一。虽然这期间经历了一些波折，但是该股并没有发出重要的卖出信号，也没有违反欧奈尔的任何其他卖出原则和止损策略，所以他一直持有这只股票。欧奈尔在持有安进的股票期间，还多次运用金字塔策略加仓。就在安进的股票将要形成新的底部形态之时，欧奈尔买入了更多的股份。到1992年年初，安进的涨幅已经高达640%。总体来看，欧奈尔在安进的股票形成新的突破点时多次运用金字塔策略加仓，而这些突破点的买入价格要比他之前买入的平均价格高出20个点或者更多。这是股票市场大作手在小心观察和限制风险的同时增加获利头寸的又一个例子。与此同时，思科系统公司也将在2月16日进行首次公开募股，它将成为市场历史中最成功的股票之一。

图10-1　道琼斯工业平均指数（1990—1999年）

来源：www.thechartstore.com.

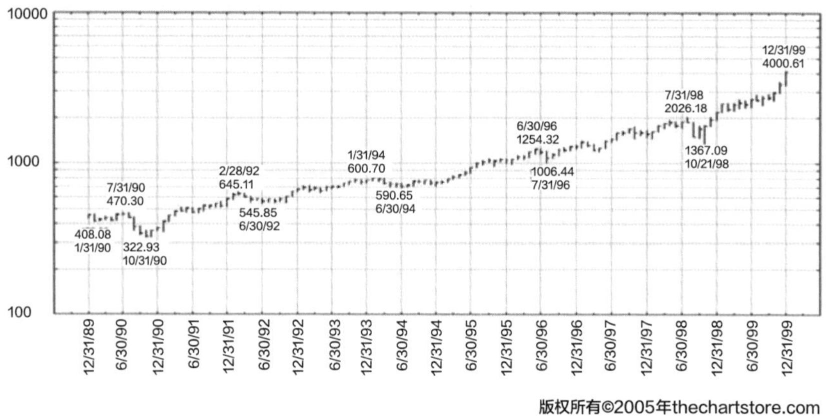

图10-2　纳斯达克综合平均指数（1990—1999年）

来源：www.thechartstore.com.

虽然市场在春季和初夏的几个月里小幅走高，但在一些领域内仍存在某些担忧和不确定性。经济活动开始放缓。尽管1990年第一季度美国的实际GDP增长率是稳定的，但它将在第二季度大幅放缓。当时人们对银行体系的实力也有一些担忧。7月是市场开始偏离正轨的月份。一场新的衰退即将开始，许多人不得不适应已经放缓一段时间的经济和商业环境。此外，萨达姆·侯赛因（Saddam Hussein）于不久后入侵了科威特。当时的道琼斯指数刚刚突破3000点大关，许多人开始认为，如果再次出现越南战争那样的局势，美国将卷入另一场代价高昂且不受欢迎的冲突。到了7月中旬，市场开始和很多龙头股一起见顶。在这段时间里出现见顶迹象的一些龙头股包括：

国际联合电脑公司。这只科技龙头股在1988—1989年间一路走高。此后，从1989年年末开始，该股形成了典型的头肩顶形态。1990年上半年，该股随着市场反弹回升，到6月其股价达到每股近17美元（经拆股调整后），但是未能突破此前22美元的高点再创新高。当市场开始走弱时，国际联合电脑公司放量下跌。到9月，其股价已经低于每股5美元。

MCI通讯公司。这是市场在1988—1989年期间的另一个大赢家。在此期间，该股的股价从1988年年初的每股近10美元（经拆股调整后）飙升至1990年年初的每股45美元，涨幅高达5倍。到1990年6月，该股主要以放量下跌的走势为主。到10月，其股价已经跌至每股近20美元。

7月中旬，随着盘整的交易日逐渐增多，市场出现了4次强劲的抛售。这些抛售日就像我们在之前的市场周期中看到的许多交易日一样，意味着大卖家正在抛售股票。当时突然出现的少数不确定性因素几乎耗尽了投资者对股票的需求和做多动能。此外，股市自1987年崩盘以来，已经经历了强劲的上涨。正如我们已经多次看到的那样，股票不会永远保持上涨，而是会在某个时刻回撤整理。困难的是，没有人知道市场的调整可以有或者将会有多深。这就是为什么最优秀的交易者在看到这些见顶信号时会转身离场，并且学会严格执行有关卖出和止损的防御计划。

道琼斯指数并没有在3000点上方站稳脚跟，到8月的第三周，它已经下跌了500多点。纳斯达克指数的跌幅更大，它在一个多月的时间里下跌了超过23%。对可能发生战争的担忧让很多人感到不安，商业环境的低迷正在蔓延。很多共同基金经理表示，他们持有大量头寸的公司已经变得谨慎起来，并且这些公司对自己的短期前景感到担忧。他们注意到企业的库存正在增加，订单数量正在下滑。这与1987年股市崩盘后的普遍情绪形成了鲜明对比，当时许多公司仍对自己的业务前景表现出强烈的乐观情绪。在过去，当美国有可能卷入军事冲突时，我们也看到过很多类型的大抛售。此外，当增长下滑且开始下行的时候，我们看到市场周期也会出现下跌，只不过市场所具有的前瞻性通常会使它率先做出反应。我们必须要记住这些从以前的周期中得到的教训，因为它们在未来也会重复出现。从9月初的短暂抛售中恢复后不久，市场在9月剩余的时间里和10月的前半个月再次直线回落。第三季度的实际GDP 8年来（32个季度）首次出现下降。再一次地，许多事情看似都朝着错误的方向发展，但是与我们过去看到的许多情况类似，市场随后上演了有趣的一幕。

10月12日，纳斯达克市场开盘下跌了1%，这看起来又是该指数一个典型的抛售日。然而，市场在当天实现了逆转，至收盘时实际上涨0.6%。在经历了前3天的大幅抛售之后（在这3天中，该指数每一天都收于或者接近当天的低点），市场发出了获得支撑的信号。此前随着抛售的加剧，情况已经非常严重，下跌趋势让纳斯达克指数在短短3个月的时间里下跌了近31%。道琼斯指数在此期间下跌了22.5%。10月18日，也就是这波反弹的第5个交易日，纳斯达克指数放量上涨2.2%。标准普尔500指数的表现也可圈可点，当天放量上涨2.3%。这些具体的信号支撑了100多年来的每一次上涨和牛市。不过，这并不意味着所有的行情都会持续下去或者重大的回升会100%继续。但它至少发出了一个信号，表明主要的趋势正在形成，越来越多的投资者正在囤积而非抛售股票。就在第二天，《投资者日报》（该名称一直沿用到1991年9月16日）将思科系统公司列为基本面稳健、新产品令人兴奋，以及走出“震荡+3点”底部形态后飙升的股票。这就是杰西·利弗莫尔在他的那个年代曾经寻找的股票形态，而这一点再次证明了股票的走势形态在历史上是不断重复的。此前一天（10月18日），思科系统公司的股价大涨9.3%至26.5美元（经过拆股调整后），成交42.1万股，为当时平均成交量的两倍多。当时，大多数人还没有听说过思科系统公司，但是确实有一些市场上的“聪明钱”在布局这只股票。就在第二天，也就是10月19日，思科系统公司的股价再次上涨2.25美元，涨幅超过8%，并触及3个月以来的新高，成交量为83.7万股，几乎是前一天的两倍。思科系统公司的例子很清晰地让我们看到了一只新的龙头股正在出现，并且从确认其新的上涨趋势的市场底部走了出来。欧奈尔认为这只股票类似于买就省超市——一家拥有新产品和新概念以及相似图表形态的年轻公司。当然，我们知道思科系统公司将成为20世纪90年代表现最好的股票之一。1991年11月，思科系统公司的股价翻了3倍，到2000年达到顶峰时，涨幅超过70 000%。在随后而来的严重下跌趋势中，思科系统公司的股价与市场中的其他股票一起滑落下去。

随着第四季度实际GDP数据再次出现负增长，商业活动持续放缓，市场却一如既往地对未来充满希望。在从底部反弹并在10月中旬确认了新的上升趋势后，道琼斯指数一路走高，到1990年年底从10月的低点上涨了将近300点。纳斯达克指数也在同期上涨了50点。回想一下，当事情看起来最糟糕的时候，市场近期的抛售可能几近枯竭并出现转机。这就是为什么始终与市场当前的走势保持一致是至关重要的。这也是最优秀的交易者一直在做的事情；他们不会丧失信心，因为他们知道新的机会可能会随时出现。在这段时间里，罗佩尔仍然在期权交易中犯错，并且轻信他人的意见。然而，他在1990年被引荐给了《投资者日报》，这将成为他在学习过程中扭转投资业绩的第一步。此时的他仍然关注低价股，并没有完全掌握市场分析，也不知道《投资者日报》是如何运作的。由于在新公司花费了大量时间进行电话推销以赚取佣金，这对于他来说注定又是颗粒无收的一年。尽管市场在10月出现了好转，但是由于7—10月的抛售，纳斯达克指数全年下跌18%。道琼斯指数的表现略好，全年仅下跌4%。

由于美国卷入伊拉克战争而产生的不确定性，市场在1991年的前两周曾短暂回落，但是随着美国介入伊拉克的行动迅速取得了成功，市场在接下来的几个月里开始大幅拉升。此外，当时的经济也出现了一些积极的因素。衰退即将在3月结束，第二季度实际GDP的恢复将结束之前4个季度的下滑和基本持平的表现。因此，由于一场短暂而成功的军事行动，以及经济的重新增长，股市正在乐观地展望未来。

1991年，作为早期龙头股之一的开市客在1月突破了带柄茶杯形态，在一年之内上涨了140%。国际游戏科技从1991年开始突破到1993年触及峰值时已经飙升了1600%，成为当时市场中的大赢家。游戏股是这段时间的龙头股，而国际游戏科技则是其中的佼佼者。其他领涨市场的行业包括仿制药、电信、健康维护组织、生物技术和半导体。在此期间，由于美联储进一步降息，利率也在下降。联邦基金利率已经从1989年1月的9.5%下降到1990年年底的8.25%。到1991年年底，联邦基金利率维持在4%左右，为27年来最低。低利率环境鼓励企业进行资本投资。在经济复苏的同时，赤字在缩小，资本研发投资在增加。通货膨胀得到了控制，但是以白领阶层为主的失业率却在上升。

在这波行情中表现最好的行业是生物科技类股票。安进作为一家基本面稳健的老牌企业，是该行业的龙头股，欧奈尔通过不断增持安进的股票而获得巨大的收益。虽然还有其他一些生物科技类个股也在上涨，但是在严重依赖研发的生物科技领域，很多企业只拥有一种在未来有着广阔前景的药物，且它们中的很多还没有盈利。作为旁观者的罗佩尔虽然看着安进的股价越涨越高，但是他从来没有买入过该股。由于罗佩尔的父亲投资了生物科技类股票，所以罗佩尔也加入了进来。但是我们看到他犯了另一个错误——他眼睁睁地看着不论是在财务实力还是股价走势方面都属于龙头股的安进从他面前走过，却把注意力集中到该行业中最便宜的股票身上，希望能够大赚一笔。他在《金钱》杂志（*Money Magazine*）上读到一篇关于4只“热门”生物技术类股票的文章，然后从中选择了股价最便宜的Centocore，把自己和客户的全部资金投入到这只股票中。他确实很好地研究了这家公司，9月，美国食品药品监督管理局（FDA）建议批准该公司的新药。消息一出，该股的股价在短短的两周之内从每股33美元攀升至56美元。罗佩尔终于持有了一个赚钱的头寸，此时的他认为自己已经完全了解股票市场了。

随着道琼斯指数在3月初再次突破3000点大关，市场在整个夏秋两季的几个月里稳步走高。1991年11月，道琼斯指数曾在一天内暴跌121点，但市场很快就收复了失地。当年最后两周，由于苏联解体的影响，市场迎来了一波强劲的拉升，这使得该指数在当年实现了稳定的上涨。标准普尔500指数上涨了26%，道琼斯指数上涨了20%，纳斯达克指数则以令人难以置信的57%的涨幅领跑所有市场。由于一些令人兴奋的新公司公布了一些非常可靠的业绩，盘子较小的创新类股票显然引领了市场的这波新的上涨趋势。

1992年伊始，市场延续了1991年年底的上涨势头，特别是引领市场的纳斯达克指数。该指数仅在新年的前6周里就上涨了12%。道琼斯指数的表现依然滞后，涨幅仅为纳斯达克指数的一半。在经历了纳斯达克指数的强劲上涨之后，市场似乎要迎来盘整。回想一下，当市场在很长一段时间内以如此强劲的方式上涨时，在许多情况下，回调成为正常股市周期的一部分。1992年出现了很多利好因素，为股市创造了一个积极的环境。利率仍在下降，通货膨胀率在下降的同时也得到了很好的控制，企业利润和实际GDP强劲增长。与此同时，很多新公司开始崭露头角，为市场带来了新的创新型的、令人兴奋的产品。

1992年1月，Centocore的股价开始出现典型的顶部信号。只是严格遵循公司基本面及其过往创业历史的罗佩尔无法理解这一点。然而，随着放量下跌的交易日数量开始超过上涨的交易日，Centocore的股价开始在每股60美元左右的位置见顶。这意味着很多大型投资者和市场上的“聪明钱”开始卖出这只股票以锁定利润。随后，该股突破了关键的50日移动平均线。此时的罗佩尔甚至还不知道这是什么意思。他决定继续持有，然而，美国食品药品监督管理局宣布不会批准它几个月前建议批准的该公司的药物。罗佩尔将全部保证金都押在了这只股票上，当时已经赚了大概2万美元，这对于当时的他来说是一笔不小的财富。美国食品药品监督管理局的消息一出，Centocore的股价开始暴跌，罗佩尔也遭到了毁灭性的打击。实际上，他不得不给他持有的这只股票开一张支票来弥补保证金损失，一位客户甚至不愿为他最初的购买付款，这让罗佩尔又花了1.4万美元。他最终在18个月内还清了这笔钱。更糟糕的是，他当时的第二大持仓是美国生物科学公司，不久之后，该公司的化疗药物“Ethiol”也被美国食品药品监督管理局拒绝批准。罗佩尔和他的客户又一次被压垮了。罗佩尔对他的损失感到非常难过，以至于大病了一场，有时甚至很难下床。

1992年，罗佩尔的账户还遭受了另一次打击。他在研究了一家名为“罗伊斯实验室”的公司的基本面之后，开始对这只股票产生兴趣，于是他在1992年春天买入了该股。他甚至与该公司的首席财务官谈论了公司的未来前景。当然，这看起来好得令人难以置信。这家公司很快就倒闭了，罗佩尔在这只股票上面的亏损超过了70%，他再一次忽视了股市的第一黄金法则——止损。起初，罗佩尔将美国食品药品监督管理局考虑批准Centocore的药物时他在《今日美国》（*USA Today*）上发表的一篇文章装裱了起来，因为他想将这篇文章作为自己灵巧的交易手法的纪念品。然而，时至今日，他仍然将这篇装裱好的文章放在书桌旁，却是为了提醒自己牢记过去犯过的错误，从这些重大的错误中汲取教训。那一年对他来说是彻底失败的一年，他甚至考虑过彻底离开这个行业。

到1992年中期，长期债券的收益率下降，随着短期货币市场利率的下降，更多的资金涌向了股票共同基金。此外，401K计划[1]和其他退休计划也变得越来越受欢迎，许多参与者将他们的定期缴款直接用于投资股票的基金。这种在经济增长期间的强势资金流入，是进一步做多股票市场的强大动能。接近1992年春季时，市场出现了分化。道琼斯指数将继续上涨，而纳斯达克指数将在此前的强劲上涨之后开始进入调整阶段。纳斯达克指数从3月一直下跌到6月底。考虑到该指数在此前15个月里上涨了超过80%，这次14%的跌幅可以说是一次十分正常的调整。但在这次调整中受到特别沉重打击的一个行业就是刚才提到的生物科技股。在这里，我们看到了罗佩尔犯的另一个错误——没有与市场的大趋势保持一致，也没有适当地投资于这种趋势。实际上，道琼斯指数在6月初之前一直在走高，不过最终也回落了。从7月到9月，市场在某种程度上处于震荡和横盘模式，似乎更多地在巩固先前的涨幅，而不是表现出更严重的抛售压力。然后到了10月，市场再次飙升，并以强劲的势头结束了这一年。在1992年的最后3个月里，纳斯达克指数飙升了22%以上，而同期道琼斯指数的涨幅超过了9%。综观全年，道琼斯指数录得4%的涨幅，纳斯达克指数则再次强劲上涨15%。

进入1993年，市场继续扩大涨幅。比尔·克林顿（Bill Clinton）入主白宫后，经济仍在增长。当时的利率很低，整体情绪似乎非常乐观。市场在经历了1月的上涨之后，于2月开始回落。3月，微软突破了底部形态，从此便一路上扬，到1999年触及峰值时，该股的股价上涨了1800%，成为20世纪90年代真正的大赢家。微软的新技术将得到广泛的应用，它的许多软件程序使得公司在运营的过程中变得更有效率。与微软推出的新技术相似的技术，将是提高20世纪90年代生产力水平的关键因素。更高

[1] 是一种由雇员、雇主共同缴费建立起来的完全基金式的养老保险制度，源于美国。——译者注

的生产率和效率使更多的企业在削减间接费用和总成本的同时聚焦于自身的核心业务，从而提高它们的利润。

市场在3月和4月期间宽幅震荡，有时几周上涨，有时几周下跌。从4月到夏季和初秋，市场更加明确地呈现出稳步上涨的态势。很多来自医疗、科技和游戏行业的股票纷纷上涨。从4月底到10月中旬，纳斯达克指数在不到6个月的时间里上涨了22%，再次跑赢大盘。在此期间，道琼斯指数虽然也上涨了，但涨幅只有纳斯达克指数的一半左右。到10月的第一周，纳斯达克指数放量加速上扬。在长时间的上升趋势之后，股市中的这些飙涨可以被归结为市场平均指数的冲顶动作，就像在个股走势中持续出现的那样。纳斯达克指数在见顶之后将开启下跌模式。10月底和11月中旬，此次反弹在进一步的抛售中宣告结束。

在此次市场盘整期间，威廉·欧奈尔公司为它的机构客户起草了一份备忘录。这份备忘录所标记的时间是11月19日，其内容是，公司正在将更多的股票添加到卖出和回避的名单当中。报告还提到，在过去的4周里，市场在显示出（前文描述的）见顶信号后，遭遇了严重的抛售。凯创、高通、泰乐通讯、百思买、国际游戏科技和耐克斯都是备忘录中提到过的股票，它们当时在见顶后下跌。这些股票是对早些时候的一份备忘录的补充，那份备忘录包含了诸如耐克、诺威尔、菲利普莫里斯和废物管理公司的大盘股。备忘录还指出，很明显，纳斯达克市场在10月中旬经历了一次冲高行情，而标准普尔500指数在11月2日至11月4日也经历了严重的调整。备忘录中略述的其他重要细节是，低价股近期一直在回升，这通常是市场开始走弱的早期迹象。游戏和科技这两个此前引领市场强势上涨的板块正在崩溃。银行、公用事业和保险股也尽显疲态。此外，随着黄金价格的上涨，乐观的情绪充斥着市场。我们已经看到，在过去，当每个人都对股市兴奋不已时，大多数人都错过了市场开始改变方向时展示出来的重要细节。只有经验丰富、情绪可控的股票市场大作手才会抓住这些线索，然后采取适当的行动。欧奈尔就看到了这一点，他甚至通过他的市场备忘录告诉许多职业基金经理市场正在发生着什么。备忘录重点强调的一件事是，总体经济状况仍然是向好的，这种见顶的走势可能更有利于正常的市场周期调整，而不是会导致大熊市的全方位严重抛售。尽管如此，这些信号是明确的，而且与先前的许多市场周期顶部出现过的信号是相同的。因此，欧奈尔根据这些信号采取了行动，锁定了之前获得的很大一部分利润，避免了代价高昂的损失。

当时正在学习的罗佩尔还没有掌握市场分析技能，无法通过跟踪龙头股和整个市场的量价走势准确地根据关键市场信号进行调整。实际上，他在1993年已经不再像前几年那样活跃，主要是因为他在前一年遭受了毁灭性的打击。不过，他会尝试一些已经上市的选股软件类产品。此外，他还尝试了一些可以提供买卖信号的人工智能程序。他曾经认为，这才是炒股成功的关键。然而，随着他的账户又经历了几次亏损，罗佩尔很快发现这并不是他想要的答案，但是他仍然从经验中学习，并发誓永不放弃。

纳斯达克指数在1993年的最后几个月里再次进入震荡整理模式。然而，由于市场处于多空胶着状态，该指数未能恢复到10月中旬的高点。截至年底，纳斯达克指数因为4月至10月中旬的强劲涨势，全年上涨了将近16%。鉴于大盘股的良好表现，道琼斯指数在当年的最后几个月里走势强劲，全年录得14%的涨幅。

1994年伊始，市场摆脱了1993年年底的大部分见顶走势。道琼斯指数实际上在1月底就突破了4000点大关。纳斯达克指数甚至也在1月底突破了800点大关。随着美联储结束了其长期以来的不加息政策，当时的这些市场峰值几乎就是当年的最高水平。虽然通货膨胀继续得到了很好的控制，但是美联储仍然对其感到担忧，随即从1994年2月开始大举加息。加息使得市场在2月初开始下跌。很多之前的龙头股都出现了典型的顶部形态，这与我们在之前的市场中看到的情况大致相同。这一切几乎让欧奈尔在1993年年底的判断得到了验证。这些龙头股包括：

Intervoice公司。 这只股票是1992—1993年市场中的大赢家。它的股价从1992年6月经拆股调整后的每股5美元上涨到1993年10月的每股22美元。然后，就在欧奈尔起草我们之前讨论过的市场备忘录之前，它形成了头肩顶形态。到1994年1月，该股的高点已经成为遥远的过去，其头肩顶形态的右肩在17美元处形成。此后，在放量下跌的日子里，该股的股价从17美元的位置下跌到1994年6月的不足8美元。

国际游戏科技。 如前所述，该股是20世纪90年代初的一个大赢家。其股价在经过拆分调整后，于1993年10月见顶，达到每股41美元左右，这实际上是一个典型的头肩顶形态的顶部。当它从峰值下跌时，其股价跌破了在上涨过程中从未触及过的关键支撑线。1994年年初，该股试图返回关键支撑区域的努力失败了，并于1994年2月和3月形成了头肩顶形态的右肩。从那以后，在成交量放大的几周里，该股开始进入下跌通道。到1994年年底，该股的交易价格接近每股15美元。

前期龙头股的见顶信号对于欧奈尔来说是一个明确的警告，表明整个市场缺乏上升趋势期间所拥有的强大支撑，抛售正在席卷整个市场。随着时间的推移，这些图表走势会在市场见顶并开始反转时不断地重复。我们在前面的章节中已经提到过这些内容，随着我们继续分析未来的周期模式，我们将看到更多这样的例子。然而，美联储在第一次加息之后并没有就此收手。就在5月之前，美联储又4次大幅上调联邦基金利率，在3次加息25个基点之后，又在春季加息50个基点。市场在3月表现得非常糟糕，纳斯达克指数在当月的最后两周下跌超过10%。道琼斯指数也因为成交量放大而下跌了超过10%。随着美联储激进地加息——以及未来进一步加息——债券市场崩溃了。结果，债券市场经历了自上世纪60年代以来最糟糕的日子。此外，美国橘郡的衍生品投资组合也遭受了巨大损失，这对当时的形势来说无疑是雪上加霜。美国GDP随着企业利润的下降而略有下滑，裁员的情况则在增加。然而，市场从4月的低点有所回升。不过在接下来的几个月里，市场又将进入宽幅震荡模式。

美联储继续以更快的速度加息，当年夏天再次加息0.5个百分点。截至6月底，纳斯达克指数当年的跌幅已经超过10%，道琼斯指数也在苦苦挣扎。曾警告过类似事情的欧奈尔正在安全地保护自己。在那个时候，他的经验是无价的，并且当市场陷入困境时，他知道该怎么做。他在很久之前就预见到了这一点，从而让他的投资组合免于遭受重大的打击。不过，大约也是在这个时候，市场开始回升了。我们以前见过这种情况。当几乎所有人都无比惊恐时，市场就会发生方向上的变化。从6月底的底部开始，市场开始稳步走高。甚至一些正在筑底的股票也开始走强，进入主升浪。此时，也就是1994年8月，仁科的股价开始飙升，到3年半之后见顶时已经上涨了20多倍。恒生通讯公司是1994年8月从底部爆发的另外一家科技公司，该股在15个月里上涨了1380%。

这波新出现的缓解性反弹推动纳斯达克指数从6月底的低点到9月中旬上涨了12%。在当年早些时候出现的大幅抛售之后，这算得上是一次相当大的反弹。实际上，欧奈尔在1993年11月的市场备忘录中提到，由于经济的基本状况仍然相当强劲，股市可能会再次出现短暂而急剧的调整。新上市的科技股领涨市场，道琼斯指数虽然涨幅落后，但是随着反弹幅度的加大，其落后的幅度并不大。当时的经济状况有一个特点是，计算机和软件程序确实对许多公司的效率产生了影响。互联网才刚刚起步，人们对更多创新技术的热情开始高涨。许多新的创新型公司正如雨后春笋般成立，并推出了一系列产品，这些产品正在被接受并应用到很多行业的众多投资预算中。虽然市场似乎在一个激进的加息环境中找到了立足点，但美联储再一次提高了联邦基金利率。1994年秋，美联储将联邦基金利率大幅提高了0.75个百分点。这一官宣导致市场在11月大幅下跌。但是当时市场的恢复能力再次显现，在全年的最后一个月，市场以上涨趋势结束了全年的走势。显然，随着并购活动的增加，市场趋势似乎已经改变——正如我们所看到的，这是市场树立信心的迹象。市场对未来看好的另一个积极的因素是，企业利润在短暂回落后再次强劲增长。尽管美联储正在收紧政策，但这对市场来说仍是一次相当大的反弹。道琼斯指数在当年实际上勉强实现了2%的上涨，纳斯达克指数则下跌3%，结束了3年的上涨势头。

1994年年底，吉姆·罗佩尔的个人账户已经连续7年亏损，这足以说明市场是多么的具有挑战性。但是他并不打算放弃，而且你很快就会发现，这是一个明智的决定。正如前面提到的，他过去几年经历的亏损完全是灾难性的。从财务的角度看，他有3次几乎完全破产，更不用说这些亏损对他造成的心理影响了。对于许多经历过亏损的人来说，这样的行情让他们怀疑是否真的有可能在股市上赚到可观的利润。但是正如我们在其他许多人身上看到的那样，罗佩尔并没有选择放弃。1994年对于他来说在很多方面都是转折点。他坚持学习，从那些糟糕的经历中振作起来，继续前进。当时，罗佩尔开始完全采用欧奈尔的CAN SLIM投资法。为了掌握正确的交易法则、策略和自律方法，罗佩尔继续参加由《投资者商业日报》主办的研讨会，甚至反复参加之前参与过的研讨会，这样他就可以摆脱曾经的不良交易习惯，开始运用经过时间检验的成功方法。事实上，如果你参加了《投资者商业日报》的任何一场会议（强烈推荐），会发现很多熟悉的面孔，有些人甚至去过很多次。

对于罗佩尔来说，1994年最关键的一点是他重新阅读了欧奈尔的经典著作《笑傲股市》。他在几年前读过这本书——只是读过而已，既没有研究过其中的内容，也没有采纳那些经过时间检验的交易法则。要了解复杂的股票市场的方方面面，额外的研习是必不可少的。回想一下，为了保持专注，尼古拉斯·达瓦斯每两周就会重新阅读杰拉尔德·勒布的经典著作《投资生存之战》。达瓦斯在实现盈利以前的很多年所犯的错误与罗佩尔经历过的错误极其相似。他们都证明了坚持可以克服短期的失败。罗佩尔甚至在他当时撰写的通讯中加入了很多欧奈尔的CAN SLIM 法则。随着时间的推移，罗佩尔的通讯几乎完全包含了CAN SLIM投资法的大部分法则。此外，他还在1994年第一次阅读了杰拉尔德·勒布的经典著作《投资生存之战》（他和达瓦斯一样，阅读了很多遍）。罗佩尔在1994年实施的一项重要战略就是采用黄金法则——开始减少所有亏损，这对于想要扭亏为盈的他来说是至关重要的。除此之外，罗佩尔还开始订阅《每日图表》（*Daily Graphs*），这是由欧奈尔所拥有的每日图表公司每周制作的关于股价走势图的小册子（现在可以找到网络版）。他在每个周日的下午都会逐页翻看每一张图表，并将这种自律的习惯一直保持到了本书撰写之时。对于那些不熟悉《每日图表》的人来说，这些册子包含了数千张图表，但是罗佩尔虔诚地阅读了10多年，因此他可以在几个小时之内通读完。通过多年的反复学习，罗佩尔已经将自己的注意力训练成只集中在那些值得被进一步分析的图表上面。回想一下杰克·德雷福斯的经历——同样的股票形态会反复出现。对于罗佩尔来说，他现在清楚地知道自己在追寻着什么，而且他不会把时间浪费在其他效率低下的事情上。他在1994年所做的另外一件重要的事情，就是在年底对自己这一年的交易做总结分析。所有优秀的交易者都会这样做，因为这是最好的学习工具之一，可以迫使他们看到自己的错误，这样他们就不会在未来的市场周期中再犯同样的错误。

虽然罗佩尔在20世纪90年代初仍然亏损——因为他没有掌握正确的市场分析方法、能够识别正确底部形态的图表阅读技能以及卖出法则，但他确实控制了他的亏损。这与他在过去的其他时期经历50%—70%的损失形成了鲜明的对比——那时他只希望自己所持有的股票能在基本面强劲的背景下反弹。另外，他也不明白成交量对于选择正确的买入和卖出点有多么重要。美光科技就是其中一个例子。1994年年初，罗佩尔两次买入这只股票，两次都是在成交量很低的情况下出现突破，且整体市场没有明显的上升趋势和强劲表现的时候。他在股价每一次都上涨失败的情况下，将亏损控制在了7%以内。但是他的错误在于，当该股真正放量突破的时候，他没有再次买入。美光科技在确认突破之后的7个月里飙升了290%。此后，他又犯了一个新手投资者常犯的典型错误——过早地卖出盈利的头寸。10月下旬，罗佩尔买入了宏媒体公司的股票并迅速卖出（当时的市场在年中调整后已经开始回升），获利3个点。此后，该股在没有出现任何重大卖出信号的情况下飙升了近700%。这一点说明了罗佩尔缺少对之前的龙头股和市场走势的历史知识。正如我们已经看到的那样，这就是多年来投资领域中的佼佼者能够取得成功的原因。罗佩尔汲取了这一教训，并将其作为未来获得成功的重要技能。

1995年年初的市场延续了前一年年底的上涨趋势，并再创新高。1月底，（美联储）最后一次加息0.5个百分点，导致指数小幅下跌，但是市场一如既往地具有前瞻性。在连续加息7次后，短期联邦基金利率在短短一年内翻了一番，达到了6%的水平，此时的市场感觉到收紧银根的时期已经结束，开始展望更好的时代。任何上涨的市场中都会有新的龙头股出现。突破底部形态上涨的龙头股主要是软件、互联网和计算机外部设备等科技股。此外，零售和银行股的表现也可圈可点。

需要再次注意的是，此前的修正——例如刚刚发生在1994年的那次，总是能够帮助未来的龙头股形成真正意义上的底部形态。就像市场经历自身的周期循环一样，个股总是以相似的方式形成自己的走势形态。回想一下，杰克·德雷福斯在他的职业生涯早期，即20世纪30年代到50年代曾经提到，他一直在股票走势图中看到不断重复的形态出现。欧奈尔对20世纪50年代初以来的大牛股所做的历史性研究也发现，股票在开始大幅拉升之前，也会出现相同的筑底形态。他总是基于曾经的市场大赢家的案例来发现在下一个市场上涨时会出现的龙头股。在股票再次回升并再创新高之前，所有的形态都必须在某一时刻经历一次下行趋势。

虽然美国1995年前两个季度的实际GDP增长缓慢，但其前景看起来更加光明。到1995年春天，由于通货膨胀得到了很好的控制，美联储停止了加息。企业的利润正在增长，失业状况也得到了改善。长期收益率在经历了前一年的大幅攀升后也开始回落。经济形势中出现了很多积极的因素，市场也迎来了更多的创新型公司。其中大多数的优秀企业都来自科技行业。市场于1995年2月开始拉升，并开始了极其陡峭的上涨趋势。道琼斯指数在2月底再次突破4000点大关，然后再也没有回撤到这个位置。此外，在20世纪90年代上半叶通过的很多放松监管的法案也增加了市场上涨的动能。

纳斯达克指数一路狂飙，在短短半年多的时间里上涨了36%，到7月中旬突破了1000点大关。在触及心理上的重要里程碑之后，纳斯达克指数在短短两个交易日内回落超过50点。事实证明，这只是一次暂时的停顿和获利回吐，市场随后又恢复了上涨趋势。道琼斯指数也在飙升，并伴随着正常的回调，这说明一个明确的上涨趋势已经得到确认。两大指数的回调并没有表现出我们在市场真正见顶并下跌时多次看到的那种严重抛售。1995年夏天，我们还迎来了一家更加令人兴奋的新上市公司。网景公司的首次公开募股引发了广泛的关注，股票的成功只是一个信号，预示着将有大事发生。互联网在当时受到了相当多的关注，投资者进场的情绪高涨，都想在下一个伟大的创新中分得一杯羹。

罗佩尔在几个月前做出了改变，他离开了大卫 · A. 诺伊斯公司，在北方信托开始了新的职业生涯。一天，当网景公司的股票跳空高开35点时，罗佩尔的一位新客户未能向罗佩尔支付买入网景公司股票的资金，因此他不得不向公司偿还这笔总计7.5万美元的资金。这是他早年经历的又一次挫折。然而，老话说“知子莫若母”，罗佩尔的母亲鼓舞了他，她从未质疑过自己的儿子和他未来获得成功的能力。实际上，她当时刚刚得到了一小笔遗产，她把钱交给了罗佩尔，让他继续追求在市场上赚钱的激情和梦想。此时的罗佩尔并没有放弃，他在北方信托停止了期权交易。对他来说，这是一个明智的决定，因为1995年和1996年的新股发行都将创下纪录，股市中有很多机会。由于需求旺盛，当时许多已上市的新股股价在首个交易日就翻了一番。同样是在1995年夏天，美联储的加息政策发生了转变，并于7月开始降息。市场对此的反应是积极的，随即重拾升势。在初秋的温和回调后，市场在10月底之前进入横盘整理模式。

随着经济的欣欣向荣和利率的下降，投资者对股票的需求持续增加。中产阶级在当时更多地通过401K计划和正在迅速发展的共同基金直接参与其中。道琼斯指数在盘整了几个月以后，于11月开始飙升，随后突破5000点大关，此时距离它突破4000点只过了9个月。道琼斯指数全年录得33%的涨幅，连续5年强势上涨。标准普尔500指数全年上涨37.5%。纳斯达克指数年底收官时的表现不及道琼斯指数强劲，延续了自当年秋天以来的平稳震荡走势。然而，该指数全年整体的涨势十分强劲，涨幅高达40%。1995年也是罗佩尔在图表阅读、市场分析、观察和研究技能方面有所提高的一年。他之所以仍没有取得太大的进展，是因为他还在依赖华尔街最倾向的市盈率和估值这些基本的分析方法。他还因为经验不足错过了很多重要的龙头股。他觉得自己正在进步，而且变得越来越好——特别是自从他严格地执行止损策略以来，但是他还有很多东西要学。

市场进入1996年后便开始回落。实际上，道琼斯指数曾经一度下跌到接近5000点的位置，但并未跌破，随后便止跌并再度强势上涨直到2月中旬。纳斯达克指数在1月中旬的时候跌破了1000点大关，但很快触发反弹并继续走高。随着市场持续走高，共同基金越来越受到市场的青睐。投资者对股票的强劲需求——尤其是来自在经济发展强劲时期获得新资金的大型共同基金的强劲需求，使股市的上涨趋势得以保持。在这段时间里，很多龙头股都来自科技领域。个人电脑和工作站、软件、计算机外部设备和局域网，以及互联网行业的股票脱颖而出，大幅上涨。银行、零售和能源类股票的表现也非常好。当然，在一个确定的上升趋势中，欧奈尔投入了全部的资金，他在此期间持有了很多龙头股。

经济形势在很多方面持续向好，包括通货膨胀率较低、实际GDP增长、企业利润增长、利率稳定和就业前景得到改善。当时也没有重大的军事问题或经济衰退和放缓的迹象。请注意，这段时期包含的诸多因素使这段时期与其他时期形成了鲜明的对比——在其他时期，投资者极度担忧，市场环境非常动荡。20世纪70年代被诸多的政治、社会和经济问题所笼罩。当时的市场对此的反应是剧烈的波动交易和诸多的不确定性。到20世纪90年代中期，由于有利的经济条件和低税率（主要是因为里根政府多年前推出的减税政策）鼓励企业创新和冒险，很多创新都在全面展开。

至此，我们看到罗佩尔的研究真正地开始了。如前所述，他当时正在深入研究市场和个股的量价关系和图表形态。他还继续参加《投资者商业日报》的研讨会，并一如既往地下定决心改善他的投资业绩。他所做的第一笔大交易是在纳斯达克指数强势上涨期间买入3000股艾美加的股票（经过拆股调整之后的该股走势见图10–3），而该股当时刚刚放量远离平稳的底部形态。此后不久，一次剧烈的回撤迫使他抛售了20%的头寸。虽然这次的操作有些为时尚早，但是请注意他是如何在下跌时采取行动的。此次回撤并没有放量，股价始终位于50日移动平均线之上。罗佩尔对他剩余的头寸保持了耐心，而该股后来果然放量上攻，并在接下来的3个月里飙升。该股最后进入了典型的冲顶阶段，他这次在右侧接近顶部的位置卖出了股票，就像一位股票大师会做的那样。

他在股价上涨时大量抛售的行为，实际上与经验丰富的勒布或者欧奈尔在交易中所做的事类似。罗佩尔最终在这笔交易中赚了近10万美元，这确实提升了他对自己多年来的艰苦研究新产生的信心。罗佩尔当时还持有其他股票的头寸，而且也做得非常好。3月13日，Action Performance的股价刚刚放量上涨至接近新的高点，罗佩尔就以9.75美元的价格买入了1500股（经过拆股调整之后的该股走势见图10–4）。在强劲的市场的带动下，该股在春季到夏初的时间里大幅上涨。罗佩尔坚定持有该股，因为没有理由卖出一只表现良好的股票。1996年6月20日，Action

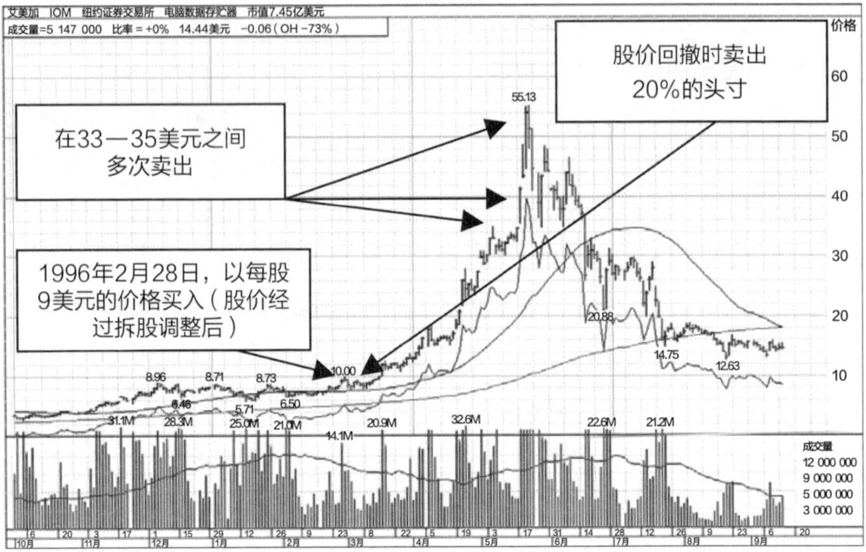

图10-3　艾美加1996年股价走势日线图

来源：©2005 威廉 · 欧奈尔公司。版权所有。经授权转载。

Performance因为一份优秀的财报发布而在开盘时跳空高开，但是随后便遭受了抛售，成交量创下几个星期以来的最高水平。罗佩尔认为这是股票走弱的表现，大资金开始套现离场——这也正是他决定要做的事情。他抛售了所有的股票，净赚了100%的利润。

与此同时，罗佩尔还在1996年2月29日以每股24.375美元的价格买入了美元树公司的股票，当时市场正处于强劲的上涨趋势中，而该公司的股价也随着成交量的放大走出了平稳的底部形态。该股随后放量飙升，然后在上涨趋势回撤的交易日中逐渐缩量。当该股的成交量触及几个月以来的最高水平并开始放量下跌时，罗佩尔抛售了所有的股票。这是另一只让他赚得盆满钵满的股票，他注意到这些在6月中旬走势强劲的股票正在发出典型的见顶信号。他不知道接下来会发生什么——他只是跟踪股票及其走势，然后适当地执行卖出法则。请注意他的操作是如何与几年前的操作形成鲜明对比的。他当前买入的是基本面强劲的股票，当市

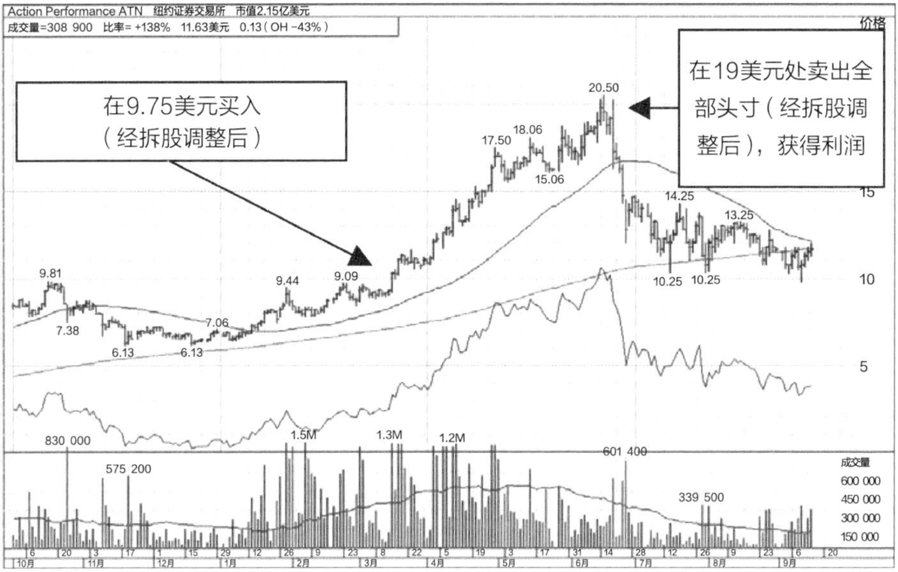

图10-4 Action Performance1996年股价走势日线图

场走强时，这些股票刚刚脱离底部形态。之后，当这些股票的股价走势正确时，他会持有这些股票，同时时刻关注着它们的变化。当卖出信号出现时，他就会采取行动。一个股票市场大作手就是这样从一个缺乏技能、自律或交易法则的人成长起来的。这说明，他的辛苦努力开始得到了回报，因为他一直在研究最好的交易者和市场的历史，并不断地完善他的图表阅读研究。

随着市场在早春巩固1996年的涨幅，纳斯达克指数在4月和5月继续强劲上涨。然而，道琼斯指数却落后于纳斯达克指数及其龙头股。到6月初，纳斯达克指数当年的涨幅已超过18%。道琼斯指数上涨了大约15%。市场对共同基金的狂热还在继续增长，美元的走强也起到了推动的作用。但是到了夏天，市场在经历了几个月的强劲上涨后又开始显得有些疲软。正如我们刚刚从罗佩尔的3笔交易中看到的那样，这正是走势强劲的龙头股的特点。市场在6月和7月出现了大幅回调，尤其是纳斯达克指数。从6月初到7月中旬，该指数在这波回撤中从峰值下跌了近20%。这是一次既让人恐慌又迅速的下跌，道琼斯指数的下跌幅度虽然不大，只有10%，但也算得上是一次大的调整了。不过，当时的道琼斯指数和纳斯达克指数似乎分别在5000点和1000点的里程碑关口处得到了支撑。这些心理上的支撑位让很多人收获了信心。但是请注意罗佩尔是如何规避纳斯达克指数20%的大幅回撤的。这再次与他几年前的行为形成了鲜明对比。在调整期间，尤其是在熊市期间，大多数龙头股的跌幅会远远超过平均水平。我们只要看看上面的艾美加股价走势图，就能知道这只股票在夏季回调期间跌得有多惨。罗佩尔当时就像一个百发百中的神射手做着交易。这些交易不仅让他赚到了丰厚的利润，也增强了他的信心——有序和谨慎的方式对未来的成功是至关重要的。市场从上文提到的走势情况开始转向，并继续保持强劲的上升趋势。

一些新的龙头股助推了整个市场的上涨行情。1996年7月，戴尔电脑凭借其创新的、直接面向消费者交付的低成本个人电脑业务模式，突破了底部形态，然后在短短15个月的时间里飙涨了超过500%。进入秋季，股市继续攀升，道琼斯指数在10月突破了6000点大关。那个时候，随着新的商业杂志层出不穷，美国全国广播公司财经频道越来越受欢迎，新的共同基金也大量涌入市场，人们的情绪开始高涨。资金大量涌入这些共同基金，仅股票型基金一年就吸收了2350亿资金。到当时为止，这是一个创纪录的数字。随着资金的流入，基金经理开始进场。1996年，基金经理持有6.2%的现金，而这个数字在1990年是13%。大资金对股票的强烈需求是推动市场的主要原因。对于当时的个人交易者来说，与大资金同步正是他们所追求的。

到1996年11月，市场呈强劲的上升趋势，许多龙头股为其持有者带来了巨大收益。生产率的提高、企业利润和经济的强劲增长似乎是经济高速运转的主因。快速上涨的市场自然成为大家谈论的话题，并吸引了很多人的注意力。艾伦·格林斯潘就是对此发表评论的人之一。12月5日星期四，他在一次演讲中说出了“非理性繁荣”这句名言，以表达自己对迅速上涨的股市的看法。他的著名言论对市场产生了非常短暂的影响，市场在第二天上午下跌了近2%，而全球其他交易所的跌幅甚至更大。但在接下来的星期一，纳斯达克指数创下了到当时为止历史上第二大的涨幅。1996年对市场来说是又一个平稳的年份，标准普尔500指数上涨了23%，道琼斯指数上涨了26%，实现了连续6年的上涨，这在当时都是创纪录的表现。纳斯达克指数上涨23%，与标准普尔500指数持平。当年表现最好的一些板块是半导体板块（上涨80%）、计算机硬件板块（上涨41%）和软件板块（上涨36%）。

罗佩尔跟随市场的走势

1997年伊始，市场的上涨势头仍在继续。随着市场持续走高，1月又迎来了一波稳健的上涨行情。市场在2月进入盘整，虽然道琼斯指数突破了7000点大关，但主要走势还是横盘整理，纳斯达克指数则开始下跌。美联储在3月将利率上调了0.25个百分点，市场随即转跌。市场的急剧下跌一直持续到4月中旬。在经历了获利回吐和针对美联储的恐慌之后，市场再次反转并重拾升势。等候多时的罗佩尔发现了一只即将出现的龙头股。他买入了电子合同制造行业的技术龙头——捷普集团的股票。如图10-5所示，1997年2月，当该股创出25美元的新高并突破底部形态时，罗佩尔精准地抓住了买入的时机。当时的市场也刚刚回升，而罗佩尔的行动正好与市场和强势股保持同步。随着股价的上涨，罗佩尔一路持有该股。1997年6月中旬，公司发布了一份靓丽的财报，其首席执行官还在美国全国广播公司财经频道上积极宣扬公司的光明前景。从那以后，该股开启了暴涨模式。罗佩尔之所以仍然坚定持有，是因为该股走出了放量上涨、缩量下跌的完美形态，这说明大资金仍然愿意持有该股。罗佩尔一直持有该股，直到该股发出了卖出信号（包括在某些交易日放量下跌）才离场。该股在下跌的过程中还跌穿了在上涨过程中从未触及的50日移动平均线。正如我们接下来要看到的，市场在秋季将出现重大的调整。而捷普集团的股价也将随着市场的调整而下跌。当股票走势闪现出卖出信号时，罗佩尔抛售了他的头寸，这波完美的操作让他收获了100%的盈利。我们现在真正开始看到罗佩尔是如何扭转局面的，以及他在获利的交易中采用的策略与前文中最棒的股票交易者所采用的策略是完全一样的。

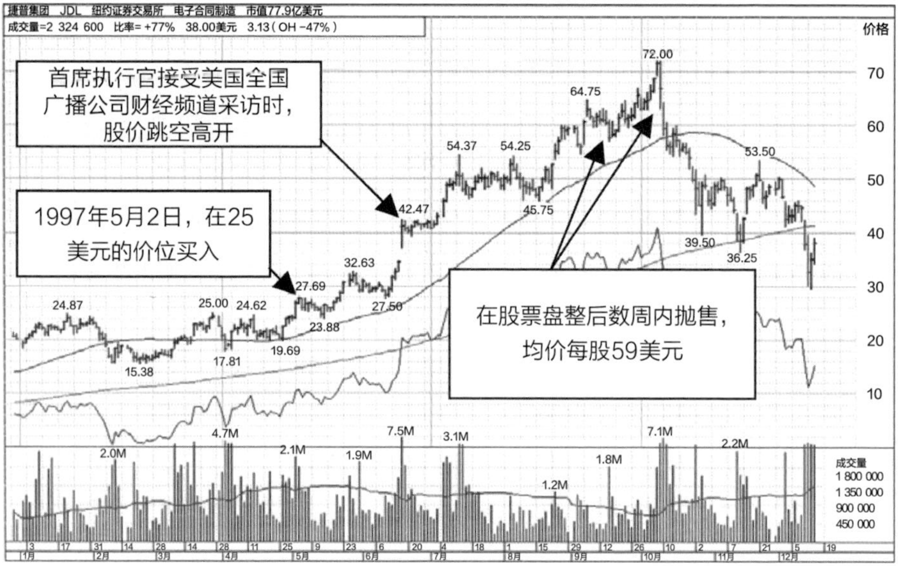

图10-5　捷普集团1997年股价走势日线图

来源：©2005 威廉·欧奈尔公司。版权所有。经授权转载。

从4月中旬到8月初的4个月里，市场一路走高。在此期间，纳斯达克指数的上涨幅度超过了35%，而道琼斯指数也紧随其后，于7月突破了8000点大关，在短短4个月内攀升了30%。让投资者感到欣慰的是，美联储在这段时间里没有进一步加息。实际上，美联储开始降息，直到1999

年6月才再度加息。在市场强劲上涨期间，科技、媒体和电信类个股表现最好。这是一段美好的时光，由于资本投资蓬勃发展，中央处理器和计算机内存组件的价格开始回落。消费者正从价格较低的新技术产品中获益。企业利润仍在以健康的速度增长，实际GDP数据也很稳定。生产率成为推动经济增长、抑制通货膨胀的新引擎。技术的新进步开始在许多经济统计数据中显现出来，支持着积极的、持续的经济增长。

在此期间，其他几只新的龙头股也突破了坚实的底部形态。以家得宝为例，其股价在1997年5月突破了带柄茶杯形态的底部，并在接下来的32个月里再次飙升了431%。雅虎是另外一家新的科技类龙头股，该股的股价在7月突破了带柄茶杯形态的底部，并在接下来的30个月里上涨了7443%。当市场像1997年上半年那样强劲上涨时，我们有的是机会锁定大型货币基金正在吸筹的那些大型龙头股。这正是当时在发生的事情，就像我们在过去有着上涨趋势的市场中看到的那样。1997年6月，罗佩尔在持有希柏系统软件公司的头寸时犯了一个错误。这家公司有着令人印象深刻的基本面，而且是软件企业中的重要龙头股。很多大型机构都使用它的客户关系管理软件，它的收入和利润都很强劲。当它突破了带柄茶杯形态时，罗佩尔以每股27—30美元的价格买入（经过3股换1股的拆分调整后）。他在持有巨大头寸的同时，还利用了全额保证金进行杠杆交易。这是他到当时为止最大的一次持仓，当股价快速回落时，他非常紧张。不过事实证明，这只是一次正常的小幅波动而已。此后，罗佩尔迅速抛售了全部的头寸，这笔交易最终以亏损大约一个点告终。然而，希柏系统软件公司最终成为市场的大赢家。正如我们稍后会看到的那样，罗佩尔从中汲取了教训，这也是最好的交易者的特征之一——总是牢记自己所犯的错误，从而尽量不在未来重蹈覆辙。

我们再来关注市场的走势。回想一下，当市场在一段时间内快速上涨时，通常意味着顶部可能就在附近。1997年10月初，纳斯达克指数突破1700点，领跑所有股指。道琼斯指数在8月和9月期间涨势有所放缓，以震荡整理走势为主。在经历了10月中旬的一次正常回调之后，市场受一些国际事件的影响而大跌。1997年夏天，亚洲的过度建设导致了产能过剩，泰铢兑美元的汇率暴跌了12%。此后，亚洲其他国家的货币也开始出现贬值，随着“亚洲流感”的蔓延，人们担心在亚洲开展业务的美国公司会受到伤害。由于一直快速增长的经济开始放缓，全球化向环太平洋地区的扩张开始受挫。美国市场对这场危机的反应几乎可以用恐慌来形容。10月27日星期一，道琼斯指数暴跌554点，跌幅超过7%。这是该指数历史上最大的一次点数跌幅，幅度超过1987年的那次股灾。但是市场很快就恢复了正常，因为危机带来的影响并不像大多数人担心的那么大，美国经济仍然非常强劲，在很大程度上没有受到影响。许多人也关注着美国经济的增长，因而他们会发现美国拥有稳定和强劲的经济环境，国外资金也因此持续地流入美国市场。

随着市场从10月底的抛售中迅速恢复，道琼斯指数实际上只用了一个多月的时间就恢复到了抛售之前的水平。到12月初，道琼斯指数只比10月初的水平低了几个点。纳斯达克指数虽然恢复得没有那么快，但仍在年底前走高。其他新的龙头股也纷纷浮出水面，比如在9月再次爆发的思科系统公司，其股价到2000年3月触及峰值时已经飙升了900%。美国网域存储技术公司自10月突破带柄茶杯底部形态后，在30个月内上涨了3700%，成为市场的大赢家。12月，CMGI信息系统公司突破了带柄茶杯形态，并在随后的24个月内暴涨8958%。对于市场来说，这又是涨势强劲的一年。美国当年的GDP增长了4.5%，市场持续走高，道琼斯指数上涨了23%，实现了前所未有的连续7年上涨。纳斯达克指数全年上涨22%。

1998年前两周的大幅下跌行情很快就得到了扭转，市场再次恢复了令人难以置信的上涨走势。1998年年初原油价格的急剧下跌减轻了人们对通货膨胀的担忧。实际上，经济状况看起来再好不过了：利率稳定、长期收益率下降、企业利润仍然强劲、失业率持续改善、贴现率当时保持在5%以下。股市不断反映出未来的光明前景，似乎每天都有新的创新型公司上市。生产率的提高占据了主导地位，美国因此成为经济强国。互联网就像几十年前的汽车和收音机一样，让人兴奋不已。道琼斯指数从2月到4月几乎直线上涨，在短短几个月内上涨超过20%，突破9000点大关。纳斯达克指数的涨幅更大，其股指在1月中旬到4月下旬期间涨幅超过30%。3月，诺基亚的股价突破了典型的带柄茶杯底部形态，成为新的龙头股。从这个时间点算起，其股价在30个月内上涨了800%。罗佩尔当时并没有买入诺基亚，不过他在该股攀升的过程中找到了其他的战略买入点，我们在接下来的内容里将会看到他是如何在市场恢复上涨趋势时利用这些机会的。易安信作为早期的龙头股，在1月完成突破后的15个月里飙升了478%。

市场在5月至6月中旬的正常回调和盘整之后再次转涨，并在7月中旬大幅拉升。纳斯达克指数甚至在此期间突破了2000点大关。7月的这种飙升似乎与过去股票和市场见顶时出现的暴涨行情相似。事实上，欧奈尔认为当前这段时间（1995年7月至1998年7月）的上涨趋势与1962年至1966年市场中的上涨趋势类似，当时道琼斯指数在4年内上涨了85%。1998年夏天，当市场和许多股票开始出现这些典型的见顶信号时，欧奈尔再次采取行动，只不过这次他没有遵循自己久经考验的卖出法则，而是抛售了所有股票。从7月中旬到下旬，市场真正开始出现了典型的顶部抛售或者盘整信号。罗佩尔虽然在这段时间里很活跃，但是并没有开太多的新仓。他在阅读图表的过程中寻找合适的底部形态。由于许多股票已经突破并远离了合适的买入点，他并没有找到太多的候选者。罗佩尔过往的经验告诉他，购买大幅上涨的股票要面临更多的风险，因此他必须谨慎行事。

到7月的第3周，各大指数开始出现盘整日，而随之而来的抛售让众多龙头股大幅下跌。下面列举几只比主要股指更早走弱的股票：

克利夫斯钻孔公司。这只股票从1996年4月到1997年11月大幅上涨，股价从拆股调整后的每股8美元上涨到每股近80美元，涨幅超过10倍。1998年年初，该股的股价回落至每股60美元附近，考虑到其在不到两年的时间里录得如此大的涨幅，这种回落实属正常。但是到了1998年5月，关键的卖出信号开始频繁出现，这就不能仅仅理解为正常的波动了。该股开始在多个交易日放量下跌，从而彻底和市场脱钩。到8月，其股价已跌至每股15美元左右。

萨维尔系统公司。从1996年4月到1998年4月，这只龙头股的股价飙升了近500%。到6月，该股已经在每股50美元的位置形成了典型的头肩顶形态。然后，该股开始放量下跌。到1998年8月底，其股价也跌至每股15美元附近。

赛博科技。作为另外一只龙头股，其股价从1997年9月的每股近20美元上涨到1998年6月的每股近40美元，股价翻了一番。该股也形成了典型的头肩顶形态，然后放量下跌，进入下跌通道。随着股价的下跌，该股成交量放大。这是大资金套现获利并准备离场的典型迹象。到9月，这只曾经的龙头股的股价业已跌至每股15美元的价格区间。

欧奈尔躲过了另一次市场大崩盘

就在我们讨论前期的龙头股开始在6月发出卖出信号时，威廉·欧奈尔公司已经将吉列列入了面向机构客户的卖出清单。吉列是当时被最广泛持有并受到高度重视的蓝筹股之一。欧奈尔在吉列的股价接近60美元时将这只稳健的股票列入出售名单，因此受到了一些批评。但欧奈尔的经验告诉他，市场看起来已经见顶，吉列的涨势即将结束，是时候卖出了——后来该股的股价也确实下跌了。经验和客观性在市场中非常重要。它再次证明，不轻信大众和其他人的意见，而是遵循市场本身和股票的量价关系，才能带来有利可图的交易。从图10-1和图10-2中可以看出，市场在7月的最后一周迎来了真正的抛售。道琼斯指数在一周内下跌超过500点。大盘股（例如宝洁）遭受的抛售最为严重。实际上，市场在10个交易日中有5个交易日都处于抛售行情，而这5个交易日全部出现在市场真正崩盘之前。标准普尔500指数在13个交易日内经历了6个抛售日。到8月初，更多的抛售席卷市场。8月4日，道琼斯指数下跌299点，这是到当时为止第3大的单日点数跌幅。当时的情况是，俄罗斯债务违约引发了相当大的恐慌。1998年夏天，远东地区的问题导致俄罗斯的经济遭受重创。俄罗斯政府随后要求暂停偿还债务，这反过来又触发了违约行为。当时的国外投资几乎处于停滞状态。这是另一个全球化的扩张影响美国市场的国际问题。

到8月中旬，市场至少暂时停止了下跌，但是这种稳定只是暂时的。8月下旬，市场真的崩盘了。此时的欧奈尔已经完全抛售了他的持仓，这也是最优秀的股票交易者能够获得3位数年回报率的主要原因——他们会在行情发出警告信号时采取行动。在这个案例中，欧奈尔再次在市场强劲上涨的趋势中获得巨大收益，随后卖出，从而锁定了之前的利润，并且在市场发出和以前的市场周期顶部同样的警告信号时避开了市场大跌造成的亏损。8月31日，道琼斯指数当天就下跌了6%（502点）。市场的这一重大崩盘对当时的一家大型对冲基金产生了重大影响。长期资本管理公司，这家被视为由专业的市场“专家”运营的对冲基金，在熊市的快速冲击下，基本上被摧毁了。道琼斯指数在一个多月的时间里下跌了超过20%。同期的纳斯达克指数下跌了约27%。长期资本管理公司之所以陷入困境，是因为它的杠杆率严重过高。到1998年年中，它的很多杠杆押注都出现了问题。该公司的系统是以有效市场假说理论为基础的，根据它的模型，当时真正发生的事情本不应该发生。然而，我们再次看到市场总是正确的，而长期资本管理公司的模型及其对未来的学术假设是完全错误的。你根本无法预测未来的价格和人类行为，特别是通过计算机建模系统。俄罗斯债务违约危机让美国股市产生了恐慌，但最敏锐的市场观察人士已经看到了早期信号。到9月的第3周，长期资本管理公司不得不接受由50家银行和投资银行组成的财团的救助。这一消息令市场进一步下挫，截至10月初，纳斯达克指数较其7月底的峰值下跌了33%。在同样短的时间内，道琼斯指数下跌了1900点。没有人知道事情会变得有多糟糕，这就是为什么根据市场显示的抛售信号采取行动是值得的。

为了缓解投资者的担忧，美联储甚至不得不通过3次降息25个基点的举措向经济注入流动性。这实际上对市场是一个利好因素。正如我们已经多次看到的那样，当许多人在暴跌后选择放弃时，市场可能会反转并开始一个全新的上升趋势。这一次，同样没有人知道下行趋势会持续多久，但无论如何，只要你时刻关注市场走势，你就会看到这些转折点何时出现。伯纳德·巴鲁克、理查德·威科夫、杰西·利弗莫尔、勒布、德雷福斯和欧奈尔都做到了。他们都在寻找那些转折点，因为他们都知道它们最终会到来。这是他们取得巨大成功的关键。1998年10月，市场在经历了快速的暴跌之后，出现了许多潜在的积极因素。市场的崩溃主要归咎于另一个外部影响——俄罗斯债务违约。回到美国，许多90年代中期存在的积极和有利条件仍然普遍存在。作为经济强劲的巨大催化剂，生产力一直在增强。之前在资本设备和新技术上的投资是许多公司推动利润增长的关键，也是通货膨胀率保持稳定的原因之一。

10月6日，道琼斯指数、标准普尔500指数和纳斯达克指数放量下跌，但随后触底回升，并收于当日交易区间的上方。次日，所有主要股指放量上涨，至收盘时，全部以当日的高点报收。这两天的行情暗示着新一轮反弹可能正在形成。在接下来的3个交易日中，有两个交易日标准普尔500指数都在走高。在试图反弹的第5个交易日，所有的股指全部放量飙升。10月16日，《投资者商业日报》称，随着市场以稳健的量价走势确认了新的上升趋势，之前短暂且艰难的熊市已经结束。当市场开始改变方向时，一些新的龙头股将开始建立并突破已经形成的底部形态。艰难的熊市不仅让很多股票出现了回调，而且还让它们的走势图发生了改变。回调和熊市有助于个股形成稳固的底部形态，这种情况在历史中一次又一次地发生。诺基亚就是其中的一个例子，我们在该股1998年3月初首次突破时曾经提到过（见图10-6）。熊市的回调让其股价形成了典型的双底形态。

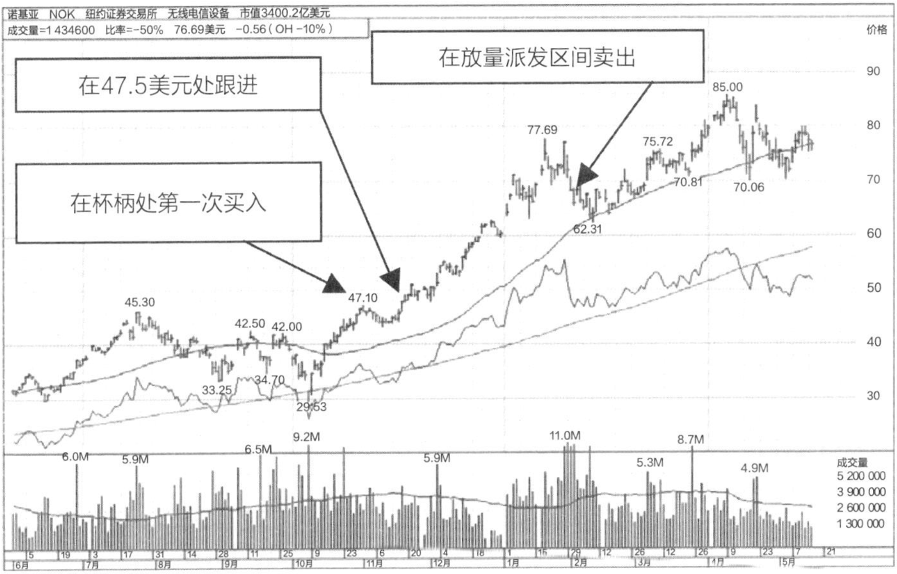

图10-6 诺基亚1998—1999年股价走势日线图

来源：©2005 威廉·欧奈尔公司。版权所有。经授权转载。

罗佩尔实际上并没有遵循他的买入法则，而是在带柄茶杯形态的双底区域买入了诺基亚的股票。然而，事实证明这是一笔正确的交易，在图10-6中，你可以看到他是如何运用金字塔策略在47.5美元的位置增加头寸的。诺基亚是电信行业的绝对龙头股，拥有强劲的基本面。世通公司是电信行业的另外一只龙头股，它几乎也在相同的时间内形成了完美的底部形态。罗佩尔也买入了这只股票，当然，他早在这家公司出现问题之前就已经清仓了。罗佩尔最终在世通公司和诺基亚的股票交易中获得了可观的利润。虽然罗佩尔似乎已经取得了他一直努力追求的成功，但就像其他所有伟大的交易者一样，他仍然会犯错误。只是这次的不同之处在于，罗佩尔很快就纠正了错误。他在1998年9月22日买入了JD 爱德华兹的股票，这是他在当时所犯的一个错误。值得注意的一点是，市场在9月虽然有所上涨，但并没有像之前详细描述的10月初的情形那样，最终呈现出典型的跟进和确认信号。JD 爱德华兹的走势与当时市场的走势几乎一致。9月22日，罗佩尔在该股突破的时候进场，但是该股并没有在突破后继续上涨。在横盘了一个多星期后，JD 爱德华兹的股价下跌了8美元，跌破了罗佩尔的买入点和该股的50日移动平均线。尽管该公司的股票在经历了一天的暴跌后没有表现出任何上涨迹象，罗佩尔也没有意识到错误，依然持有该股。第二天，该股又下跌了8美元。最终，罗佩尔卖掉了JD 爱德华兹的股票，不过他从这次交易中汲取了教训，对市场有了敬畏之心。

随着市场在上涨趋势中持续反弹，其他新的龙头股也纷纷加入进来。雅虎的股价从1998年秋天开始突破，到1999年达到峰值时，已经飙升了500%。太阳微系统公司的股价从1998年10月开始突破，到2000年3月触及峰值时，已经飙升了700%。欧奈尔买入了这家科技巨头的股票，这让他成为最终的赢家。嘉信理财的股价于1998年10月开始突破，在短短6个月内攀升了439%。由于互联网正在改变其他的行业，并且在提高效率的同时降低了成本，该公司成为折扣经纪业务的强大领导者。欧奈尔也买入了这只领导股，并且在其上涨的大部分时间里坚定持有。他对嘉信理财的这笔投资获得了313%的收益。请再次注意欧奈尔是如何随着市场而变化，并始终保持对市场的关注的。他在年初赚了大钱，然后在市场崩溃之前清仓。然后，当市场确认了一个新的上升趋势时，他又再次进场。欧奈尔开始寻找基于稳健的基本面且形成并突破了诸如带柄茶杯、平底、双底、高位紧致旗形、底部抬高和三周紧密模式形态等经典的底部形态的股票。这些股票的形态在股票市场的历史和周期中一次又一次地出现。欧奈尔的经验和教训教会他要保持耐心，等待合适的时机，因为这些时机总是会在未来的某个时刻出现。他还买入那些在令人兴奋的技术领域推出新产品和服务的公司的股票。请注意，他总是与市场中新出现的、人们对其有着强烈需求的事物保持联系。他不会把自己局限在一两个行业内——他对许多新行业都很了解，并在那些推出令人兴奋的产品、改善我们生活的新创新型公司身上做足了功课。回想一下，勒布也总是会学习许多不同行业的知识，这样他就能够在不断扩大的经济领域中成功地投资许多不同的行业。

欧奈尔利用历史收获巨额利润

其他在1998年年末突破的股票之一是威瑞信，该股自1998年11月突破以来，在15个月内就上涨了2543%。另一家科技巨头高通在12个月内，从12月的合理买入点飙升了2567%。这是欧奈尔抓住的另一只大牛股。安谋控股从1998年12月开始，在13个月内暴涨了1385%；光学涂层实验室同样自1998年12月突破之后，在13个月内上涨了1957%。这些龙头股表明了在强劲的市场环境下强势的股票到底可以上涨多少。或许，在20世纪90年代末，股票市场大作手赚到大钱的最好例子要数欧奈尔买入、持有和卖出美国在线的股票了。1998年10月的最后一周，随着市场上涨趋势的确认，该股正在远离带柄茶杯底部形态，欧奈尔以每股60美元的价格买入了美国在线的股票。该股的市盈率在欧奈尔买入的时候是158倍，随后股价在短短3周之内上涨了25%。对于欧奈尔来说——根据他的研究和经验，这意味着他可能抓住了一只大牛股，并坚定地持有。随后，该股再次上涨，在短短5周之内上涨了50%。对于如何利用历史和过往的大牛股来发现下一个大赢家，欧奈尔接下来所做的将给我们带来经典的一课。1965年，他在正确的时机买入了仙童相机公司的股票，但是他在该股第一次调整时就卖出了所有的持仓。后来，欧奈尔错过了这只股票的巨大涨幅。但此时，在33年后的1998年，欧奈尔想起了那个错误。他甚至在美国在线大幅回调时拿出了一张仙童相机公司的旧走势图表，当时仙童相机公司的股价在大约5周之内上涨了50%，而美国在线的股价走势正是1965年7月仙童相机公司的翻版。该股形成了上升的底部形态，并迅速获得了支撑。鉴于仙童相机公司的先例，欧奈尔知道应该怎么做。他一直持有美国在线的股票——直到该公司最终向他发出卖出信号，然后做出正确的操作。美国在线的股价在6个月内上涨了557%，他最终在这只股票上获得了456%的收益。这就是一个经验和历史帮助一名传奇交易者获得巨大收益的例子。从错误中汲取教训，做好功课，记住重要的市场实际走势和之前的周期，并研究过去表现最好的公司是非常有价值的。

1998年下半年，市场恢复得非常好，道琼斯指数实际上在年底的时候收于略低于7月峰值的位置，也就是市场崩溃前的高点。该指数最终录得全年16%的涨幅。而云集了前文提到的很多龙头股的纳斯达克指数在12月初开始飙升，正好达到了突破前的峰值，并将这波行情一直持续到了年底。纳斯达克指数全年涨幅达40%，远远领先于道琼斯指数。很多人也许会说，如果你在这波短暂的熊市中稳如泰山，那么你将收获积极的结果。然而，没有人知道熊市到底会持续多久、有多严重，这一点我们将在第十一章中讨论。但是，比1998年市场如何反弹更加让人印象深刻的是有史以来最优秀的交易者是如何跟随市场而动的。1998年，欧奈尔的个人账户已经增加了401%的资产。这可是当年最佳市场平均水平的10倍啊！他做到这一点的方法是与市场保持同步，避开严重的下跌，然后在条件合适的时候再次进场，收获巨额利润。1998年，欧奈尔公司的10位内部基金经理的平均收益率为221%，大幅跑赢市场。这就是为什么欧奈尔被认为是有史以来最伟大的股票交易者之一。

1999年的市场延续了不久前的强劲势头，主要股指在新年的第一周里走高。道琼斯指数在一月剩余的时间里回落并在整个2月横盘，纳斯达克指数却在1月持续上涨，随后在2月回落，并将这种震荡的走势延续到了3月中旬。由于千禧年恐慌（实际上在整个20世纪90年代促成了一些大规模资本的投资）仍然存在，更多的投资纷至沓来，从而导致一些股票出现了令人难以置信的上涨。1999年年初的龙头行业几乎都与科技有关，例如：计算机软件（互联网）、计算机（内存）、电子（各类电子）、计算机（迷你和微型）、计算机（主机）、电子器件（半导体制造）和计算机（局域网）。其他的龙头行业包括医疗和生物技术、电信设备和光纤组件。经济形势仍然非常强劲，失业率很低，通货膨胀继续得到很好的控制，企业利润仍然强劲，实际GDP也很健康。生产率的大幅提高让很多企业提高了效率，增加了利润。实际上，生产率的增长率是1973年至1995年平均增长率（1.4%）的两倍多。从1995年到2000年，生产率增长率为2.9%。股票回购也成为当时的主流，这势必会刺激（投资者）对股票产生更多需求。IPO热潮仍在继续，但事情很快便发展到明显失控的地步。

罗佩尔在强劲的市场趋势下交易

到3月初，纳斯达克指数再次企稳，开始上涨。同样是在3月，道琼斯指数历史上首次突破万点大关。这被视为一个重要的心理里程碑，显然是市场在整个90年代表现强劲的标志。道琼斯指数在触及这一水平后迅速回撤到万点之下，但随后在4月初再次突破这一水平。纳斯达克指数也在快速上涨，吉姆·罗佩尔便借此机会研究和寻找新的可靠买入机会，他利用自己之前的成功经验和观察找到了一些新的龙头股。美国网络银行就是其中之一，这只股票的基本面十分强劲，随着市场的走高，该股形成了一个几乎完美的带柄茶杯底部形态。罗佩尔在3月26日以30美元的价格买入，该股此时已经放量突破了它的支撑位。此后，他又通过金字塔策略以略高于35美元的价格加仓。该股只用了短短12天就涨到了每股83美元。由于该股迅速拉升，罗佩尔认为它已经到了冲顶阶段，所以他只持有了一小段时间。他卖掉了股份，并迅速获得了可观的利润。

几乎在同一时间，罗佩尔看到骑士资本集团也在形成适当的底部形态。3月29日，随着该股正式放量突破底部形态，他以每股31.25美元的价格买入了这只新的龙头股。这只股票上涨的速度很快，只用了12天就翻了一倍多，达到每股66.75美元。罗佩尔认为这只股票正在冲顶，因此他再次锁定了短期利润。骑士资本集团的股价随后下跌，但是在50日移动平均线上获得了支撑，此后又开启了反弹，并在1999年5月飙升至81美元。罗佩尔发现很多股票并没有像美国网络银行和骑士资本集团那样快速上涨，因此他认为这两只股票正在见顶，随即便卖出股票以锁定可观的短期利润。他没有预先确定持有的时间范围——他只关注股票是否发出了卖出信号。所以对于他来说，持有多久并不重要，只要没有出现卖出时机，他就会一直持有。在20世纪90年代末这种快节奏的市场环境下利用典型的卖出信号进行短线获利——这与20世纪20年代末的情况有些相似。回想一下，巴鲁克和勒布曾多次在走势强劲的交易日买入股票，然后在第二天卖出，以获得可观的收益。他们紧接着会在次日再次进场，在市场继续上涨的时候买入其他股票。跟随市场的走势让伟大的交易者获得了历史上最好的回报。1999年，罗佩尔跟随市场的走势收获了巨大的成功。实际上，他的个人账户已经从1997年的1.4万美元增加到1999年第三季度的31.1万美元。

随着市场不断走高，道琼斯指数在5月初突破了11 000点，在不到两个月的时间里上涨了1500点。成交量正在放大，并且超过了曾有的高水平。并购交易越来越疯狂，很多交易的规模不断扩大，而401K计划已经加强了许多参与者的财富效应。日内交易正变得越来越流行，许多人会离开工作岗位去看行情报价系统，这似乎与20世纪20年代末的情况类似。历史一直都在重复上演。20世纪90年代末，人们在大量社交和工作休息时间谈论股票，似乎每个人都成了股市专家。回想一下，在上世纪20年代末，就连擦皮鞋的小男孩和乞丐都在向一些有史以来最伟大的大作手推荐股票。美国全国广播公司财经频道的节目受到追捧，很多新的投资类图书也纷纷被摆上货架。很多成为百万富翁的股票交易者的成功故事即将出版面世。然而关键的问题是，当另一个市场在提供了巨大的机会之后出现重大调整时，又有多少人会像巴鲁克、利弗莫尔和勒布那样，做到合理卖出以锁定利润呢？我们很快就会看到两个股票市场大作手是如何成功地以类似于刚才提到的传奇方式行动的。

市场在6月再次上涨，科技股的表现与之前市场中的一些其他行业非常相似。20世纪90年代末，那些名字中带有“.com”的新公司几乎每天都在等待IPO。似乎只要它们的名字中含有“.com”的字样，就一定能够募集大量的资金。然而，它们中的大部分都是在讲故事，有的甚至没有收入和收益可言。这是历史上第一次发生这样的事情吗？这一次真的会有所不同吗？实际上，20世纪90年代与20世纪20年代的情况很相似，当时，收音机的问世和汽车的进步改变了人们的生活。不过在20世纪90年代末，这些事物变成了互联网和个人电脑的问世。随着需求和产能的增加，人们对技术和互联网的狂热与日俱增。然而，过度的发展势必会导致修正，从而回到正常增长的阶段。我们在前面的章节也看到过铁路行业出现过度发展并最终导致调整的情况。20世纪20年代，由于过度扩张，曾经一度出现过166家不同的汽车公司。甚至连航空业也经历过过度扩张的时期。在1919年至1939年期间，曾出现过300多家航空公司，其中的很多最终破产。再回想一下20世纪50年代末，当市场大幅上涨时，电子产品和电极成为炙手可热的行业，很多公司的名字里都带有“电子”的字样。即使是成熟的老牌企业也在努力向该行业多元化发展。20世纪90年代末的情况也是如此，当时数百家公司都试图利用互联网热潮。在这股狂热达到顶峰的时候，一些新上市的新股往往会在发行后的几个交易日内上涨500%甚至更多。

8月初的回调确实重创了一些互联网个股，但这只是暂时的。当道琼斯指数在整个夏季反复震荡时，纳斯达克指数成为市场的主角。到10月中旬，千禧年的恐慌情绪正在削弱，市场开始大幅拉升，形成了典型的冲高走势。分析师们沉浸在喜悦当中，很多推荐的股票已经失去了客观性，变成了纯粹的炒作。他们给出的目标股价的上涨速度已经明显快于大盘的上涨速度，很多推荐的股票似乎永远也不会停下上涨的脚步。触及52周新高的个股数量几乎每天都在增加。一些龙头股的股价在8月突破带柄茶杯的底部形态，随后在1999年年底的市场中获得了令人难以置信的涨幅。例如，希柏系统软件公司的股价在7个月内上涨了420%；E-Tek动力公司的股价在6个月内上涨了507%；宏道公司的股价在7个月内上涨了949%。欧奈尔在这波难以置信的市场行情中继续持有高通的股票。当时似乎所有人都在谈论高通，分析师们不断将目标股价提高到荒谬的水平，欧奈尔最终在该股股价触及高点时卖出，大赚了一笔。欧奈尔的经验、自律以及最重要的情绪控制，使他能够驾驭这只大牛股，并在1999年年底股价飙升至顶峰时收获巨额利润。

罗佩尔持有巨额头寸

1999年年末，很多科技股都在上涨，这里不再赘述。威瑞信、C-Cor.net、雅虎、甲骨文、美国网域存储技术公司、微策略和博通公司是一些涨幅较大的公司。1999年10月，伊美莱斯公司形成了罕见的高位紧致旗形形态。回想一下，之前市场中的其他大牛股也形成了完全相同的模式。例如，20世纪50年代末的E. L. 布鲁斯为达瓦斯带来了巨额利润，而欧奈尔在多年前就持有了先达公司的股票。伊美莱斯公司的股价突破高位紧致旗形形态后，在6个月内飙升了404%。罗佩尔就在那里，这正是他一直在等待的市场环境。此外，他还买入了力博通信公司、瞻博网络、伊莱迪克和网捷网络公司等龙头股。至于博通公司，罗佩尔对它非常熟悉，因为他在公司成立之初就参与过交易。这只股票已经形成了完美的底部形态，表现出了很高的盈利能力。当基本面稳固、底部接近完美、市场处于非常强劲的上升趋势时，就出现了伟大的股票市场大作手所等待的时机。罗佩尔从10月底开始以每股64美元的价格买入2500股。此后不久，他又运用金字塔策略以68美元的价格加仓了2500股。随着该股继续放量上攻，罗佩尔以每股75美元的价格最后一次买入该股（买入了2500股）。罗佩尔在这只股票上倾尽了全力，并且在买入时动用了全额保证金。他的经验使他展示了建仓水平最高的交易之一。我们将在第十一章看到他是如何几乎完美地抛售它，并锁定了100万美元的利润的！

直到年底，股市还在一路飙升。纳斯达克指数在11月突破3000点，在12月突破4000点。对于市场来说，这是非常出色的一年，道琼斯指数上涨了25%，但是与纳斯达克指数前所未有的85.5%涨幅相比显得微不足道。这是纳斯达克指数连续第5年上涨21%或者更高。市场中的机会不会像这样经常出现，但最好的交易者会在机会到来时加以利用。欧奈尔将会迎来另一个突出的、跑赢大盘的年份。1999年，他的账户资产上涨了322%，而在20世纪90年代，他在整个10年里的年平均涨幅再次超过40%。他的内部基金经理在1999年获得了363%的收益。事实上，从1998年到2000年年初，威廉·欧奈尔公司的内部基金经理的回报率达到了1500%。吉姆·罗佩尔的业绩又如何呢？他在1999年迎来了爆发，仅在4月到11月的这段时间里，他就获得了483%的收益。在当年的最后两个月里，他又录得68%的涨幅。实际上，罗佩尔在10月辞去了在北方信托的工作，加入了一家大型网络经纪商，成为一名经验丰富、非常成功的股票经纪人。

第十一章

避开熊市轨迹，锁定前期获得的利润

（2000—2004）

吉姆·罗佩尔知道健康的市场才是最重要的

进入新世纪，千禧年的恐慌性问题已经被证明是虚惊一场，市场在经历了新的千年前几个交易日的抛售之后开始好转，似乎唯一的走势就是“上涨”。但是到了1月中旬，道琼斯指数见顶后遭遇抛售。市场因此出现分化，因为纳斯达克指数在1月的最后两周回落后又强势上涨。市场以前从未发生过如此程度的分歧。从1月中旬到3月初，道琼斯指数在不到两周的时间里狂泻了2000点。但与此同时，纳斯达克指数一路飙升并在3月初突破了5000点大关。人们从来没有真正看到过该指数出现如此程度的拉升行情。实际上，在2000年年初，几乎所有人都在买入科技股和互联网股。由于所有的谨慎都被抛在了一边，很多事情似乎失去了控制。我们甚至在1月初见证了有史以来最大的收购案——美国在线和时代华纳的合并。从其他行业的抛售中撤出的资金似乎全部涌入各种类型的高科技股票。新股发行的热潮空前高涨。然而，这种情况在不久前刚

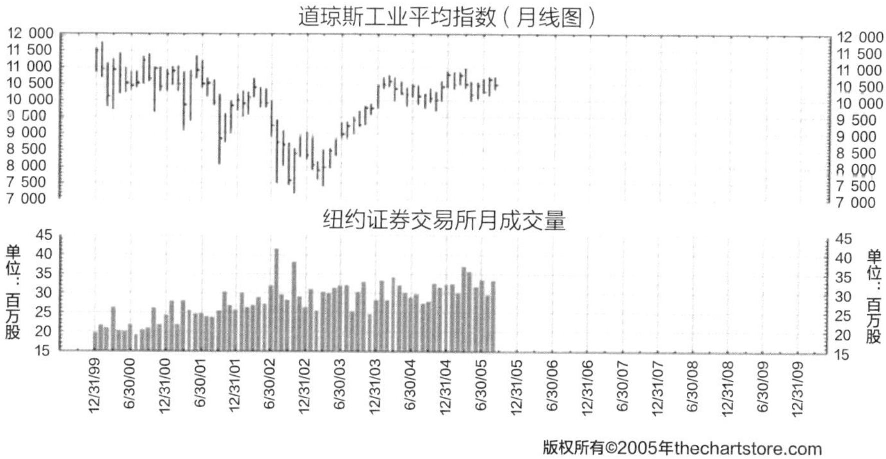

图11-1　道琼斯工业平均指数（2000—2004年）

来源：www.thechartstore.com.

图11-2　纳斯达克综合平均指数（2000—2004年）

来源：www.thechartstore.com.

发生过——分别在20世纪60年代初和1983年年初。然而，由于人的心理因素影响着整个市场，再加上狂热的情绪高涨，很多人都忘记了过去的教训。只有少数杰出的投资者能够控制自己的情绪，并真正制定出在这样的环境中取得成功所需的交易策略。大多数交易者最终都回吐了巨额纸面利润。

专业的投资者会控制自己的情绪

2000年1月初，生物技术股恩佐生化完美地展示了狂热是如何全面爆发的，以及一位专业交易者是如何利用所需的经验和严格的法则锁定巨额收益的。当吉姆·罗佩尔还在那家大型网络经纪商工作时，就有一位公司内部的经纪人在吹捧恩佐生化的股票，因为据传恩佐生化在治愈艾滋病方面颇有建树。罗佩尔在生物科技股方面经验丰富，他看到该股在1999年年末形成了近乎完美的底部形态。当时该股已经放量突破了带柄茶杯的底部形态，罗佩尔在1999年12月12日以每股36美元的价格开始建仓。在此后的几周之内，该股的股价几乎直线拉升到每股48美元以上，后来，随着一位分析师降低了对该公司的评级，股价又回落下去，进入强势盘整。2000年1月中旬，该股的成交量激增，此时的罗佩尔又以每股49美元的价格将手中的头寸翻了一番。从那之后，这只股票开始拉升，并在接下来的6天里飙升了近90个点。罗佩尔所在办公室的那位经纪人非常兴奋，他认为这只股票很快将上涨到每股1000美元。然而，在有着丰富的成功经验的罗佩尔看来，这是他见过的最典型的冲顶走势。当一个人像罗佩尔那样几十年如一日地研究图表以及过去的市场赢家的历史案例时，他就会倾向于关注现实和事实，而不是来自外界的影响。在持续放量一段时间之后，该股持续走出跳空高开的行情。2000年1月24日，恩佐生化再次跳空高开，随后便掉头向下，这种情况在其难以置信的短暂上涨过程中从未发生过。罗佩尔开始抛售他的股票，因为他认为从顶部的反转是一个明显的警告信号，表明市场疯狂的做多动能已经枯竭。他最终卖出了全部的持仓，收获了巨大的短期利润。那位经纪人无法相信罗佩尔会卖掉一只即将上涨到1000美元的股票，至少他当时是这么想的。图11-3显示了该股接下来的走势，罗佩尔认为这位经纪人从未抛售他的股票。罗佩尔的这笔交易与威廉·J. 欧奈尔在高通这只股票上获得巨额收益的情形非常相似，当时高通的股价也形成了典型的冲顶走势，似乎所有人都在预测这只股票会持续上涨。欧奈尔的经验、严格的交易法则和对情绪训练有素的控制，让他在股价接近峰值的时候及时抽身离场。罗佩尔在恩佐生化这只股票上的操作运用了典型的、训练有素的股票交易技巧。罗佩尔没有受到周围所有人喋喋不休的影响，而是在这个有可能是历史上最情绪化炒作的市场周期中始终保持着稳定的情绪。

当道琼斯指数在2月持续下跌时，市场的注意力都集中到了纳斯达克指数上。但是一些小的细节开始显现，并开始向更精明的交易者发出重要信号，就像在之前很多次的市场周期中表现的那样。2000年年初，道琼斯指数已经见顶并进入盘整模式，到2月中旬，该指数在不到4周的时间里下跌了超过10%。这些公司的内部人士真的开始利用（之前）高得令

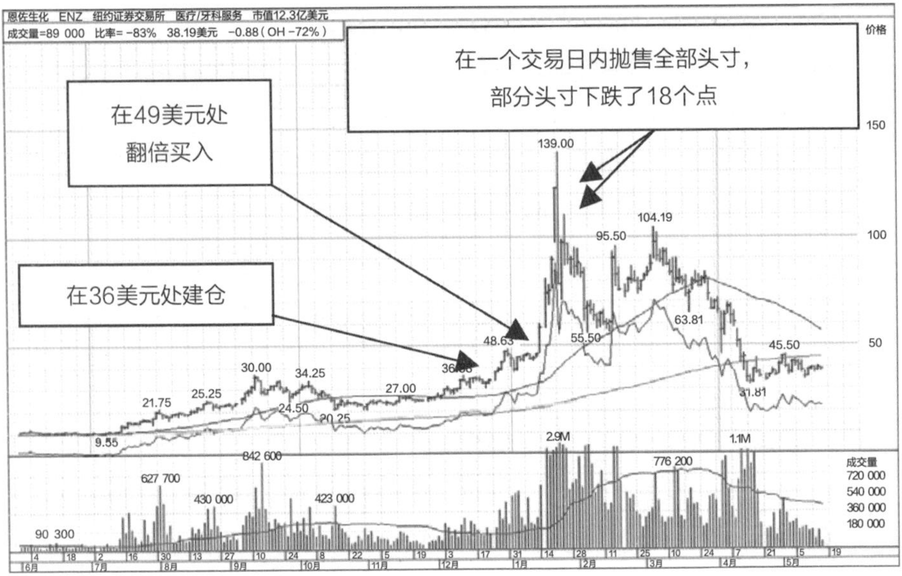

图11-3 恩佐生化1999—2000年股价走势日线图

来源：©2005威廉·欧奈尔公司。版权所有。经授权转载。

人难以置信的股价大做文章了。其他的小细节包括经济活动开始放缓。1999年年底，由于担心千禧年恐慌会导致流动性短缺，美联储向经济注入了几十亿美元的资金，随后开始大举提高利率。从1999年6月到2000年5月，美联储连续加息6次。美联储当时担忧的是股市上涨会导致财富效应，而财富效应又会刺激消费者加大支出，进而引发通货膨胀率的螺旋式上升。我们已经在很多例子中看到，高利率似乎会遏制经济的快速增长。到2000年年初，库存在增加，订单在下降，公司债务处于极高的水平。在热门的新技术领域，经济已经经历了过度建设和过度扩张的加剧。我们看到，在过去的几个时代中，这种情况大多发生在市场大幅下跌之前。关键是要记住，历史通过市场的周期性行为反复上演。当然，完全相同的事件不会重演，而投资者的心理行为则会不断重复。

罗佩尔大获成功且少数精明的投资者预见了市场见顶

当2000年第一季度接近尾声时，市场的狂热达到了高潮。3月10日，纳斯达克指数首次突破5000点大关。截至3月1日，纳斯达克指数在过去的12个月里上涨了108%，但同期的道琼斯指数只上涨了9%，标准普尔500指数上涨了近12%。这显然是一股科技狂潮，因为科技行业的共同基金正在狂飙。2000年3月，共同基金的现金头寸处于4%的低位，这说明大部分可用资金已经进入市场。纳斯达克指数突破5000点大关后在3月10日触及5132点的高点。然而，当时的一些龙头股在大幅上涨后出现了冲顶和见顶迹象。此时的罗佩尔满载而归。实际上，随着市场的不断上涨，他已经赚得盆满钵满。他持有的所有科技股都为他带来了巨额利润。博通公司仍然是他到当时为止获利最多的股票。这只股票虽然历经过两次不同的大幅回调（一次在1月，另一次在2月），但股价仍然维持在50日移动平均线之上。当时，罗佩尔利用全额保证金持有了7500股博通公司的股票，所以他密切关注着这只股票的走势。当这7500股的头寸回撤了20—30个点时，你可以想象一个投资者会有多紧张。但是罗佩尔仍然保持冷静，继续坚守他那经过时间检验的交易法则。此外，他持有的其他头寸还在上涨，因此对冲了博通公司对其整体投资组合造成的暂时性回撤。博通公司的股价自2月从50日移动平均线反弹后，便开启了井喷式的上涨。罗佩尔紧紧抓住一只赚钱的股票不放——这是获得巨额收益的关键策略。以下是纳斯达克指数在2000年3月初至3月中旬的几个关键时期的行情。值得注意的是，到3月6日，纳斯达克指数在此前的5个月内上涨了86%。

3月7日。纳斯达克指数在开盘后走高，但随后掉头向下，下跌57点，跌幅1.2%，成交量高达21亿股。这是该指数自2000年1月3日以来的首次大幅下跌。由于纽约证券交易所成交量激增，标准普尔500指数当日下跌2.6%，道琼斯指数下跌3.7%。

3月8日。纳斯达克指数收涨1%，但成交量较上一交易日下降7%。

3月10日。纳斯达克指数早盘飙升85点，触及5132点的高点。但是收盘时报收5048点，仅上涨1.76点。这是股市从顶部的一次重大反转，同时也是市场疲软的另一个迹象。

3月14日。纳斯达克指数下跌了200点，跌幅4.1%，成交量攀升至19.8亿股，较上一交易日增加了17%。由于克林顿总统和布莱尔首相宣布他们希望免费获取原始数据以绘制人类基因组图谱，生物科技股暴跌（整个板块下跌超过13%）。

3月15日。《投资者商业日报》表示，在大量抛盘超过买盘且盘整格局形成的情况下，最明智的做法就是落袋为安和降低保证金。当日，纳斯达克指数下跌了124点，跌幅2.6%，不过成交量略有增加。道琼斯指数和标准普尔500指数开始反弹，分别上涨了3.3%和2.4%。

由于纳斯达克市场开始出现大量抛压，欧奈尔卖出了手中的股票，转而持有现金头寸。他此前见过很多次这样的见顶走势，所以他知道该怎么做。为了不将利润回吐，他锁定了之前获得的可观利润。吉姆·罗佩尔此前从未经历过这样的市场冲顶走势，但是他也不打算回吐可观的巨额收益。他几乎开始相信，冲顶的股票已经成为市场的常态，因为他持有的所有股票都在同一时间出现了冲顶走势。虽然他以前见过股票冲顶的行情，也从中获利颇丰，但是他从未经历过如此多的股票在同一时间走出相同的行情。但是，3月14日的市场终于改变了他的观点。当天，博通公司的股价大跌29个档位。实际上，他的账户在当天的早盘还增加了30万美元，但是到收盘时却减少了40万美元。对于罗佩尔来说，这些已经足够了，因为他知道自己正站在市场的顶部。他持有的很多股票都出现了跳空上涨、随后下跌的走势，单是量价走势图就清晰地给他敲响了警钟。他知道这一次没有什么不同，历史将再次重演。就在第二天，他几乎卖出了所有的股票，并在短短的一天之内由持有200%的多头头寸（全额保证金）变成了持有100%的现金头寸。如图11-4所示，他以每股200多美元的价格卖出了他的头寸，赚了100多万美元——他仅仅在博通公司这一只股票上就获得了将近200%的收益。他保留了1000股博通公司的股票作为这笔百万美元交易的纪念，然后同样在股价为200多美元时将这些股份变现。当他最终卖出股票时，他的个人账户价值超过200万美元。这与他在1997年最终开始扭转局面时留下的1.4万美元不可同日而语。到2000年3月17日（圣帕特里克节），也就是纳斯达克指数即将遭受大规模抛售前夕，罗佩尔正在亚利桑那州打高尔夫球。罗佩尔终于赚到了他多年来一直努力想赚到的大钱。我们也看到了他在过去是多么的挣扎。他不知道市场将会发生什么，但这一切对他来说无关紧要——他已经套现离场，成为百万富翁，而且因为他为他的很多富有的客户赚取了丰厚回报，他也成为一位非常成功的经纪人。当然，为了锁定利润，他在2000年3月手持全部的现金。在讲述职业生涯中的那段经历时，罗佩尔说他曾经和他的朋友们开玩笑说，如果熊市来了，已经投入全部身家和全额保证金的他可能最终会在唐恩都乐（一家专业生产甜甜圈、提供现磨咖啡及其他烘焙产品等的快餐连锁品牌）打工。他善于把握时机，而且与他的交易法则（不是情绪）保持同步和协调，就算将来到唐恩都乐上班，也是以老板而不是员工的身份加入。罗佩尔还说，就像他在2000年的大部分时间里远离市场的同时获得了50%的收益率那样，当他决定退出并远离这个糟糕的市场时，预知未来并不重要，看清趋势才是最重要的。

虽然欧奈尔和罗佩尔当时已经离场并大部分持有现金，但是纳斯达克指数从3月16日到3月24日期间出现了温和的反弹。但此后的成交量出现下降，很多龙头股开始下跌。2000年年初，包括亚德诺半导体、

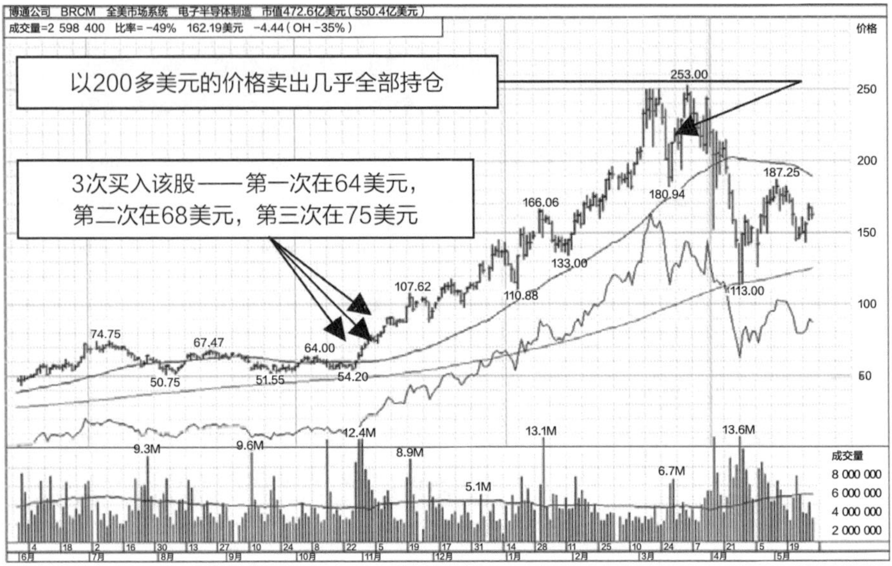

图11-4　博通公司1999—2000年股价走势日线图

来源：©2005 威廉·欧奈尔公司。版权所有。经授权转载。

QLogic、人类基因组科学公司、三胞半导体、生化基因、威瑞信、微策略、捷迪迅光电公司、康维科技和希柏系统软件公司在内的多只龙头股都出现了冲顶走势，其他股票我们在此不再一一列举。当很多这样的龙头股的股价在见顶后开始下跌，然后无法在反弹中再创新高时，市场通常刚刚触及峰值。同样，这种量价关系在过去已经发生过很多次。这就是为什么欧奈尔从来没有在重大的市场调整中遭受过重创。因为他知道，这就是市场在过去的许多年和不同的市场周期中运行的方式，所以他能够迅速分辨出这些警告信号，并采取保护行动。

纳斯达克指数在3月底又一次突破5000点大关之后再次反转走低。3月28日、29日和30日，纳斯达克指数连续3天放量下跌，跌幅超过10%。当道琼斯指数在3月大幅走高时，纳斯达克指数却真的陷入了泥潭。4月初，随着更多的大型投资者纷纷离场，纳斯达克指数正式开启了暴跌模式。当市场明显处于超卖状态时，是时候采取防御策略了。我们已经看到罗佩尔将他的投资组合全部套现，而这已经是4月之前好几周的事了。如图11-2所示，结束于4月14日的那一周对于纳斯达克指数来说是灾难性的一周，纳斯达克指数在短短一周的时间里下跌了25%，这是该指数到当时为止表现最差的一周。很多新发行的网络科技股（.com）公司遭遇灭顶之灾。到4月17日，纳斯达克指数已经从一个多月前的顶点下跌了37%。道琼斯指数在4月12日至14日期间狂泻1000多点。虽然很多分析师总是告诉人们要逢低买入，且此前科技股的股价总会出现反弹，但是下跌期间的成交量非常大，做多动能也很弱。在此期间，思科系统公司是一只表现不错的龙头股，它可能让很多人产生了错觉。随着2000年整个市场的持续走弱，思科系统公司的股价最终与其他公司的股价一起滑落下去。

道琼斯指数在4月至8月期间宽幅震荡。实际上，纳斯达克指数在5月底出现了短暂的反弹，并持续到7月中旬，虽然分析师据此做出了积极的预期，但是该指数始终无法突破4300点。此外，很多龙头股已经大幅下跌，而且它们的底部形态似乎也受到了破坏。这就是罗佩尔在场外观望的原因——他没有看到太多可靠的买入机会。很多龙头股都跌破了关键的支撑位，即50日和200日移动平均线。而且，美国第一季度的实际GDP增速大幅放缓，为1995年年初以来最差。

虽然经济表现在第二季度有了明显改善，但第三季度出现了这个十年中自20世纪90年代初经济衰退以来的首次下跌。这种放缓只能让市场雪上加霜，而且直到2000年夏天，利率仍在上升。欧奈尔的公司一直在更新他的NSMI股票清单，以规避这个糟糕的市场时期。虽然电视上的市场评论员一直在告诉大家逢低买入，但欧奈尔的清单坚持以事实为基础，而不是观点。下表只列出了他建议卖出或避免买入的几只股票。

在经过8月一波像样的反弹后，市场在9月初再次见顶。从那时起，纳斯达克指数在连续10个交易日中有5个交易日处于盘整状态，而在另外

股票	上榜日期	上榜时的股价	2001年10月30日的股价
科胜讯系统公司	2000年3月3日	84.75美元	6.57美元
雅虎	2000年3月3日	175.25美元	8.02美元
Exodus Comm.	2000年3月3日	69.25美元	0.14美元
思科系统公司	2000年8月1日	53.50美元	11.04美元
PMC-Sierra	2000年8月1日	186.25美元	9.37美元
安然公司	2000年11月29日	72.91美元	无

5个交易日中放量下跌，而且每次都以当天的低点收盘。《投资者商业日报》再次向读者指出了这一点，并建议投资者获利了结，手握现金，取消保证金。甚至像思科系统公司这样的股票也在9月中旬开始崩盘。9月15日那周，思科系统公司的股价放量跌破200日移动平均线。虽然当时很多人认为它不会下跌，但是在接下来的5周内，其股价大幅下跌，从2000年3月的高点82美元下跌到2002年10月的8.12美元，跌幅高达90%。缩量反弹的行情注定不会持续太久。即使是最强大的公司也会在大量抛售面前轰然倒塌，例如1929年年底到1930年年初的美国无线电公司。施乐公司、可口可乐、吉列和许多其他蓝筹股也在过去的几十年里经历过这种情况。我们必须研究和观察市场和个股发出的关键卖出信号，从而知道何时离场。至于重仓持有思科系统公司、美国在线、朗讯科技和世通公司等股票的共同基金，当市场出现大规模抛售时，它们几乎在同一时间逃离市场。这种大规模的抛售会以一种相当迅速且痛苦的方式打压股价，即使是那些看起来最好的股票也不例外。这就是为什么一些经验丰富的交易者知道如何正确做空股票。他们可以在残酷的熊市到来时全面做空疲态尽显的前期龙头股，从而获得可观的利润。

市场从2000年9月开始完全崩溃了。纳斯达克指数从9月1日的4259

点暴跌至10月18日的3026点，跌幅达29%。随着抛售的加剧，龙头股遭遇重创。即使是在那个时候，许多分析师也一直告诉投资者要继续逢低买进。而当时威廉·欧奈尔公司的大多数内部基金经理已经持有现金达数月之久。当罗佩尔仍持有现金，在场外观望时，他养成了最优秀的交易者所拥有的一些重要品质——耐心和纪律。《投资者商业日报》的很多忠实读者也早已套现离场，实现了资本保全。此时的IPO市场已经彻底枯竭。在2000年，有超过400家企业进行了IPO，筹集了创纪录的1000亿美元，但其中的大部分企业都是在当年的前9个月发行的。虽然道琼斯指数在10月底和11月初略有反弹，但始终没能再向前一步。纳斯达克指数的表现要糟糕得多，因为小规模的反弹尝试没有成功，反而导致了更加猛烈的抛售。道琼斯指数全年仅下跌6%，标准普尔500指数下跌了10%，而纳斯达克指数下跌了39%。对于科技股来说，这是残酷的一年，它们中的很多公司彻底破产了——这个数字比平均水平高得多，在当时也很正常。至于罗佩尔，他在2000年市场下跌的大部分时间里都几乎在观望，不过他凭借着在当年实现的50%回报率一举进入了百万富翁的行列。

2001年伊始，商业活动继续放缓。2001年1月3日，美联储宣布降息0.5个百分点至6%。消息一出，股市马上跳涨——总算迎来了一些积极的利好。实际上，1月对于纳斯达克指数来说是个好月份，因为该指数当月上涨了600多点。道琼斯指数的表现则有些落后。到1月底，美联储宣布再次降息0.5个百分点。然而，企业的收益下降，经济增长遥遥无期。就像之前多次出现的那样，市场似乎又一次准确地预测到了即将发生的事情，下跌不可避免。市场在1月的反弹后再次掉头向下。这一次，纳斯达克指数再次领跌，截至4月4日，该指数下跌至1619点，跌幅28%，较大约两个月前的峰值下跌了44%。3月22日，道琼斯指数甚至跌破10 000点大关，低至9106点。当市场经历了一次自由落体式的下跌，大多数人开始以最糟糕的方式看待市场并放弃的时候，纳斯达克指数开始上涨，似乎这一次会重拾升势。在这次反弹的第4个交易日，纳斯达克指数放量飙升6.1%，较前一个交易日（的涨幅）大涨48%。《投资者商业日报》注意到了这一点并提醒读者寻找基本面强劲，且在市场下跌期间形成稳固的底部形态的公司。

罗佩尔在困难的市场环境下发现了宝藏

罗佩尔在持续研究的过程中发现了几只潜力股。他在一直持有大量现金的同时，遵循着历史上最优秀的交易者具有的最好特质——耐心。此时还在一家大型经纪公司工作的罗佩尔失去了几位客户，原因是那些客户不喜欢让他们的钱游离在市场之外。事实上，罗佩尔的决定是正确的，他保全了自己和客户的资本。他在2001年春季发现的一只股票是Metro One Comm。该股在4月18日放量突破了完美的底部形态，罗佩尔虽然发现了这个机会，但是他直到市场确认了上涨趋势才进场。即使市

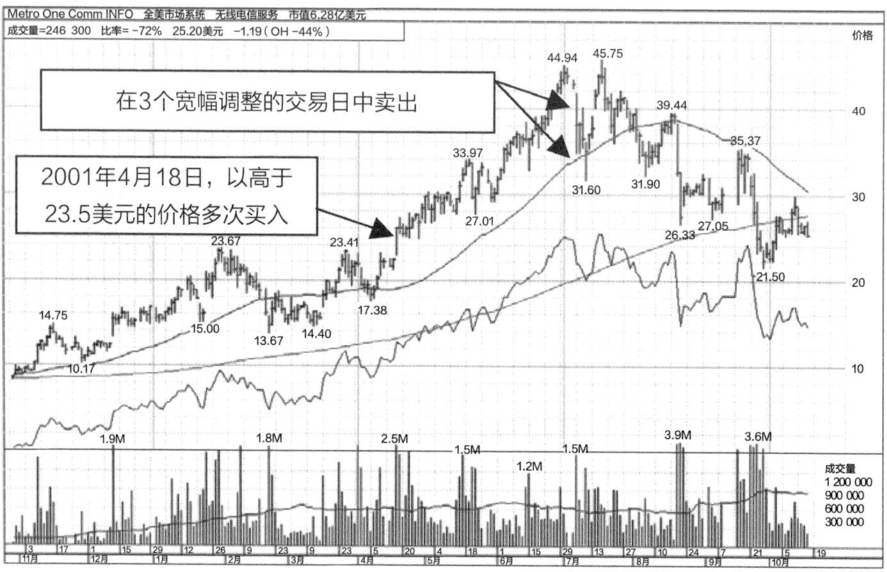

图11-5 Metro One Comm 2000—2001年股价走势日线图

来源：©2005 威廉·欧奈尔公司。版权所有。经授权转载。

场的这波反弹在5月底结束，他也仍然持有这只走势强劲的股票。一旦该股在艰难的市场环境中发出卖出信号并开始走弱，罗佩尔就会快速离场，锁定可观的利润。

罗佩尔观察的另外一只大牛股是KK美国甜甜圈。该股的基本面非常强劲，公司和股票受到了很多关注，而且该股的底部形态也已形成。此外，他还知道这只股票拥有大量未清偿的空头头寸。他认为，如果该股从底部突破，那么空头将不得不回补仓位，届时该股的做多动能将大大增加。这正是KK美国甜甜圈的股价在5月7日暴涨时发生的事情，罗佩尔也在当天建立了自己的初始头寸。随着股价的走强，罗佩尔运用金字塔策略不断加仓，就像他在恩佐生化和其他让他大赚特赚的股票上所做的那样。当市场在2001年夏天开始真正走弱时，KK美国甜甜圈也跟着走弱，这再次证明大多数股票最终会跟随市场的大趋势。罗佩尔在股票回撤时选择持股不动，但是当它最终跌破50日移动平均线时，他卖掉了全部的股票。虽然利润不多，但是考虑到当时严峻的市场环境，他对此也颇为满意。

虽然市场在4月有所反弹，但是涨势并没有持续太久。到5月底，纳斯达克指数再次发出见顶信号。很多股票也随之崩溃，特别是当时刚刚完成突破的股票。5月下旬，《投资者商业日报》再次正确地分析了市场的走势，并指出在过去的17个交易日中出现了5个暴跌的交易日。在这5个抛售严重的交易日中，后4个交易日的收盘价均为当日的低点。此外，指数上涨的交易日都有着缩量的特征。市场的这一细节再次表明，4月推动市场上行的做多动能已经枯竭。相反，由于市场仍然处于长期下跌的趋势，抛售再次席卷了整个市场。罗佩尔这个时候仍然远离市场，手握大量的现金，因为市场越走越弱，也没有提供新的、可靠的买入机会。经济环境继续恶化，美国第三季度的GDP再次出现负增长。企业的利润也继续下滑，失业率持续上升。市场在2001年夏天剩余的时间里一路下跌。到9月初，道琼斯指数再次跌破10 000点大关，纳斯达克指数重回1800

点下方。这显然是一个下跌的市场环境。此后，“9 · 11”恐怖袭击发生在那个可怕而悲惨的周二上午。交易所当天没有开盘，并在那一周余下的交易日里一直闭市。我记得一位《投资者商业日报》的读者在网站上向欧奈尔提了一个问题，说他们现在很担心，不知道在下周一市场重新开盘时应该抛售还是持有自己的股票头寸。欧奈尔的答复在某种程度上是这样的：如果投资者一直在跟踪市场，并关注《投资者商业日报》对市场的评估，那么就不应该担心他们的股票，因为在如此糟糕的市场环境下，他们应该不会持有任何未平仓交易。这又是一种跟踪市场走势并实施合理策略的经验，早在“9 · 11”悲剧发生之前，欧奈尔甚至通过他的刊物给出了建议，即投资于一个困难的市场是充满风险的。市场似乎又一次感到有什么事情要发生，尽管没有人能预料到到底会发生什么。

当股市在接下来的周一重新开盘时，不出所料地出现了抛售。美联储甚至降低了利率，希望能够缓解随之而来的恐慌。虽然整个美国此时都团结在一起，但是抛售持续了整整一个星期，到9月21日周五，道琼斯指数跌至8062点的低点。同样是在周五，纳斯达克指数创下1387点的新低，一周之内下跌了18%。然而，接下来的一周在很多方面都迎来了希望。9月24日周一，市场走势强劲，随着利率的快速下降以及很多针对商品销售的刺激措施（如汽车贷款零利率）出现，市场对未来充满信心并继续上涨。在这波反弹的第5个交易日，市场放量飙升，《投资者商业日报》再次指出，这可能是对上涨新趋势的确认。请记住，当情况看起来非常糟糕的时候，市场可能会改变方向，并感知到更好的机会就在前方。然而这种环境仍然存在诸多的不确定性。一场战争似乎近在眼前，从长期来看，市场仍然处于严重的下行趋势中，商业和经济状况依旧疲弱。市场从秋天到年底实际上出现了一轮强劲的反弹。纳斯达克指数在短短两个月的时间里上涨了48%，而同期的道琼斯指数则从底部上涨了26%。当空袭开始并在阿富汗取得成功时，很多国防类个股引领了市场。此外，欧奈尔还在11月建议他的机构客户买入房屋建筑类股票。利率的迅速下降将利好房屋建筑行业。2001年11月1日，他推荐的一只股票是NVR，当时该股的股价是每股180美元。截至撰写本章内容时，该股的股价已经突破900美元，创下自2001年年底以来的新高。

2001年年底，处于上涨趋势的市场至少让人们看到了些许希望，但是从年初、年中和秋季的抛售情况来看，这仍然是残酷和艰难的一年。道琼斯指数全年下跌7%，标准普尔500指数下跌14%，纳斯达克指数则以21%的跌幅再次领跌所有市场。欧奈尔和他公司内部的基金经理大多持有现金，平均回报率低至个位数的水平。当市场看起来似乎已经确认了上涨趋势时，他们会重新进场并小规模建仓，但是如果情况不那么乐观，他们会迅速离场。吉姆·罗佩尔全年的收益率为10%，再次跑赢了所有主要股指。虽然他当年想尽办法保证了正收益率，但是那一年对于他来说绝对是令人沮丧的一年。他在这一年中经历了几次亏损，但是他把亏损控制在了很小的范围内。他全年有80%的时间持有现金，正因如此，他失去了几位客户，因为他们对罗佩尔坚持的这一成功策略失去了耐心。

2002年伊始，市场似乎还将延续2001年年底的上涨行情。但是这一切只是昙花一现。仅仅一周之后，市场便再次掉头向下。对安然公司的刑事调查将开启对20世纪90年代以来发生的多起公司滥用职权行为的审查。请注意，这不是第一次发现企业的不当行为，只是这一次的规模更大，影响的人也更多。由于很多人是通过共同基金和养老金计划间接参与市场的，此次损失的规模看起来比过去的更大。当人们觉得美好的时光将永远持续下去时，这种贪婪的行为往往会失控。调查最终揭露了一些知名机构的欺诈行为，比如泰科、阿德菲亚、世通公司（该公司于2002年夏天申请破产）和安然公司。随着对欺诈行为调查的深入，人们发现似乎有几家公司只是为了满足华尔街的期望而做假账。随着企业的利润在整个20世纪90年代飙涨，与过去各个时期进行对比变得越来越具有挑战性。一些人决定捏造数字来维持股价的稳定和自我价值。起诉程序正在有条不紊地进行，很多人将在接下来的几年里受到审判和定罪。投资者的信心似乎再次被摧毁，就像以前这些事情发生时那样。这些调查还促成了一部新的名为“萨班斯·奥克斯利”（*Sarbanes-Oxley*）的严格问责法案的通过，旨在防止审计程序中出现利益冲突，并要求更加严格的公司信息披露等。需要注意的是，因为本书是一本关于伟大的股票交易者如何在市场上赚钱的书，欧奈尔和罗佩尔都没有受到欺诈和破产问题的影响，而这些问题在这段时间里确实影响了其他公司和个人。早在2000年11月下旬，当安然公司的价格和成交量走势发出了卖出信号时，我们就已经看到欧奈尔将其从他的“新建议”清单中剔除——当该股股价接近72美元时。此外，当时的市场状况非常糟糕。正如我们之前看到的，当罗佩尔这样注意观察细节的人看到高通发出卖出信号时，便卖出了这只股票，从而赚了大钱。他之所以没有投资其他的股票，是因为从经过时间验证的策略来看，它们的底部走势图并不能保证将来会发出任何合适的买入信号，而且它们的底部形态走势非常糟糕。

到2002年2月，市场又重回下跌趋势。自2000年春天到当时，市场已经蒸发了将近5万亿美元。这么庞大的数字会对消费者和企业的行为产生心理上和现实上的影响。企业的巨额支出主要体现在20世纪90年代中后期花费巨资升级系统、采用新技术，以及为应对千禧年恐慌而做准备上。到2002年，资本支出不断下降。虽然2002年美国的实际GDP会再次上涨，并引领经济从小幅衰退中走出，但市场仍然没有止跌的迹象。虽然市场出现过几次短暂的触底反弹，但最后会再次进入下跌通道。这种陡峭的阶梯式下跌模式曾经在以前的市场下跌中出现过。事实上，2002年——甚至可以说是整个2000—2002年，纳斯达克指数似乎都与道琼斯指数在1929年年底到20世纪30年代初的走势非常相似。回想一下，在20世纪30年代早期的大规模抛售中，杰拉尔德·勒布实际上在1930—1932年期间每年都可以通过做多市场赚钱，也就是说，在市场稍有好转时迅速进场，然后在抛售再次出现时意识到这一点并迅速获利了结。随着市场在21世纪前几年持续下跌，美元在2002年5月崩盘，并由此开始了长期下跌。从股市的角度来看，很多负面因素冲击着市场，市场情绪极度悲观。就像伯纳德·巴鲁克在几十年前的多个市场周期中所评论的那样，有时一切似乎都没有尽头。在5月的另一次反弹尝试失败后，随着抛售的加剧，股市在整个7月几乎一直下跌。

8月也发生过一次反弹，但同样是短暂的。在经历了两年多的抛售之后，这种（低）级别的反弹可能会让人非常沮丧，即使是对最优秀的交易者来说也是如此。罗佩尔在这些短暂的反弹上涨期间回到了市场，但他发现很难有所建树。几乎完全没有强势的龙头股来支撑任何真正的上涨出现。因此，对于严格执行止损法则的他来说，需要很快离场。他没有遭受任何严重的亏损；只是被这个无法维持任何上涨的危险市场拒之门外而已。他和达瓦斯的风格非常相似，坚决做多市场。为了确认市场正处于下跌趋势，罗佩尔付出了巨大的努力，而且还在竭尽全力地完善他的买入和卖出法则。因此，他对做空市场感到极不适应，因为做空本身就要承担亏损的风险，尤其是他没有多少做空股票的经验。他在这一年收获的经验是，如果市场连续数次突破失败，那么最好的做法就是离场观望。这让我回想起我的第一本书中所提到的内容，即历史上所有最伟大的交易者都认同这样一个观点——在股票市场中，有时候最好的操作就是什么也不做。突破失败的案例似乎在这段时间里更频繁地出现，所以在市场经历了几次失败的突破后，罗佩尔最终完全退出了。

市场的另一次大幅下跌发生在整个9月和10月上旬。10月10日，纳斯达克指数终于触底。当时，该指数在其2000年3月见顶后的31个月里已经下跌了78%。这是历史上第二严重的下跌，上一次发生这种情况是道琼斯指数在1929年10月到1932年7月的34个月里下跌了89%。在21世纪第一个十年的前几年熊市中，道琼斯指数下跌了38%，标准普尔500指数下跌了51%。我们以标准普尔500指数为例，该指数仅在2002年1月1日到10月底触底这段时间里就下跌了33%。就像其他投资者在过去的市场周期中一样，很多投资者在这次大熊市中遭受重创。很多受到当时熊市影响的投资者此前从未见过这样的行情，而且许多人也没有意识到市场能够出现如此严重的下跌，特别是大多数人在市场上涨期间欣喜若狂，以至于他们没有对历史进行任何研究，从而了解到市场的走势是周期性的，而且确实会随着时间的推移而不断重复。即使像美国电话电报公司这样的老牌企业也无法在大熊市中免受影响，其股价从1999年1月的接近99美元下跌到2002年7月的17美元，这充分说明了市场到底有多残酷。请记住，勒布曾经称股市是“战场”的言论绝非危言耸听。

欧奈尔发现宝藏，成功抄底

虽然大多数人早在2002年10月市场触底之前就放弃了，但欧奈尔仍在继续他细致的研究。实际上，在经济长期下滑期间，他所做的一切令人印象深刻。在整个下跌过程中，他一直关注的一只股票是易贝，他注意到这只股票在整个2002年表现得相当不错。该股已经形成了一个16周的双底，这在当时不景气的市场环境中还是相当具有建设性的。那些足够幸运且坚持参加欧奈尔的高级课程的人，得到了欧奈尔提供的一份他个人从1999年到2002年对这只股票的图表分析。虽然这张图表已经充满了基本面和总体信息方面的数据，但欧奈尔还是为此写下了68份不同的笔记，内容包括适当的买入点和图表走势、参考历史，以及与基本面有关的笔记等。这是一个精通股票市场的大作手的必修课程。对于他在几十年来最糟糕的市场中所做的这件事，大多数人可能会印象深刻，但是在他看来只是日常的工作罢了，并且他可能有某种预感，即这只股票或许就是下一个大牛股。这是为什么呢？因为他知道反转总是会发生的，而且最有可能发生在消息面最坏的时候。他以前经历过艰难的市场，知道新机会迟早会出现。欧奈尔在易贝的股票走势图中有一处关键的注释，他将易贝当时的走势与1962年的达美航空公司和1990年的思科系统公司走势图进行了比较。这两只股票都曾经以欧奈尔正在研究的类似图表形态成为市场的大赢家。他在2002年市场触底时，以每股近60美元的价格买入了这家新兴领军企业（易贝）的股票（图表上的价格是经过1股拆为2股调整后的），这与他40年前在1962年10月市场触底时买入克莱斯勒的做法非常相似。克莱斯勒成就了欧奈尔，而易贝将成为下一个克莱斯勒。

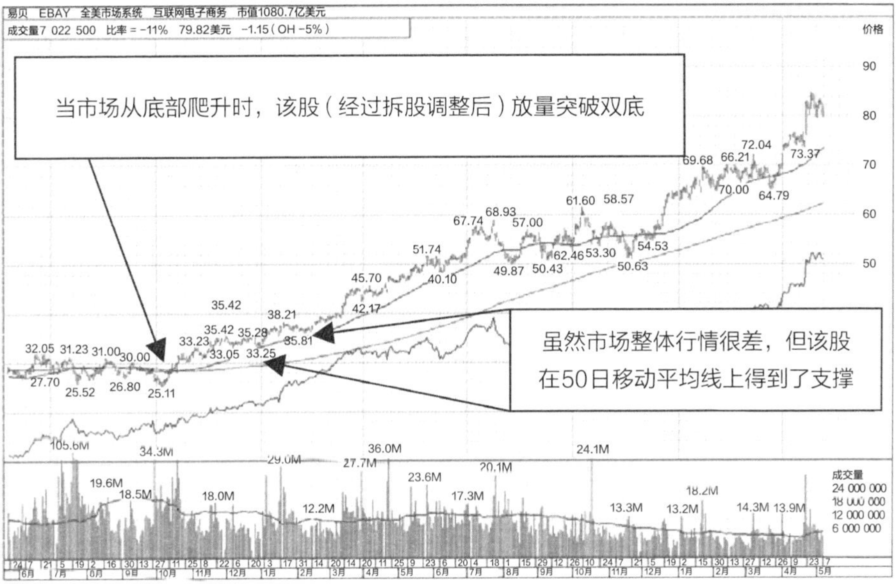

图11-6　易贝2002—2004年股价走势日线图

来源：©2005 威廉 · 欧奈尔公司。版权所有。经授权转载。

随着市场从低点走高，纳斯达克指数在不到两个月的时间里上涨了500多点。道琼斯指数同期上涨近1850点。随着市场的回落，整个12月出现了盘整。受2002年年初抛售的影响，道琼斯指数全年下跌17%，纳斯达克指数下跌13%。虽然威廉 · 欧奈尔公司的大多数内部基金经理在一年的大部分时间里仍然持有现金，但他们也确实将大约10%的资金投资于股票。当市场似乎已经确立上涨趋势的时候，他们也数次回归市场，但是当这些短暂的反弹失败时，他们又会迅速离场，这样他们就不会在重大的下行趋势中遭受太大的损失。由于没有抓到大牛股，罗佩尔的部分资金出现了几次小的损失，到年底时，他以亏损15%的成绩收官。尽管当年出现亏损，他的表现也仍然再次优于主要股指。

市场在2003年的前两周逐步攀升，似乎从前一年10月的触底反弹中站稳了脚跟。但是从1月中旬到2月中旬，市场行情急转直下，大幅下跌。从当时的情况来看，这次反弹似乎又是一次短暂的拉升。很多从2002年10月的市场底部发展起来的突破行情都以失败告终，而质量较差的股票似乎比质量更好、基本面更稳健的股票上涨得更快。纳斯达克指数在短短一个月内下跌了超过200点，道琼斯指数下跌了1200点。在此期间，易贝的股票表现良好，几乎没有下跌，这在一个充满恐慌和大幅震荡的市场中是强势的表现。作为早期的龙头股，易贝的强势使得欧奈尔坚定地持有它，因为它没有触及他的任何卖出法则。实际上，该股创造了建立新头寸的机会，因为它形成了一个平坦的底部，并且在50日移动平均线上获得了支撑，随后开始反弹。这种价格走势——尤其是在市场突破期间，是龙头股强势的一个非常强烈的信号。市场在2月中旬的大幅下跌后迎来了几次强劲的上涨，随后在3月初继续下跌。自2月中旬以来，各大指数虽然创了新低，但还是保持着上升的势头，并没有跌破2002年10月以来的低点。

市场在2月中旬到3月初期间释放了一个关键信号——尽管市场正在持续下跌，但是纳斯达克指数实际上正在积累动能。在21个交易日中，有13个交易日该指数都在放量走高。在此期间，市场经常缩量下跌。这种净累积买入的做多动能对于经验丰富的股票市场大作手来说是一个细微但重要的信号。到2003年3月，很多人都对股市失去了信心，以至于他们在很久以前就选择了放弃。这个时候就连罗佩尔也在怀疑市场是否会好转。他虽然仍然坚持自己的交易法则，暂时离场观望，但是这个时候他真的有些担忧了。自从纳斯达克指数见顶以来，很多人在这残酷的3年中遭受了毁灭性的打击。此时，很多证券分析师因为在前几年违反证券法而遭到罚款和处罚，有些人甚至被完全禁止再从事证券行业。然而，我们之前已经多次看到，当大多数人放弃时，市场有可能正在酝酿反转的行情。3月17日，也就是新一波反弹尝试的第4个交易日，纳斯达克指数放量大涨3.9%。这次大涨再加上其他所有主要指数发出的确认信号，证实了欧奈尔对新的市场趋势的判断。然后，欧奈尔向他的机构客户发布了一份市场备忘录，称市场正在形成新的上涨趋势。随着美国军队轰炸伊拉克，市场将开始向新的方向起飞。仅从2002年12月到2003年3月初，纳斯达克指数就下跌了将近18%，但随后其引领了新的上涨方向。很多龙头股成为市场的领头羊，这在市场试图扭转趋势的时候通常是个好迹象。例如，像基因泰克、Shuffle Master、网易、雅虎、亚马逊和搜狐这些受到优秀的基本面、新产品、新服务和新想法支撑的新龙头股刚刚突破完美的底部形态。虽然2003年的企业利润较2000年的峰值下降了28%，较1997年的峰值下降了近36%，但随着经济开始复苏，情况正在好转。此外，美国GDP快速增长，利率接近历史低点，不久前开始的重大减税政策带来了新的增长机会，还有一些新的龙头股实现了可观的利润增长。然而，由伊拉克战争引起的失业和国际问题等不确定因素仍然很多。但是在3月中旬，市场一如既往地具有前瞻性，看好未来的光明前景。

罗佩尔的耐心和观察技巧为他带来了巨大收获

3月17日，罗佩尔虽然看到新的趋势得到了确认，但是他几乎不敢相信这是真的，因为他几乎已经完全习惯了市场的不景气。然而，当市场最终确认其上升趋势时，许多投资者因为不相信这一切而错过了最好的机会——他们在长期下跌的市场中选择了放弃。大多数人之所以会错过这些黄金机会，是因为他们根本没有注意到。罗佩尔注意到了这一点，随后迅速进入市场，并抓住了一些正在出现的好机会。3月25日，他买入了易搜索科技的股票。实际上，罗佩尔错过了这只股票的最佳买入点——该股其实是在2月初爆发的，远远领先于市场。但是罗佩尔并不愿意在市场趋势尚未确认的情况下买入股票。你可以通过图11-7看到该股在2003年的整体走势。该股跟随着市场的脚步上涨，并不断以50日移动平均线作为底部支撑。罗佩尔在这笔交易中大赚了3倍多。

图11-7 易搜索科技2003年股价走势日线图

随着市场在3月的最后一周略有回落，然后在4月的前两周巩固了涨幅，罗佩尔开始持有一些新的龙头股。他买入豪威科技的股票，最终在这个大赢家身上赚取了一倍的利润。到4月中旬，市场开始真正加速上涨，纳斯达克指数在4月17日放量飙升2.2%。在经历了漫长且残酷的熊市之后，越来越多的资金正在寻找进入市场的途径。这波反弹的势头真的开始形成，看起来似乎会持续下去，而不是像过去3年里多次出现的那样回落和失败。这一上涨趋势之所以强劲，关键在于大量的新龙头股突破了稳固的底部形态，就像强势的龙头股在以往所有上涨趋势中所表现的那样。随着市场的走强，罗佩尔开始了他的研究工作，并发现了更多正在形成的机会。他特别关注的一只龙头股是Gen-Probe公司，从图11-8中可以看出，这只来自医药生物行业的龙头股拥有强劲的基本面，且形成了一个近乎完美的底部形态。就在4月22日，即财报发布的6天前，该股放量突破。当财报发布时，该公司的业绩非常出色，股价随即大涨。此后，罗佩尔大举买入该股，并在这只股票最初上涨后的9周内7次加仓。这只股票的表现确实向罗佩尔证明了反弹会继续下去，而强势的上涨则刚刚开始。

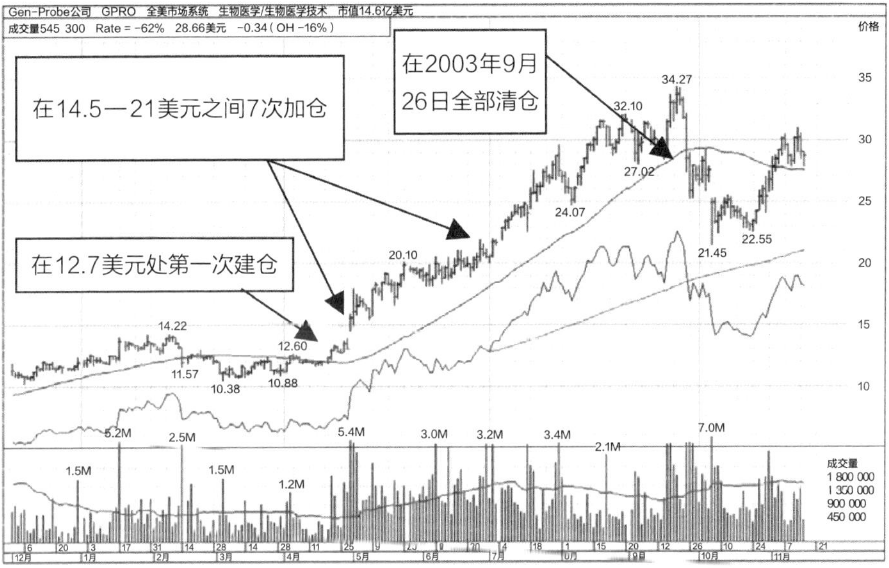

图11-8 Gen-Probe公司2003年股价走势日线图

来源：©2005 威廉·欧奈尔公司。版权所有。经授权转载。

市场在2003年3月底到4月期间形成了新的龙头行业。电信（光纤）、互联网（互联网服务企业）、半导体、互联网（电子商务）和电信（无线设备）是为数不多的几个正在上涨并提供有趣机会的行业。由于曾经多次经历过这种时期，欧奈尔采用教科书般的操作充分利用了这波新的上涨趋势。豪威科技和易搜索科技也都成了欧奈尔持仓中的大赢家。亚马逊和网易是互联网行业中的新龙头股，它们的收入和收益都在高速增长，与此同时，它们的股票正在突破典型的底部形态。其他形成典型的、经过时间检验的历史底部形态的龙头股包括蔻驰、哈曼国际工业公司、移动通信系统和赛瑞丹，这些股票为经验丰富和谨慎的股票市场大作手提供了巨大的盈利机会。上面提到的所有股票在2003年都获得了3位数的收益率，而且每一只股票都出现了适用于金字塔策略的绝佳买点，因为它们要么将之前的涨幅在50日移动平均线处进行巩固，要么在上涨的过程中形成3周紧凑形态。随后，这些股票又会发出在前面的章节中提到过的经典卖出信号。有些股票的股价甚至还会在进行了令人难以置信的上涨后再度冲顶，而另外一些股票虽然跌破了50日移动平均线，但也没有影响到整体的上涨趋势。如果你研究了罗佩尔的交易图表，就会发现这是他最喜欢的卖出信号类型。

罗佩尔发现了更多机会

2003年春天，生产数码相机记忆棒的龙头企业闪迪公司引起了罗佩尔的注意。4月17日，盈利能力非常强大的闪迪公司发布了一份靓丽的财报，其股价随即放量跳空高开。罗佩尔对巨额成交量进行了百分比增长的筛选，结果闪迪公司脱颖而出，他认为这只股票可能会成为市场的大赢家。罗佩尔买入了5000股闪迪公司的股票，然后又运用金字塔策略，在5月2日该股巩固了几周之前的涨幅（这显然是个积极的信号）之后大举增持。请注意罗佩尔是如何在该股波动的过程中采取行动的（参见图11-9）。他没有犹豫；虽然这几乎是一个冲动的举动，但这也是一个基于经验的冲动举动，是一个让他从容下定决心的举动。他从之前强劲的市场中发现，在合适的时机迅速做出决定是获得巨额收益的关键。但需要注意的是，如果头寸没有按照预期的方式运行，那么在离场时做出快速的决定就更加重要了。我们看到，闪迪公司在这一年的上涨过程中从未跌破50日移动平均线，当它最终跌穿这条平均线时，罗佩尔卖出了剩余的股票。他在这只股票上获得了4倍的收益。

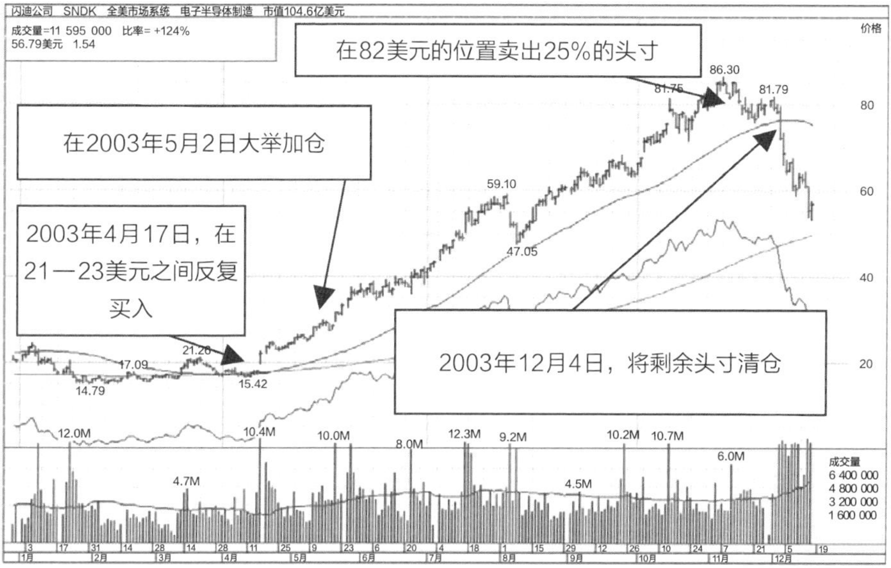

图11-9 闪迪公司2003年股价走势日线图

来源：©2005 威廉·欧奈尔公司。版权所有。经授权转载。

与此同时，罗佩尔也在关注着捷蓝航空公司。当时的航空行业情况很糟，有些航空公司甚至宣布破产。罗佩尔办公室的很多经纪人说，他考虑买入一家航空公司的股票简直是疯了。但是捷蓝航空公司当时正在获得市场份额，基本面也很稳健。此外，公司还形成了一个近乎完美的底部形态。罗佩尔对该股的走势图进行了全方位的研究，最后抓住了这个独特的机会。通过坚持许多能够让他在股市赚大钱的关键策略，他在这只股票上的投资最终翻了一番。他坚持自己的研究，没有受到周围那些质疑他买进这只股票的人的干扰。他还跟随这个强势的市场走势，从而确保这只股票的基本面和底部走势是最好的。该股此后的量价关系让罗佩尔相信他抓住了一只大牛股。此后，他持续持有，因为这只股票显然正跟随市场一路上涨。在此期间，他密切关注着该股的走势，然后在时机成熟时果断卖出。罗佩尔看似在顶部停留了太长的时间（见图11-10），但是请记住，没有人能够在绝对的顶部卖出股票，尽管有时看起来罗佩尔在很多情况下都能很好地达到这一水平。

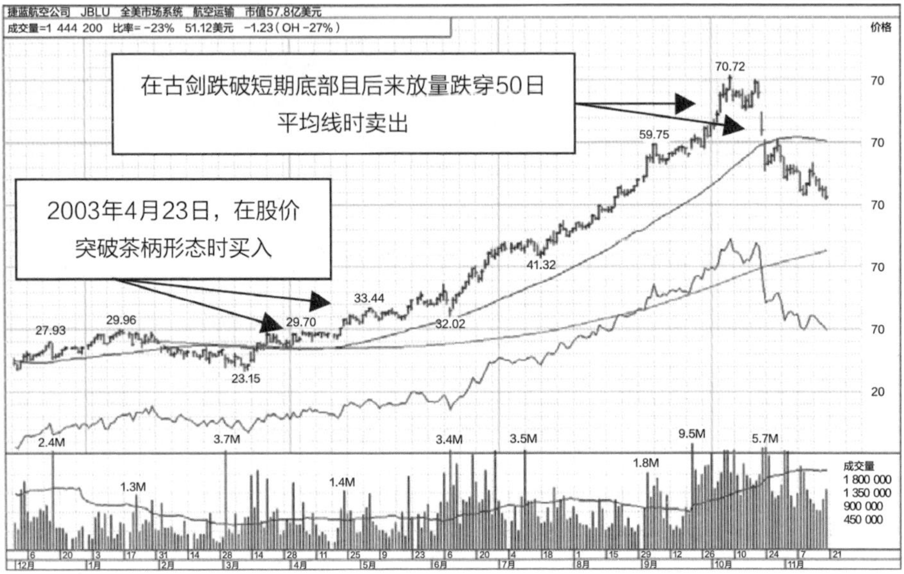

图11-10 捷蓝航空公司2003年股价走势日线图

来源：©2005 威廉·欧奈尔公司。版权所有。经授权转载。

市场在5月继续上涨，罗佩尔和欧奈尔坚定持有手中盈利的股票，如果机会成熟的话，他们还会继续增持。罗佩尔此时已经押上了所有的保证金，这一次他是真的在最好的股票身上下了重注。他持有的其他能够让他获得稳定收益的龙头股包括联合在线、J2全球通信、网飞、易贝和美国药品伙伴公司。这是最优秀的交易者所采取的另一个关键策略——当市场成熟时，他们会大举进场并充分利用关键的机会。他们会严格控制亏损，不会让自己的风险策略形同虚设，但是他们会持有更多的头寸，其中许多人会在市场处于明显强劲的上升趋势且龙头股的做多动能高涨时最大限度地利用保证金。5月27日，纳斯达克指数又放量大涨3.1%，从而拉开了这波反弹的序幕。到2003年6月，美联储再次降低了利率，其持续宽松的货币政策已经将利率降至45年以来的新低——1%。房地产行业确实对低利率给予了反馈，与住房和建筑相关的股票在这一上升趋势中表现突出。

罗佩尔再次跑赢市场

随着反弹的力度越来越大，市场的主导地位开始扩大，这对于一个强大的市场来说通常是一个典型的强势信号。随着市场的走高，我们再次看到了市场走势的强大前瞻性。第三季度的美国GDP稳步增长，创下自1999年以来的最高水平。2003年春天，当市场开启真正的上涨趋势时，它显然在展望未来，并预感到在不远的将来其将会稳步上涨。纵观历史，我们已经不止一次看到这种情况发生。当时的利率处于最低水平，通货膨胀得到控制，就业前景虽然有所改善，但还存在不确定性，经济增长率和企业利润正在稳定提升，市场对此的反应是，很多优秀的行业诞生了众多基本面强劲的股票。在经历了强势的8月之后，市场进入了上涨几周，随后进入结构性回撤，然后再重拾几周上涨的交易模式。这种情况在2003年9月、10月和11月的大部分时间里一直持续。12月初，纳斯达克指数终于再次突破2000点大关。道琼斯指数也在12月中旬再次突破10 000点，并将涨势持续到了年底。2003年的市场整体表现稳定，标准普尔500指数上涨了26%，道琼斯指数上涨了25%，纳斯达克指数则以令人印象深刻的50%涨幅领跑所有主要指数。欧奈尔充分利用了这波新的上涨趋势，全年获得了可观的收益。罗佩尔在2003年的表现同样惊艳，他的收益率高达109%，是表现最好的市场指数的两倍多！这一次，他再次证明了要想真正跑赢大盘，就必须与市场和龙头股的走势相一致。当年年初，罗佩尔一直保持耐心，直到市场给出明确信号才开始行动。他做足了准备工作，从而收获了巨大的利润。他利用保证金和金字塔策略，让他的赢家股驰骋，此外，他还坚持采用久经考验的卖出法则，在盈利的同时锁定利润。他观察股票行情，并在该卖出的时候采取适当的行动。

在此期间，另一个表现出色的统计数据来自美国个人投资者协会（AAII）进行的独立实时月度研究。该机构通过各种最知名的方法跟踪主要的股票策略。获得最佳结果的策略是CAN SLIM投资法，这是欧奈尔根据他对过去5年表现最好的股票的历史研究创造出来的。按月度计算，从1998年到2003年，CAN SLIM投资法产生的总复合收益率是705%。然而，由于残酷的熊市让收益率持续保持在低位，标准普尔500指数同期的收益率只有14.6%。在3年严重的下跌中，CAN SLIM投资法是如何创造出如此高的回报率的呢？该方法严格的选股标准只会让人在熊市期间选择龙头股，这确实限制了选股的范围。然而，也有一些板块表现强劲，例如前面提到的小型地区银行和房地产类个股。其实，低利率的环境对很多企业是有利的，它们的股价也反映了这一点，因为它们在危险的市场环境中获得了稳定的收益。

就在2003年临近尾声的时候，罗佩尔在另外一家技术龙头企业——动态研究公司上建立了头寸。2004年，这只股票为他带来了不错的收益，但是他在2003年的一些交易细节却值得注意。我们从易搜索科技、Gen-Probe公司和闪迪公司的走势图（见图11–7—图11–9）中看到，他在2003年年底的时候卖出了他在这些公司上所有的头寸。尽管市场仍在上涨，但是这些龙头股（其中很多率先进行了真正的强势突破）正在遭遇严重的抛售。罗佩尔当然也注意到了这一点，这就是为什么当这些股票在上涨过程中从未突破一些关键区域时，他就锁定利润离场。随着市场在2004年1月的大部分时间里持续上涨，一系列事件引发了市场的担忧。由于需求的增加和以中国和印度为主的新兴市场发展迅猛，大宗商品的价格创下历史新高。在21世纪前10年的大部分时间里，大宗商品的价格一直在上涨，但当前开始引起相当大的担忧了。人们在谈论巨额赤字，伊拉克战争的进展也没有像许多人预期的那样顺利，美元开始大幅贬值。

然而，真正的问题是飙升的油价和上涨的利率。和任何市场周期一样，总会有几个行业表现强劲。由于利率处于历史低位，房地产行业仍然炙手可热，而石油价格的上涨对许多与石油相关的公司来说是一个巨大的利好，能源股也因此爆发。

市场在1月下旬开始震荡，尤其是纳斯达克指数。从那时起，抛售席卷了整个市场，市场的趋势发生了改变。道琼斯指数在3月初急剧下跌，在大约一个月的时间里下跌了将近700点。如此幅度的抛售几乎从未在2003年出现过。2004年春，纳斯达克指数开启了宽幅震荡模式。在此期间发生的一个变化是，罗佩尔辞去了他曾经工作过的一家大型网络经纪商的经纪人工作，在39岁这年以千万富翁的身份正式退休。他的新工作是为自己和家人打理账户。到3月中旬，随着市场的下跌，他除了持有少量的基因泰克的股票外，再次持有大量的现金。罗佩尔在2003年年底做出的另外一个明智的决定是全部清仓，因为这些股票在2004年年初跟随市场一路下跌。当市场在2004年春夏两季大幅波动时，罗佩尔再次耐心地持有现金，等待更好的市场环境。这个决定让他错过了能源行业的赚钱机会。由于原油价格持续上涨，能源股在2004年中后期和2005年引领了市场。仅在2004年，很多基本面强劲的能源类龙头股的股价就上涨了两倍。就在上世纪70年代末和80年代初，能源股也曾出现过这种情况，欧奈尔当时就抓住了这个机会。在许多市场周期中，单一的经济事件为最精明的投资者提供了巨大的盈利机会。2004年，虽然利率在上升，但是房地产股票依然表现良好。由于利率是从历史低位涨起来的，此时仍处于低位，这只会继续刺激人们对房地产的需求增加，进而导致美国GDP录得强劲的增长。

市场在2004年7月和8月中旬之前大幅下跌。但是在8月18日，纳斯达克指数缩量下跌，成交量低于当时的平均水平，其走势有待进一步确认。然而，一些股票正在构建底部形态，罗佩尔注意到纳斯达克指数出现了这种迹象，并密切关注一些引人注目的机会。在此期间，罗佩尔在持有中国互联网公司盛大互动娱乐的股票时犯了一个错误。8月10日，他在该股突破时买入，但是当时的市场还没有确认新的走势方向。由于市场依旧疲软，他只持有少量头寸。罗佩尔在该股第一次回撤时就被市场扫地出门，因为他不想在疲软的市场上冒太大的风险。虽然他错过了该股的暴涨，但是在一个充满不确定性的市场中，他严格执行他的止损策略。这就是他能够保住在市场上赚到的数百万美元的关键原因。

虽然罗佩尔很快就摆脱了盛大互动娱乐带来的小幅亏损，但是市场很快就像我们之前提到的那样，出现了走强的迹象。自从市场确认其上涨趋势，罗佩尔变得更有信心了，这一次他锁定了苹果公司。8月26日，该股放量完美突破，但是由于对苹果公司这家老牌电脑公司缺乏信心，他只持有了一小部分头寸。尽管他很清楚苹果公司拥有炙手可热的新产品iPad，但他低估了这款产品对公司的影响。不过，苹果公司股票的走势很快让他相信这是真的，随着该公司股价的不断上涨，他做了一些出色的追加投资。这个例子很好地说明了一个经验丰富的股票市场大作手没有让自己的想法凌驾于股票市场中正在发生的事情之上，而是跟随市场的走势，改变了自己的观点。后来，由于市场走弱，罗佩尔在2005年1月卖出了这只股票，从其涨幅中收获了可观的利润。2004年8月，他注意到的另外一只龙头股是芝加哥期货交易所（见图11-11）。罗佩尔一上来就大举建仓，并且在上涨的过程中坚定持有，一直到2005年年初市场遭受抛售冲击且该股跌破50日移动平均线时才离场。他最终在这只股票上大赚了48%。此后，该股在2005年反弹，由于它仍然是基本面强劲的龙头股，罗佩尔再次买入这只股票。

市场在2004年8月和9月上旬持续上涨，随后在9月下旬出现了几个可靠的累积日。这给了罗佩尔更大的信心，他认为市场的上涨肯定是由某种力量推动的。他随后大量买入了谷歌这只引起广泛关注的新股。9月28日，罗佩尔以每股125美元的价格买入谷歌的股票。由于看到了谷歌上涨的确定性，他实际上开始大量囤积该股。当时谷歌的基本面和商业

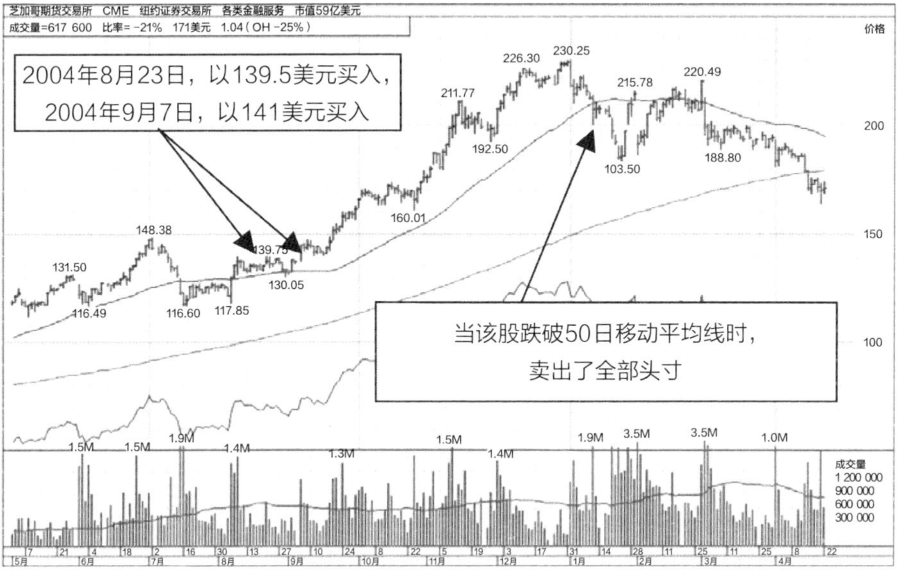

图11-11　芝加哥期货交易所2004年股价走势日线图

来源：©2005 威廉 · 欧奈尔公司。版权所有。经授权转载。

蓝图都非常出色，机构投资者也对该公司表现出了浓厚的兴趣，并开始买入其股票。尽管谷歌是在2004年8月才上市交易的新股，其走势图也没有太多的历史记录，罗佩尔仍然看到了谷歌具有令人印象深刻的力量，于是开始持有相当规模的谷歌股票头寸。实际上，罗佩尔持有的谷歌头寸占其整个账户比例的32%。这是一种只有最优秀的交易者才能够驾驭的策略。当这些优秀的交易者看到一切都在有条不紊地进行时，凭借着经验和严格的止损政策，他们完全可以实现“本垒打”。如果一切顺利，他们都会持有占其资金较大比例的头寸。他们对公司的情况了如指掌，时刻关注着股票的量价关系。当一个人决定在某些股票上面持有如此巨大的头寸时，将情绪和事实分开是至关重要的。当利弗莫尔、巴鲁克、勒布、达瓦斯和欧奈尔认为风险/回报比已经接近完美时，他们都会这么做。例如，当达瓦斯抓住得州仪器公司这只龙头股时，他的持仓比例达到了50%的水平。不过请记住，这种被利弗莫尔称为“大波动才能赚大钱”的策略，只有在这些精明的投资者积累了经验，并已经拥有百万身家之后才会被他们采用。

当市场在2004年秋季的几个月里快速上涨时，罗佩尔一直跟随着市场的脚步前进。从10月底到年底，道琼斯指数飙升了1000多点。纳斯达克指数也在2004年秋季和刚进入冬季的时候有着高光的表现。罗佩尔持有的苹果公司、芝加哥期货交易所和谷歌的股票随着市场的上涨一路走高，并为他带来了丰厚的回报。到了12月初，上涨的行情似乎还在继续，但是罗佩尔注意到了一个警告信号。12月7日，纳斯达克指数经历了大幅调整。在行情恢复之后，纳斯达克指数遭受抛售，并且在下跌的交易日里成交量放大。在罗佩尔的持仓中，苹果公司在12月出现回撤并开始构筑新底部。随着平均指数的回升，罗佩尔继续持有他的重仓股，并在接近高点的情况下结束了这一年。市场在进入2005年的前几天经历了严重的抛售，罗佩尔也卖出了他的全部头寸以保住利润。因此，他在2005年的第一周结束时，再次回到了全部持有现金的状态。反观2004年，道琼斯指数全年录得3%的涨幅，纳斯达克指数则再次以8.6%的涨幅引领市场。罗佩尔在过去的一年中再次跑赢主要股指，收获了18%的稳定收益。不过，他在这一年中仍然犯了不少错误，但是他再次坚持了市场上最重要的交易法则——减少亏损。这是充满挑战的一年，市场在上半年大幅下跌，随后在下半年强势反弹。驾驭这种类型的市场需要敏锐的观察力、快速的反应力和跟随市场的变化而改变行动的能力。

至少可以这样说，21世纪的最初5年对投资者来说是非常具有挑战性的。我们见证了70年以来最严重的下跌，很多龙头股再次证明，当市场崩溃时，昔日的龙头股可能迅速下跌。但我们也看到两位精明的投资者避开了这一代人面临的最严重的衰退。他们的专业技能和可靠的、经过验证的策略使他们能够像专业人士和专家那样在市场中驰骋。他们两个人的表现都远远超过了市场，而且避免了许多拒绝遵循合理交易法则的人所经历的痛苦损失。当市场快速上涨时，似乎每个人都是购买股票的专家，但是很少有人拥有必要的技能、自律和交易法则，以战胜一个极具挑战性的市场环境。欧奈尔再次证明了自己是历史上最优秀的、传奇的股票市场大作手之一。罗佩尔虽然还不是传奇人物，但他证明了自己的努力和学习最终会得到回报。

第十二章

从历史和最伟大的交易者的经验教训中学习

你总能从历史中汲取教训，因为人性不会改变，而且市场上的新鲜事物也没有大多数人认为的那么多。在整个市场历史的每一个周期中，带柄茶杯形态都不断地出现。在整个20世纪的每一个股票市场和经济周期中，大型基金和专业的组合基金都在追逐当时最好的成长股，拉高它们的股价，最终将市盈率推高到无人能够证明其合理性的水平。这一切只是历史一次又一次地重演，人性也不断地在显露。

——威廉 · J. 欧奈尔

听听历史上最伟大的股票市场大作手之一的故事是十分值得的，他可能比任何人研究得都要多，细致入微地掌握了股票市场和有史以来收益最好的龙头股的历史和走势。因此，你不仅能够从有可能是市场上最优秀的学生那里获得建议、智慧和经验，而且还能够向现实世界中最优秀的市场参与者学习——他们在过去几十年里取得了令人羡慕的回报。有多少人能够在超过25年的时间里获得高于40%的年收益率？这些几乎闻所未闻的收益率全部来自研究、经验、自律和对经过时间检验的交易法则的遵循。我在这里所说的研究，是指欧奈尔对几十年来的股票市场进行了最为深入的分析，建立了第一个股票市场历史数据库，然后利用这些数据创建了他已经运用了40多年的成功模型。40多年前，年轻的威廉 · J. 欧奈尔买下了一家拥有近2000册藏书的图书馆。他阅读了几乎所有关于市场的著作。在阅读了这么多书之后，欧奈尔得出的结论是，大部分书都是没有价值的。在他看来，除了他自己的著作以外，关于股票市场的最优秀的作品如下：

《股票大作手回忆录》——埃德温·勒菲弗

《我如何从股市赚了200万》——尼古拉斯·达瓦斯

《投资生存之战》——杰拉尔德·勒布

《股票大作手操盘术》——杰西·利弗莫尔

《在股市大崩溃前抛出的人》——伯纳德·巴鲁克

你会注意到，这些著作的作者都在本书中被讨论过（回想一下，勒菲弗的著作是杰西·利弗莫尔的虚构传记），这些著作都来自那些在市场上赚了很多钱的人，而不是由那些只写投资理论却在市场上没有长期成功记录的学者所著。此外，我的第一本书总结了很多以上列出的作者，且涉及了以上的大部分著作，因此读者可以在一部便利的指南中接触到最好的股票市场大作手以及他们的著作。

因此，与其试图弄清楚有关随机游走、有效市场假说和资本资产定价模型等学术理论是否真的有效，还不如弄明白供求心理决定才是推动市场的主要因素这一简单的理论——这是由数百万股票市场参与者得出的。杰拉尔德·勒布在其1935年出版的《投资生存之战》中指出："构成证券市场的唯一最重要的因素是大众心理。这也确实是我对那些旨在说明这只或者那只股票应该值多少钱的所谓学术计算没有特别深刻印象的另一个原因。"市场和龙头股的量价走势是基于盈利能力、预期的盈利增长（通常来自创造新服务和新产品的创新公司）、历史周期运行，以及投资者对以上这些因素和导致股票市场走势的某些其他经济趋势的原因所做出的反应的。正如这本书反复指出的那样，如果你了解历史在过去的股票市场周期中是如何运行的，它肯定能够帮助你应对未来的市场周期。本书对每个十年进行了分析，并指出了对先前市场周期的参考，以及最伟大、最成功的股票市场大作手是如何以史为鉴的。下面是在现实生活中很多人参照历史并在当下获取利润的几个例子：

伯纳德·巴鲁克。在他看来，市场在1924年的触底回升与1897年的触底回升非常相似。他记得那段有利可图的时期，并利用这些知识和经验来获取新的回报。此外，他还看到了1904年的市场与1987年的市场具有相似之处。因此，他利用他在1897年获得的首次成功在后来两次重复出现类似形态的市场周期中获利。他还在1960年年底（他91岁时）看到了与之前他所经历过的重大市场见顶行情相似的情况，并在当时发出了警告。

杰西·利弗莫尔。他在1903年市场见顶时运用的策略让他成功获利，这与他在1907年和1929年市场见顶时使用的策略如出一辙。他做了和巴鲁克相同的事；他借鉴自己在市场上获得的第一次巨大成功，在随后的两个市场周期中获得了同样巨大的回报。他一直将自己有关市场在长期强势上涨后如何见顶的研究铭记在心，这样他就能够正确地卖出，然后在未来的市场周期中做空前期的龙头股。

杰拉尔德·勒布。他看到了1937年的市场顶部与1929年的市场顶部有相似之处，这让他躲过了当时的大崩盘，进而得以抛售股票并锁定利润。此外，他还知道1932年的市场底部与1942年的市场底部非常相似。然后，他又发现1943年的市场顶部与此前1937年和1939年的市场顶部有相似之处。这些知识帮助他在当时的市场中做出了正确的决定。

杰克·德雷福斯。1957年，他看到市场在强劲而持续的上涨后见顶，这与他在1937年研究市场时的行情非常相似。当时处于职业生涯早期的他没有遵循公司里经验丰富人士的建议。德雷福斯在他的两个账户上的做法都是正确的，这让他保住了巨额的利润，避免了巨大的潜在亏损。

威廉·J. 欧奈尔。他取得的第一次巨大成功来自他对1962年市场顶部的研究，而这个顶部与利弗莫尔在1907年看到的市场顶部颇为相似。因此，欧奈尔不但运用了自己的经验，而且还对在他那个时代之前出现的、其他伟大的股票交易者也参与其中的市场周期非常熟悉。1982年年初，欧奈尔刊登在《华尔街日报》上的广告评论就引用了与当年类似的，来自1974年、1949年和1932年市场周期的例子。此外，他还躲过了股票市场历史上最糟糕的日子（1987年10月），因为市场在当年8月见顶，这让他想起了1907年和1962年的市场顶部，因此他必须卖出股票并持有现金（当时他卖出了所有的头寸，100%持有现金）。欧奈尔还在研究股票时使用类似的周期和图表走势图——这是他的CAN SLIM投资法的主要组成部分。他在买就省超市这只股票上获得的成功，也让他最初发现了凯马特公司和杰克·艾克德的早期走势（与买就省超市有着相似之处）。他在美国在线上获得的巨额收益让他想起了自己33年前错过的仙童相机公司的大涨行情——这两只股票的形态完全一样。这只是欧奈尔多年来买入的数百只成功的股票中的两个例子，他将这些股票当前的走势与过去其他优秀的股票联系起来。实际上，历史上最好的股市赢家的历史模型就是欧奈尔成功的CAN SLIM投资法的基石，同时也是他扩展和完善前辈们采用的策略的真正关键所在。

吉姆·罗佩尔。他在研究股票市场历史中最优秀的大牛股的量价关系走势图时，通常会参考图表。此外，他还经常参考特定市场环境的历史走势图。这些对历史的参考是他日常研究和观察纪律的一部分，这能够让他与市场保持一致，并获得很多成功。

对于那些仍然不重视市场历史以及市场周期的重复性的人来说，看看下面的这些图表就一目了然了。这些图表显示了市场在不同年份出现的相似的走势图。这些例子表明了上涨趋势是如何与之前的上涨趋势类似，以及下跌趋势是如何遵循之前周期中相似的下跌模式的。这些图表只显示了日历时间周期。由于交易没有考虑时间段，还有一些市场周期与日历周期是重叠的。如果这些形态看起来与不同时期中的某些月份的形态类似，那么请想象一下，如果我们去掉相同的月份时间周期，还有

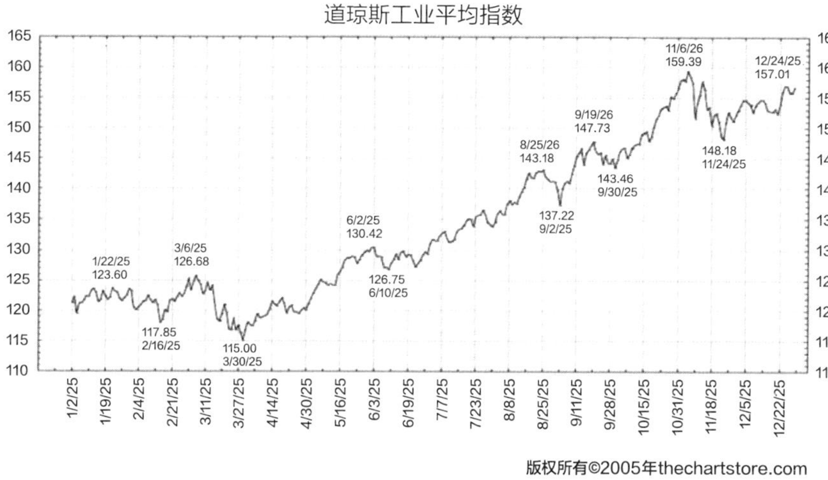

1925年道琼斯工业平均指数：+30%

1935年道琼斯工业平均指数：+39%

多少其他形态是相似的。另外，在市场的很多横盘形态中，这种形态的出现频率与上行和下行周期中的形态差不多，而且这些形态看起来与其他前期的时间周期走势更加相似。

历史是不容争辩的，因为事实不言自明。同样有趣的是，如果历史上最好的交易者利用市场的历史信息在当下获利，那么这些信息就会变得更加清晰。正如本书前言部分所述，可重复的行为在市场中反复出现，在我们对这几十年的分析中，这一信息在本书中屡次体现。当市场在周期循环中见顶和触底时，这一点尤为如此。我们多次看到，当严重的抛售（放量下跌的交易日）开始超过做多动能的时候，市场指数就会见顶，而龙头股则会开始震荡，随后走弱，最终崩盘。过去的时间框架与未来的时间框架其实并不重要。不要让过分乐观的情绪和诸如“这次不一样”的话把你搞糊涂了。这些话在20世纪20年代、50年代、60年代和90年代都出现过。所有的市场都在周期模式中循环，因此，你越了解它们过去的表现，就越有可能在下一个市场周期的顶部或者接近顶部的时候成为市场中那些提前离场的“聪明钱”之一。市场的底部几乎总是在这时出现——重要股指在触底后的几天到将近两周的时间内确认了底部（开始放量上涨）。如今，投资者可以很方便地通过《投资者商业日报》来判断市场的顶部和底部。

罗佩尔如何扭转了局面

在我的第一本书《向最伟大的股票作手学习》中，我介绍了过去100年中5位最伟大的交易者所拥有的共同特征、技能、纪律和交易法则。在本书中，我介绍了一位新的交易者——吉姆·罗佩尔，他同样取得了我们所看到的巨大成功。他究竟是如何扭转局面并通过努力取得成功的呢？他所做的就是复制在他之前的那些伟大的交易者所做的事情。当我问罗佩尔他能扭转局面的主要原因是什么时，他毫不犹豫地说：“毫无疑问——止损。”在他办公桌上的7台平板显示器中，有一台上面的牌子上写着3%、

5%和7%。这个牌子悬挂在正对着他的显示器的上方。这意味着当他持有一只股票时，如果股价从他买入的点位下跌3%，他就会抛售三分之一的头寸。如果股价再下跌5%，他就再抛售三分之一的头寸。如果股价从他买入的点位下跌7%，他就会将剩余的头寸全部清仓。他认真地坚持这条交易法则，无一例外。他的亏损只有在一只股票大幅跳空低开并跌破这些百分比的时候才会超过交易法则中设定的范围。一旦任何股票在任何时候发生这种情况，他就会以市价全部卖出。值得注意的是，他并没有使用止损指令。相反，他每天都在密切关注自己的头寸，并利用市价指令进行买卖交易。然而，他是如何得出这条交易法则的呢？他不断学习，特别是在职业生涯早期犯了重大错误，有时甚至是毁灭性的错误之后还在努力学习。如前所述，他重读了欧奈尔的《笑傲股市》。我问罗佩尔读过多少遍这本书，他的回答是，"可能不下30遍"。投资者需要时间、反复练习和奉献精神去沉淀在市场上取得成功所需的所有策略。回想一下，利弗莫尔和勒布这两位华尔街最成功的人，他们都同意这一观点："在我看来，在坚持不懈的基础上，没有什么是比股票投机更难成功的了。"

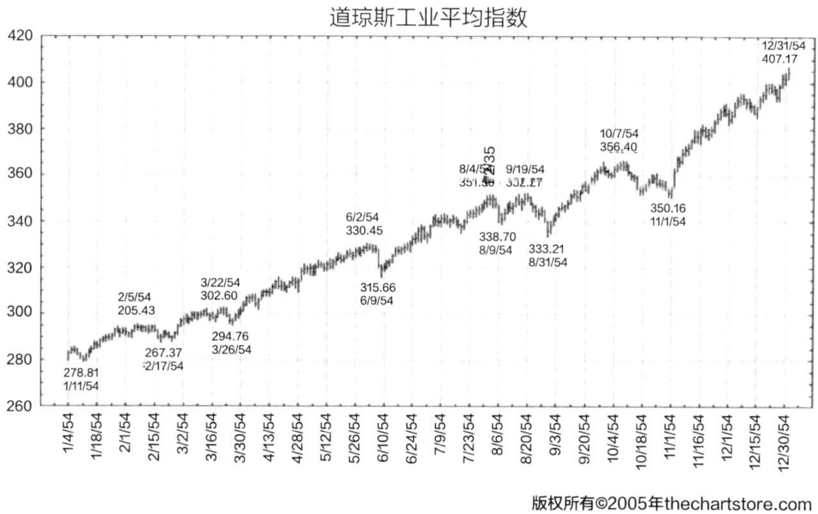

1954年道琼斯工业平均指数：+44%

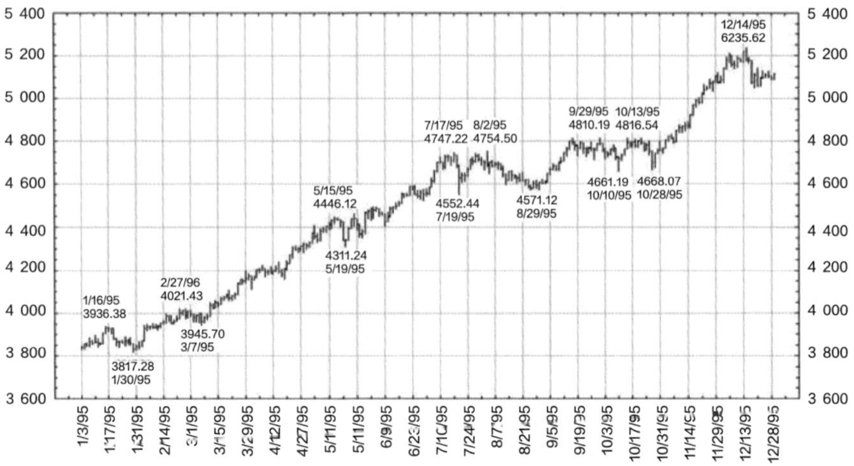

1995年道琼斯工业平均指数：+33%

道琼斯工业平均指数

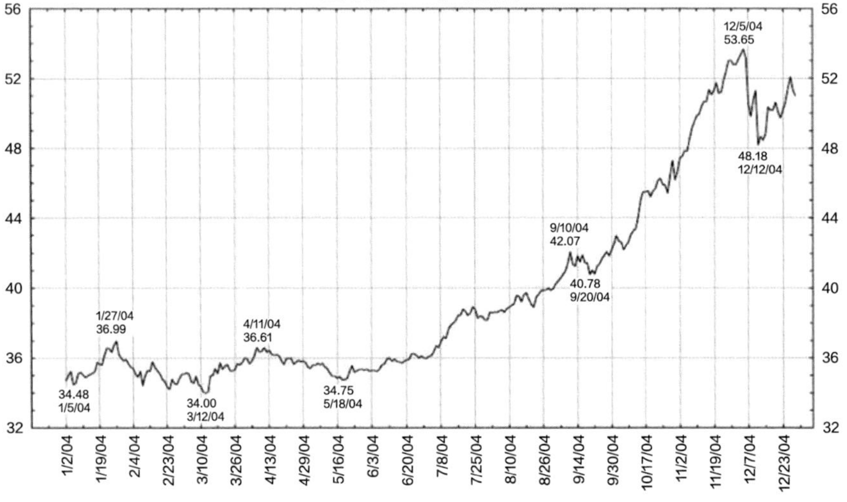

1904年道琼斯工业平均指数：+42%

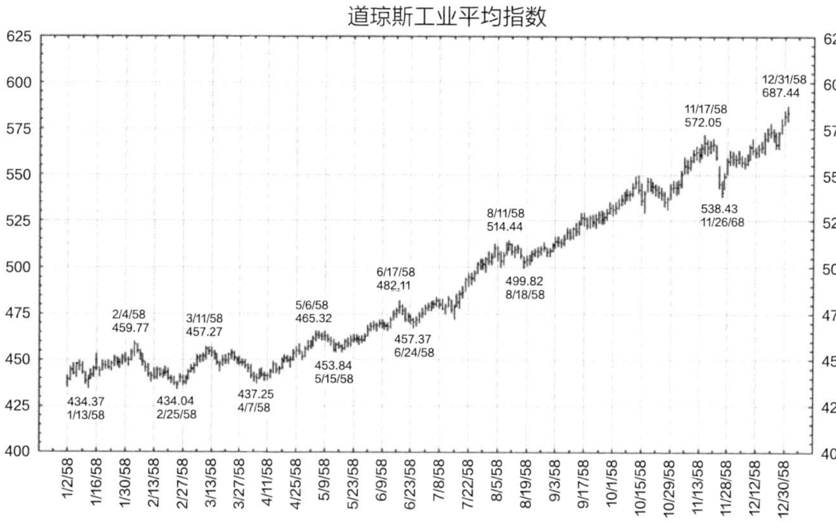

1958年道琼斯工业平均指数：+34%

1907年道琼斯工业平均指数：-38%

1977年道琼斯工业平均指数：-17%

1966年道琼斯工业平均指数：-19%

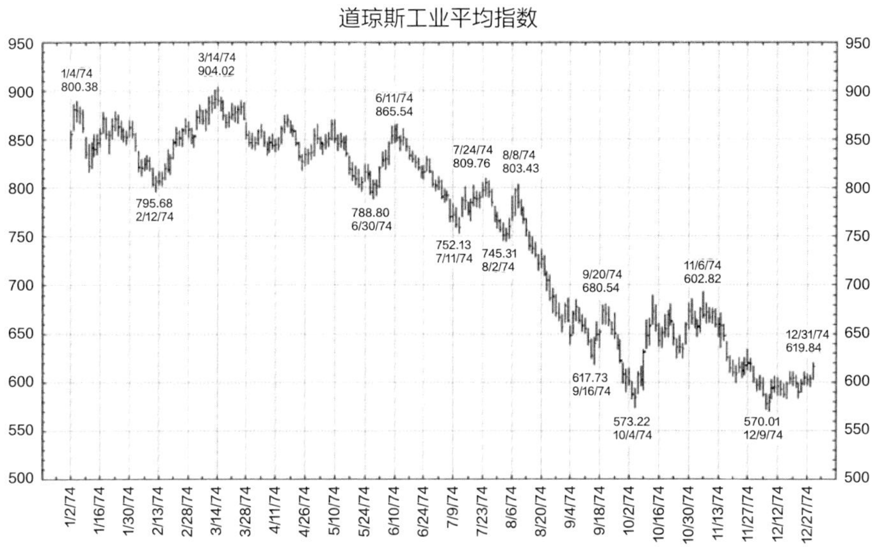

1974年道琼斯工业平均指数：-28%

1957年道琼斯工业平均指数：-13%

1981年道琼斯工业平均指数：-9%

罗佩尔的家庭办公图书馆中摆满了关于市场的书，但他有一个专门的书架陈列经典的著作。意料之中的是，这些书中有很多是欧奈尔也喜欢的。对罗佩尔来说，欧奈尔是他的重要导师。他还通过阅读杰拉尔德·勒布（*他最喜欢的作者之一*）和杰西·利弗莫尔的著作来广泛地学习。罗佩尔对市场知识的热情令人钦佩。实际上，你很难在当下找到比吉姆·罗佩尔更热爱股票市场的人了。他的热情甚至把他带到了那些杰出的人物曾经去过的地方。有一次他去了佛罗里达州，就是为了站在杰西·利弗莫尔曾经站过的地方。西棕榈滩的浪花酒店是利弗莫尔远离市场休假的地方，罗佩尔在这里就能“感受”到利弗莫尔曾经的感觉。我甚至问罗佩尔，既然他已经赚到了足够多的钱，完全可以享受生活，为什么还要坚持下去？他的回答是，他之所以不会退出市场，是因为他对市场的热情让他不会放弃挑战。

寻找“水下篮球”

虽然罗佩尔一直在参加《投资者商业日报》的课程（他不记得具体有多少次，但据他说可能有十几次），但是帮助他扭转局面的其他主要因素还有：（1）采用更好的买入选择标准，（2）完善自己的图表阅读技能，（3）持续学习和努力工作，（4）学习和执行正确的卖出法则。

更好的买入选择标准

罗佩尔只投资基本面良好的精英企业。他之所以喜欢流动性强的股票，是因为他现在持有的头寸数量非常大，如果有需要的话，他可以马上套现离场。罗佩尔从来不买低价股。事实上，他很少买股价低于20美元的股票。他在这一点上非常赞同那些市场精英前辈的观点——如果你想得到高质量的东西，就必须为此付出代价，即使在股票市场上也是如此。如果你想买便宜货，那就去跳蚤市场。罗佩尔想拥有的股票是那些能够提供优质的产品和服务，并且预计能够快速增长的股票。此外，他还认真研究，了解公司及其产品。他想知道公司那些广为人知和不为人知的故事。

完善自己的图表阅读技能

为此，罗佩尔寻找了在过去几十年的许多市场周期中反复出现的所有经典股票图表形态。这些形态中有一部分是由欧奈尔命名的。例如，带柄茶杯形态、双底形态、平底形态、底部抬高形态、罕见的高位紧致旗形形态和三周紧密模式形态。此外，罗佩尔还从欧奈尔的公司每周发布的《每日图表》中获得灵感。罗佩尔在每个周日的下午都要翻阅每一只股票的走势图。即使是在市场不景气的时期，他也会努力工作——这是将真正成功的人与大多数人区分开来的一个显著特征。当市场萧条时，罗佩尔在筛选股票的过程中寻找的就是被他称为“水下篮球”的股票。

如果你曾经在游泳池里把篮球放在水下，你就会知道你要如何用力才能将篮球按住并让它待在水下。一旦你松开手，篮球就会以巨大的力量跳出水面。罗佩尔要寻找的就是那些正在筑底，然后等到市场反转并处于新的上涨趋势时放量突破的股票。这正是德雷福斯、达瓦斯、欧奈尔和其他人一直在寻找的。对于罗佩尔来说，如果他看到20只或者30只基本面强劲的股票正在筑底，但市场环境非常糟糕，他就会充满信心，因为市场可能已经准备启动了。请记住，我们总是需要强劲的龙头股来推动市场的反弹，而那些筑底成功的好股票就是那些“水下篮球”，它们将最终引领下一个市场周期。罗佩尔还在每晚股市收盘后复盘大约150张不同的股票走势图——日线和周线走势图。他会利用这些图表来寻找放量的情况和值为正的相对强弱差。他每晚都会阅读电子版的《投资者商业日报》，然后制定第二天的策略。

持续学习和努力工作

在罗佩尔的办公室里，有两幅和墙壁一样大的市场历史走势图。他不断地研究过去的市场周期和过去的大牛股。他通过刻苦学习以及研究欧奈尔多部著作中列出的股票市场大赢家，找到了使他扭转局面的出路。他不使用复杂的软件程序，但他是WONDA（威廉·欧奈尔公司的在线门户网站）的用户，拥有二级报价权限，他可以获得全部的在线图表数据，以及前期大牛股的历史走势图表（贯穿本书）。罗佩尔只从《投资者商业日报》、WONDA和《每日图表》中获取信息。他的办公室里有一台等离子电视机，全天都播放着美国全国广播公司财经频道的节目，但有一个条件——它从始至终都处于静音状态。他努力消除一切偏见，不再听信任何人的话，只坚信事实本身和他的历史研究。这是所有的优秀交易者都在做的事情。虽然听起来罗佩尔一直在工作，但是他也会像其他伟大的交易者那样离开市场一段时间去享受生活。当你利用这段时间进行反思并恢复精力，然后在正确的时间回归市场时，你会以正确的视角看待一切事物。罗佩尔对自己的交易进行了事后分析，因而从早期的亏损中汲取了经验教训。正如他所说的那样，他喜欢从失败中学习，因为失败才是最好的老师。他仍旧在做一些事后分析，不过他提出，提前的分析对他更有好处，因为他一直在学习如何避免基本的和重大的错误。

学习和执行正确的卖出法则

每个人都知道市场中最难做的事情就是正确地卖出。罗佩尔不会将时间浪费在花哨复杂的技术分析工具上面。他严格按照量价关系的走势行动。如果市场强劲上涨，他一次最多可能持有15只股票，但是其中的大多数股票只占他整个投资组合的极小比例。随后，他会卖掉表现最差的股票，将持仓总数减少到10只左右。这种专注力是另一个关键的最佳策略。对于罗佩尔来说，“不要对每一个投出的球挥杆”的策略同样重要。遵守这条法则让他规避了市场上的一个经典错误——过度交易。由于在买入时机方面颇具耐心，他会为他的投资组合选择最好的五六只股票，因为这些股票是他将大部分资金投入的地方。在他办公室的显示器上还有两个牌子分别写着“要交易法则，不要情绪”和“关注成交量”。这些都是不言自明的，而且我们已经知道，他衡量是否卖出的第一个标准就是整个市场的走势，看看盘整的力度是否超过了做多的动能。如果市场或者他持有的股票出现调整，那么一旦出现重要的卖出信号，他就会迅速采取行动。他坚持简单的卖出原则，并将50日移动平均线作为一个关键的区域——一只股票在这条平均线附近的表现可以帮助他决定该怎么做。我们已经在本书的图表中看到他多次交易的离场位置，也就是当龙头股最终崩盘并跌破50日移动平均线的时候。罗佩尔通常不会等到这一幕出现之后再采取行动。他最喜欢的另一个卖出信号是经典的冲顶形态（出现）。当这种情况发生时，他会密切关注，因为他知道下跌即将到来。虽然我没有过多地提及罗佩尔使用做空策略，但他也一直在改进和提高这一技能。如果他看到市场即将出现重大的下跌，那么当时机成熟时，他会将10%的资金用于做空。

2005年，罗佩尔在芝加哥郊外的家乡成立了自己的私人资金管理公司——只面向合格投资者的罗佩尔资本管理公司，从而实现了他的另一个人生里程碑和目标。罗佩尔也许是你会遇到的最谦逊的人之一。他的这种谦逊来自他经历过的很多艰难的市场时期，而且他也从未忘记取得现在的成功是多么的困难。身为一名狂热的高尔夫球手，罗佩尔说，最让人谦卑的两件事是高尔夫和股票投机，他说得太对了。

最好的交易者是如何战胜市场的

为了总结本书中提到的常用成功策略，以及历史上最优秀的交易者所采用的交易策略，我将概述个人股票交易者（巴鲁克、利弗莫尔、威科夫、勒布、达瓦斯、欧奈尔和罗佩尔）所使用的方法，它们为这些伟大的交易者带来了数百万美元的利润。

了解市场的整体趋势

这是成功的第一个关键因素。你必须在与市场的趋势和节奏保持一致的情况下交易。一个人必须时刻观察市场的走势，然后顺势而为。不要试图预测接下来会发生什么，因为没有人能够在任何一段持续的时期内精确地做到这一点。我们多次看到市场是如何快速反转的。历史上有很多次，当几乎所有人都在奔走相告，尽情地欢呼雀跃时，市场就会见顶，然后开始下跌。然后，又在很多其他时候，当大多数人放弃市场，惊恐至极，舔舐着之前没有经过妥善处理的伤口（损失）时，市场就会出现反转，然后开启新的上涨趋势。每天研究市场走势是非常重要的，因为正在发生的事情有助于你了解自己正处于什么样的环境之中。即使是在20世纪30年代初市场最糟糕的时候，勒布每年也能靠做多赚钱。这是迄今为止市场中最引人注目的盈利行为之一。他之所以这样做，是因为他明白，他目前所处的大熊市周期出现了短期的上涨反弹行情，随后又被压制了下来。因此，他快速交易，很好地控制着亏损，并对市场的走势做出反应。

透过历史研究和观察市场

最优秀的交易者都知道，历史知识对于在股票市场中取得成功是非常重要的。我已经列举了很多伟大的交易者在当下的市场环境中通过历史研究获利的例子。我们还看到罗佩尔追溯到将近100年前的市场和股票走势图，因为他知道历史知识对在市场上取得成功是多么重要。

独立学习和研究，不要理会周围的人说了些什么

所有优秀的交易者都是通过自己的决策来赚钱的。最杰出的股票市场大作手但凡在职业生涯的早期听信了他人的说法，都最终蒙受了损失。这就是迫使他们学习并自己进行研究，进而在市场上取得并保持盈利的原因。

买入基本面强劲的行业龙头股

龙头股是指那些创造显著利润的股票，这些企业通常推出被公众广泛接受的新产品或者服务，并且以积极的方式提高大众的生活质量。强劲的收入和利润的增长是这些龙头股的特点。龙头股总是随着每一个新的市场周期而变化，所以灵活性是选股过程中必须要考虑的因素。当然，最重要的是要了解公司的基本面，这是非常重要的事实。所有这些伟大的交易者都在基本面良好的股票上赚了大钱。欧奈尔认为，除了学会熟练阅读图表的技能来提高你的选股和择时能力外，还有以下关键的因素（来自他的CAN SLIM投资法）来确保你的选择：

- 在过去的3年里，每股收益至少增长25%，再加上至少过去两个季度的收益大幅增长。在大多数情况下，收益连续五六个季度都在增长，而且幅度越大越好。

● 在最新一期的季报中，显示爆款产品或服务的销售额增长25%以上，或正在加速增长。

● 卓越的净资产收益率——在25%—50%之间，最低能接受的水平为17%。一只股票必须拥有强劲的税前利润率或很高的股本回报率，而且最好的股票理应被赋予更高的市盈率。

● 你应该寻找真正的龙头股，也就是在该行业中基本面情况排名第一的公司，而不是排名第三或第四的公司。你要寻找的是在所有股票中排名前1%或2%的股票，而且你还要知道并了解这些公司的产品。这种方法更适合消费类公司。欧奈尔持有的最赚钱的股票一直是独具特色的零售商、制药公司和互联网行业的龙头股——这些行业都是由消费者驱动的。

● 在过去的20年中，有80%的新龙头股要么在近期发行了新股，要么在过去的8年里进行了IPO。因此，正是具有企业家精神的美国造就了更多名副其实的龙头股。

只在处于上涨趋势的市场中买入龙头股，当它们放量突破了真正的底部形态之后，再运用金字塔策略加仓这些龙头股。

要想在市场中赚到大钱，耐心等到市场确认上涨趋势之后再买入放量创出新高的龙头股才是最重要的。然后，只有当股票如预期般持续上涨时，才能对初始建立的头寸进行金字塔式的加仓或追高买入。运用金字塔策略在恰当的位置加仓有很多种方法，但是增加收益的关键方法是加仓走势最强劲的股票。从买方的角度来讲（或者卖方，如果做空的话），金字塔策略是一种主要的买入策略，它为交易者带来了亿万收益。

在已经被证明是错误的投资上减少亏损

这一点无疑是在股市中获得成功的首要黄金法则。我在我的第一本书中反复提到了这一点，这也是上文提到的罗佩尔最终扭转局面的主要原因。如果忽视了这一点，那么你注定是无法在这个市场中赚到大钱的。

最优秀的投资者都知道这一点，而且随着他们不断地前进，他们实际上都在改进它。虽然这可能是最难贯彻实施的交易纪律，但是它能够明显地将优秀的投资者和其他所有人区分开来。似乎每个时代成功的交易数量与失败的交易数量都是保持不变的。几乎所有最好的交易者的盈亏比例都接近50%。欧奈尔可能是有史以来最优秀的交易者之一，他的交易成功率约为66%。罗佩尔的交易成功率大约是55%。正因如此，执行严格的止损策略对在股票市场上获得成功和巨额利润是至关重要的。

坚定持有盈利的头寸，直到出现经典的卖出信号再抛售

“让你的赢家股驰骋”是另外一个最常被提及的经典说法。对此我只能再次重申“知易行难”。但是你已经看到两个成功的交易者从这个经典的策略中获益——他们是通过实践和研究，特别是利用过去经典大牛股的股票走势图做到的。对于这些伟大的股票市场大作手来说，日内交易并不能让他们赚到大钱，而“买入并持有”的策略也同样无法做到。正确的策略介于这两者之间，且在任何市场周期中都不尽相同。这些交易者不认为他们属于短期或者长期交易者/投资者。相反，他们跟随市场的波动来观察自己持有的股票，直到出现卖出的警示信号才采取行动。如果这些股票表现强劲，欧奈尔将持有好几年。如果这些股票的表现差强人意，欧奈尔不会对着日历牌说，这完全是因为我没有持有足够长的时间。如果临近税收期，欧奈尔可能会将目标放在某只大牛股上，但这只是备选方案，其重要性远不如市场和股票的量价关系。这些交易者证明的另一件事情是，不管你信与不信，时机就是市场的一切。而且，通过适当的研究和观察，交易者可以通过经过时间检验的策略掌握最佳时机，进行有利可图的交易。

因此，为了能够让你未来的投资业绩更上一层楼，研究这些伟大的交易者和让他们赚大钱的交易、他们所犯的错误和亏损，以及市场的历史是值得的。随着时间的推移，（交易者们）向前辈学习的过程证明，有

些人是可以登上股市的巅峰并取得巨大成功的。最后，我想引用杰拉尔德·勒布在拉尔夫·G. 马丁（Ralph G. Martin）所著的《华尔街奇才——杰拉尔德·勒布的故事》（*The Wizard of Wall Street — The Story of Gerald M. Loeb*）中的一段话作为结尾，他曾经这样描述一位成功人士在应对股市环境挑战方面的表现：

> 市场上真正灵活的人应该是这样的：他有时愚蠢，有时乐观，有时悲观，有时举债借款，有时做空市场。这样的人既可以在一个时期成为黄金股的专家，也可以在另一个时期成为其他类型股票的行家。这些人在市场中非常罕见，但确实存在。这些人值得我们去关注和学习，他们才是华尔街真正赚钱的人。

关于作者

约翰·波伊克是一名股票证券交易主管，曾任股票经纪人。著有《向最伟大的股票作手学习》，该书被《巴伦周刊》选为2004年25本最佳图书之一。他是一些商业投资广播节目的特邀嘉宾，这些节目在加拿大和美国各地播出。